Dieter Wunderlich
AußerOrdentliche Frauen

W0011222

PIPER

Zu diesem Buch

Achtzehn Frauen, die etwas – vielleicht nicht nur für ihre
Zeit – Ungewöhnliches und Außerordentliches wagten, hat Die-
ter Wunderlich in diesem Band porträtiert: von Schriftstellerin-
nen wie Tania Blixen, Marieluise Fleißer oder Erika Mann bis
zu den Künstlerinnen Edith Piaf und Marilyn Monroe. Es sind
Frauen darunter, die Skandale auslösten, wie die Tänzerin Lola
Montez, der Bühnenstar Anita Berber, die Rocksängerin Janis
Joplin oder die schöne Kommunardin Uschi Obermeier, aber
auch Kämpferinnen, die für ihre Überzeugungen ihr Leben aufs
Spiel setzten: die Politikerin Rosa Luxemburg, die Studentin
Sophie Scholl und die Islamkritikerin Ayaan Hirsi Ali. Für alle
Frauen (und Männer), die nach Vorbildern und Inspiration su-
chen.

Dieter Wunderlich, geboren 1946 in München, Diplompsycho-
loge, war von 1973 bis 2001 im Management eines großen internationalen Unternehmens tätig. Seit 1999 hat er sich mit Bü-
chern wie »Vernetzte Karrieren. Friedrich der Große, Maria
Theresia, Katharina die Große«, »EigenSinnige Frauen« und
»WageMutige Frauen« als Autor farbiger und sorgfältig recher-
chierter Biographien einen Namen gemacht. Er lebt in Kelkheim am Taunus.

www.dieterwunderlich.de

Dieter Wunderlich

AußerOrdentliche *Frauen*

18 Porträts

Mit 18 Abbildungen

Piper München Zürich

Mehr über unsere Autoren und Bücher:
www.piper.de

Von Dieter Wunderlich liegen bei Piper vor:
EigenSinnige Frauen
WageMutige Frauen
AußerOrdentliche Frauen

MIX
Papier aus verantwor-
tungsvollen Quellen
FSC® C083411
www.fsc.org

Originalausgabe
1. Auflage Oktober 2009
5. Auflage März 2013
© 2009 Piper Verlag GmbH, München
Umschlaggestaltung: semper smile, München
Umschlagabbildung: Bettmann/Corbis (Elly Beinhorn) und
ullstein bild (Marilyn Monroe)
Satz: Filmsatz Schröter, München
Gesetzt aus der Sabon
Papier: Munken Print von Arctic Paper Munkedals AB, Schweden
Druck und Bindung: CPI – Clausen & Bosse, Leck
Printed in Germany   ISBN 978-3-492-25459-5

INHALT

»*Ich will überhaupt lauter Unmögliches,*
aber lieber will ich das wollen,
als mich im Möglichen schön zurechtlegen.«

Franziska Gräfin zu Reventlow

Lola Montez
(1821–1861)
»Ich bin die Mätresse des Königs!«

*Lola Montez war eine egomanische Hochstaplerin, eine
unverschämte Lügnerin und eine Cholerikerin, die
auch vor Handgreiflichkeiten nicht zurückschreckte. Als
prunksüchtige Mätresse verschwendete sie enorme Gelder des
bayerischen Königs Ludwig I. Sie war aber auch eine starke
Persönlichkeit voller Widersprüche, die mehrmals aus
eigener Kraft einen Neuanfang wagte, sei es als Tänzerin,
Schauspielerin oder Vortragsrednerin.*

Seit dem Tod seines Vaters Maximilian I. am 13. Oktober 1825
trug der Wittelsbacher Ludwig die bayerische Krone. König Ludwig I., der bereits um fünf Uhr früh über Akten und Eingaben
saß, verstand sich zunächst als »Reformmonarch«: Er holte die
von Herzog Ludwig dem Reichen in Ingolstadt gegründete und
von seinem Vater nach Landshut verlegte Universität nach München, machte aus der Isarmetropole eine Stadt der Kunst und
prägte als Bauherr ganze Straßenzüge, beispielsweise die nach
ihm benannte Ludwigstraße. Er förderte nicht nur die Künste,
sondern unterstützte auch den technischen Fortschritt, wie etwa
den Eisenbahnbau.

Auf die Juli-Revolution in Paris 1830 reagierte Ludwig I. allerdings mit reaktionären Maßnahmen und führte die zu Beginn
seiner Amtszeit aufgehobene Pressezensur wieder ein.

Eine offizielle Mätresse hatte der neunfache Vater zwar nicht,
aber er ließ sich auf zahlreiche Amouren ein. Seine berühmteste
Geliebte, Lola Montez, kostete ihn nicht nur ein Vermögen, sondern auch den Thron. Dabei war er bereits sechzig Jahre alt, als
er sie zum ersten Mal sah.

Lolas Mutter, Eliza Oliver, wurde 1805 als jüngstes der vier
unehelichen Kinder des Verwaltungsbeamten Charles Silver Oliver und seiner Geliebten Mary Green in der irischen Grafschaft
Cork geboren. Als Eliza vierzehn Jahre alt war, erregte sie die

Aufmerksamkeit des zweiundzwanzigjährigen Offiziers Edward Gilbert, der aus Schottland stammte. Sie verliebten sich, und bevor Gilberts Einheit aus Cork abgezogen wurde, heirateten sie am 29. April 1820. Neuneinhalb Monate später, am 17. Februar 1821, wurde Eliza Gilbert in Grange, einem Dorf im Nordwesten Irlands, von einer Tochter entbunden: Elizabeth (»Eliza«) Rosanna.

Edward Gilbert ließ sich nach Indien versetzen und schiffte sich am 14. März 1823 mit seiner Frau und der kleinen Tochter nach Kalkutta ein. Bei der Ankunft erfuhr er, dass seine Einheit in der Garnison Dinapore bei Patna stationiert war, und machte sich mit seiner Familie auf den Weg dorthin. Auf der Reise infizierte er sich jedoch mit Cholera, und am 22. September trug man ihn bei seinem Regiment als Neuzugang und zugleich als Todesfall ein.

Weil der Erlös aus der Versteigerung der Habseligkeiten des Verstorbenen und die Hinterbliebenen-Abfindung der Armee nicht für eine Schiffspassage nach Europa reichten, fuhr Eliza Gilbert mit ihrer Tochter im November nach Kalkutta. Unterwegs lernte sie Patrick Craigie kennen, einen aus Montrose im Osten Schottlands stammenden vierundzwanzigjährigen Leutnant, der seit fünf Jahren bei der Britischen Ostindien-Kompanie Dienst tat. Sie wurden ein Paar und heirateten am 16. August 1824 in Kalkutta.

Sechzehn Monate später, am 26. Dezember 1826, schickte Patrick Craigie seine fünfjährige Stieftochter zu seinen Eltern nach Schottland. Den Oberstleutnant William Innes, der mit seiner Ehefrau und seiner erwachsenen Tochter in Kalkutta an Bord desselben Schiffes ging, ersuchte er, während der Seereise auf das Mädchen achtzugeben. In London wurde Eliza von Geschwistern ihres Stiefvaters abgeholt und zu Patrick und Mary Craigie nach Montrose begleitet.

Als Elizas Stieftante Catherine mit ihrem Ehemann William Rae Ende 1831 von Montrose nach Monkwearmouth in der nordenglischen Grafschaft Durham zog, um dort ein Internat einzurichten, nahmen sie die Zehnjährige mit. Im September des folgenden Jahres brachte Catherine ihre Stiefnichte zu Sir Jasper Nicolls nach Reading. Patrick Craigie hatte den Generalmajor, der von seinem Einsatz in Indien nach England zurückgekehrt

Lola Montez, Gemälde von Jules Laure, 1845

war, nämlich gebeten, für eine gute Schulausbildung von Eliza zu sorgen. Sir Jasper meldete die Elfjährige denn auch als Internatsschülerin an der Aldridge Academy in Bath an.

Als Eliza sechzehn wurde und damit ins heiratsfähige Alter kam, wählte ihre Mutter in Indien einen Bräutigam für sie aus und reiste nach England, um Eliza abzuholen. Zehneinhalb Jahre nach dem Abschied in Kalkutta sahen sich Mutter und Tochter in Bath erstmals wieder. Eliza wollte den für sie ausgesuchten Heiratskandidaten jedoch nicht zum Mann. Sie vertraute sich Thomas James an, einem irischen Leutnant, den Mrs. Craigie auf dem Dampfer »Orient« kennengelernt hatte und der sie in Bath besuchte. Das Mädchen und der neunundzwanzigjährige Offizier kamen sich näher – und brannten schließlich nach Irland durch, wo sie sich am 23. Juli 1837 von Reverend John James, einem älteren Bruder des Bräutigams, in Rathbeggan bei Dublin trauen ließen.

Schließlich musste Leutnant James nach Indien zurückkehren. Über vier Monate, vom 13. September 1838 bis zum 25. Januar 1839, dauerte die Schiffsreise von Liverpool nach Kalkutta. Von dort fuhr der Offizier mit seiner jungen Frau weiter nach Karnal nördlich von Delhi und meldete sich zum Dienst zurück.

Nur ein Jahr später verließ Eliza ihren Ehemann und suchte Zuflucht bei ihrer Mutter und ihrem Stiefvater in Kalkutta, die die Widerspenstige erst einmal aufnahmen. Am 3. Oktober 1840 aber brachten Major Craigie und Leutnant James sie in Kalkutta zur »Larkins«, die nach England auslief. Um einen Skandal zu vermeiden, streuten sie das Gerücht, Eliza müsse sich dort von einem Reitunfall erholen.

Auf dem Schiff empörte Elizas Verhalten erneut die Gemüter, denn dem Kapitän und einigen Passagieren fiel auf, dass sich Mrs. James und der neunzehnjährige Leutnant George Lennox, der in Madras an Bord gekommen war, ungeniert gegenseitig in ihren Kabinen besuchten.

Am 20. Februar 1841 traf die »Larkins« in Portsmouth ein. Bevor Lennox zu seinen Eltern weiterfuhr, die er seit drei Jahren nicht mehr gesehen hatte, verbrachte er zwei Nächte mit Eliza. Und sie wartete in London auf ihn, bis er von dem Familienbesuch wieder zurückkam. Erst als er die Affäre im Oktober beendete, reiste sie wie vorgesehen zu ihrer Stieftante Catherine Rae, die inzwischen in Edinburgh lebte.

Dort hielt Eliza es nicht lange aus: Zu Beginn des folgenden Jahres bewarb sie sich in London um Schauspielunterricht, aber wegen ihrer dünnen Stimme und ihres Akzents wurde sie nicht angenommen. Daraufhin ließ sie sich vier Monate lang in spanischen Tänzen unterweisen.

Im Laufe des Jahres 1842 wurde Eliza James auch mehrmals vom Court of Arches in London – einem anglikanischen Kirchentribunal – vorgeladen, denn ihr Ehemann hatte von ihrer Affäre mit George Lennox erfahren und sie wegen Ehebruchs angezeigt. In Abwesenheit der Beschuldigten, die mehrere Vorladungen ignoriert hatte, erklärte der Court of Arches das Paar im Dezember 1842 aufgrund des Ehebruchs der Frau für getrennt. Das entband Thomas James von seinen Verpflichtungen ihr gegenüber, bedeutete allerdings nicht die Auflösung der Ehe.[1]

Eliza James hielt sich mehrere Monate in Südspanien auf. Nach ihrer Rückkehr am 14. April 1843 gab sie sich als Maria de los Dolores Porry y Montez aus, kurz: Lola Montez. Sie sei die Tochter einer aus politischen Gründen verbannten spanischen Adelsfamilie und die Witwe eines hingerichteten Rebellen, behauptete sie. Der sechsunddreißigjährige Earl of Malmsbury, dem sie im Zug von Southampton nach London ihr angebliches Leid geklagt hatte, überredete Benjamin Lumley, den Impresario von Her Majesty's Theatre, der vermeintlich spanischen Tänzerin eine Chance zu geben.

Zwischen den Akten einer Aufführung der Oper »Der Barbier von Sevilla« gab Lola Montez am 3. Juni ihr Debüt. Ihre Tanzkunst ließ zwar zu wünschen übrig, aber Lumley erkannte, dass sie dank ihres Aussehens und ihrer Ausstrahlung Männer ins Theater locken konnte.

Die »Morning Post« veröffentlichte am 15. Juni einen Leserbrief, in dem sich Lola Montez gegen das Gerücht zur Wehr setzte, sie sei keine spanische Tänzerin, sondern eine unmoralische Britin: »Ich stamme aus Sevilla und wurde im Jahre 1833, als ich zehn Jahre alt war, zu einer katholischen Lady nach Bath geschickt, wo ich sieben Monate blieb und dann zu meinen Eltern in Spanien zurückgeschickt wurde.«[2]

Im folgenden Monat besuchte Lola in Ebersdorf an der Saale

Prinz Heinrich LXXII., den sechsundvierzigjährigen Souverän des Fürstentums Reuß-Lobenstein-Ebersdorf, einen unverheirateten Verwandten Königin Viktorias, dem sie kurz zuvor in London vorgestellt worden war. Nach vier Tagen musste sie allerdings wieder abreisen, denn auf eine lautstarke Zurechtweisung des Prinzen – »Madame! Ich bin hier der Herr!« – hatte sie vor allen Leuten geantwortet: »Und ich bin die Mätresse!«

Einige Wochen später trat Lola Montez dreimal im Hoftheater in Dresden auf, aber man applaudierte der Tänzerin nur höflichkeitshalber. In Berlin tanzte sie am 7. September zwischen den beiden Akten der Oper »Die Regimentstochter« im Neuen Palais vor dem preußischen König Friedrich Wilhelm IV. und seinem Besucher, dem russischen Zaren Nikolaus I. Als sie an einem der nächsten Tage in einen für die Parade zu Ehren des Staatsgastes abgesperrten Bereich ritt, fiel ihr ein Polizist in die Zügel – den sie daraufhin mit der Reitgerte schlug. Über diesen Skandal berichteten sogar Zeitungen im Ausland, und Lola Montez konnte nicht länger in Berlin bleiben.

Im Oktober 1843 gastierte sie in Warschau, aber schon Mitte November versuchte Oberst Ignacy Abramowicz, der Direktor des Grand Theater, sie wieder loszuwerden und verteilte deshalb Leute im Publikum, die sie in seinem Auftrag ausbuhten. Nachdem der Vorhang gefallen war, trat Lola Montez noch einmal ins Rampenlicht, zeigte auf Abramowicz und protestierte: »Meine Damen und Herren, ich verdanke diese unwürdige Beleidigung diesem Herrn! Dort ist der Schuft, der sich so an einer schwachen Frau zu rächen versucht, die seinen infamen Anträgen nicht nachgeben wollte!«[3] Nach diesem Eklat musste Lola Montez auch das Königreich Polen verlassen.

Über Stettin, Danzig und Königsberg reiste sie nach St. Petersburg, wurde dort jedoch wegen des Zwischenfalls in Warschau so unfreundlich empfangen, dass sie die Stadt gleich wieder verließ.

Im Februar 1844 umwarb Lola Montez Franz Liszt, dessen Liebesbeziehung mit Marie d'Agoult – der Mutter seiner drei Kinder – in eine Krise geraten war. Der berühmte Pianist und Komponist ließ sich in Dresden auf eine kurze Affäre mit Lola ein und lernte durch sie Hans von Bülow kennen, der sein Schüler, Freund und Schwiegersohn werden sollte.

Mit einem Empfehlungsschreiben von Franz Liszt traf Lola Montez im März 1844 in Paris ein. Nachdem sie sich von dem Choreografen Hippolyte Barrez hatte ausbilden lassen, tanzte sie nach einer Aufführung des »Freischütz« mit mäßigem Erfolg in der Pariser Oper.

In der französischen Hauptstadt ließ die Dreiundzwanzigjährige sich von Freunden und Verehrern aushalten. So wurde sie im Herbst die Geliebte des sechs Jahre älteren Alexandre Henri Dujarier, der zu den Besitzern und Redakteuren der Zeitung »La Presse« gehörte. Dujarier verschaffte ihr ein Engagement am Théâtre de la Porte St. Martin und sorgte für Erfolgsmeldungen. Fünf Tage nach ihrem Debüt, am 11. März 1845, kam er jedoch bei einem Pistolenduell ums Leben – und ohne seine Protektion konnte sich Lola nicht länger an diesem Theater halten.

Sie verließ die Stadt, verbrachte erst eine Woche in Spa, dann einige Tage in Bonn und Baden-Baden. Als sie in dem mondänen Kurort einem Herrn schamlos ein Bein auf die Schulter legte, um ihre Gelenkigkeit zu demonstrieren, wies die Polizei sie aus, und Lola kehrte erst einmal nach Paris zurück.

Im Sommer 1846 reiste sie nach Ostende, Heidelberg, Bad Homburg vor der Höhe und Stuttgart. Am 5. Oktober kam sie nach München und stieg im Hotel Bayerischer Hof ab.

Unverzüglich bewarb sie sich beim Direktor des Königlichen Hoftheaters. August Freiherr von Frays unterrichtete König Ludwig I. und bat um dessen Weisung. Möglicherweise durch Vermittlung eines Bekannten, den sie im Hotel getroffen hatte, gewährte der König der Tänzerin am 8. Oktober eine Audienz, und bereits zwei Tage später debütierte Lola Montez in den Zwischenakten des Schwanks »Der verwunschene Prinz« von Johann von Plötz. Ludwig war hingerissen von ihrem Aussehen und beauftragte Joseph Karl Stieler, für die seit 1827 im Nymphenburger Schloss zusammengestellte »Galerie schöner Münchnerinnen« ein Porträt von Lola Montez zu malen.

Der Sechzigjährige machte es sich zur Gewohnheit, Lola regelmäßig – bis zu zweimal am Tag – im Hotel zu besuchen. Die Tänzerin ließ sich aber auch von anderen Herren umschwärmen, nicht zuletzt von dem sechsundzwanzigjährigen Artillerieleutnant Friedrich Nußbammer.

Ab 1. November 1846 zahlte König Ludwig I. seiner Angebeteten heimlich eine jährliche Pension von 10 000 Gulden – das Fünffache dessen, was ein Universitätsprofessor verdiente. Weil es dem verliebten König nicht verborgen blieb, dass Lola das Geld verschwendete, bat er seinen Freund General a. D. Carl Wilhelm Baron von Heideck, die Finanzen der vermeintlichen Spanierin zu verwalten.

Am 15. November, kurz vor Mitternacht, hastete Lola mit ihrer Zofe zu dem Haus, in dem Friedrich Nußbammer wohnte. Wütend wie sie war, riss sie die Bewohner rücksichtslos aus dem Schlaf. Der Leutnant sei nicht zu Hause, erklärte dessen Vermieterin. Lola regte sich so auf, dass sie das Bewusstsein verlor. Ein auf der anderen Straßenseite wohnender Glasermeister brachte sie mit Kölnisch Wasser wieder zu sich und gab ihr Wein zu trinken. Am nächsten Tag suchte sie Nußbammers Vermieterin noch einmal auf und beschimpfte sie. In dem lautstark ausgetragenen Streit versuchte sie sich Respekt zu verschaffen, indem sie schrie: »Ich bin die Mätresse des Königs!«

Die Nachricht über diesen Eklat verbreitete sich in Windeseile. Auch Ludwig hörte davon, wollte aber nicht glauben, dass Lola sich als seine Mätresse bezeichnet hatte. Das hielt er für üble Nachrede. Als er sie an diesem Tag besuchte, behauptete sie, Nußbammer sei zudringlich geworden und müsse deshalb aus München ausgewiesen werden. Am Abend im Theater ging der König während einer Pause zu Lola in die Loge und berichtete ihr, Nußbammer werde am nächsten Morgen nach Würzburg versetzt. Dann kehrte er unter den Blicken des staunenden Publikums zu seiner peinlich berührten Familie und ausländischen Besuchern in die Königsloge zurück.

Am nächsten Morgen bat Lola Montez den König, den Befehl aufzuheben, denn ihre Anschuldigungen hätten auf einem Missverständnis beruht. Statt sich über ihre Launen zu ärgern, schwärmte Ludwig von ihrer Aufrichtigkeit und ihrem Sinn für Gerechtigkeit. Seinem Freund Heinrich von Tann schrieb er: »Was aber sagt mein lieber Tann erst dazu, wenn ich sage, dass der sechzig Jahre alte [König] einer zweiundzwanzigjährigen, schönen, Kenntnisse besitzenden, geistreichen, Herzensgüte habenden, von Geburt an adelichen Südländerin Leidenschaft eingeflößt hat, ihre erste!«[4] Zu ihren Gunsten änderte er sein Testament: »Ich müsste kein Mann von Ehre sein, kein Gefühl haben, wenn ich nicht sorgte für sie, die alles wegen mir aufgab, die keine Eltern mehr, keine Geschwister, die auf der weiten Erde niemand hat als mich.«[5]

Damit Lola in München blieb, erwarb Ludwig I. für sie ein Palais in der Barerstraße und übernahm auch die Renovierungskosten.

In Absprache mit dem Polizeidirektor Johann Nepomuk Freiherr von Pechmann klärte Crescentia Ganser, die für Lola Montez als Gesellschafterin und Dolmetscherin tätig war, den König darüber auf, dass die Ausländerin auch zu später Stunde verschiedene Herren empfing. Betroffen bat Ludwig seinen Vertrauten Baron von Heideck, Lola zur Rede zu stellen. Im Gespräch mit dem General bebte sie vor Zorn und schwor, dass die Anschuldigungen falsch seien. Sobald der König den Raum betrat, beschwerte Lola sich darüber, dass man sie bespitzle. Dann begann sie zu schluchzen. Ludwig tröstete sie, versöhnte sich mit ihr und ließ sich überzeugen, dass sie das unschuldige Opfer von Intrigen sei und er umso entschlossener zu ihr halten müsse.

Im Dezember hatte Lola vergeblich versucht, ein von ihr aufgegebenes Päckchen zurückzubekommen. Weil sie dabei im Hauptpostamt einen Angestellten tätlich angegriffen hatte, wurde sie von der Polizei vorgeladen. Lola, die wegen heftiger Menstruationsschmerzen ohnehin gereizt war, schickte den Boten mit der Vorladung zurück und ließ dem Polizeidirektor ausrichten, sie könne das Dokument nicht lesen, weil sie kein Deutsch verstehe; er solle die Angelegenheit auf sich beruhen lassen. Stattdessen ließ Freiherr von Pechmann die Vorladung erneut zustellen – und bekam sie nach einer Viertelstunde zerrissen zurück. Wenige Stunden später forderte Ludwig I. ihn auf, die Ermittlungen einzustellen, und drohte ihm mit der Entlassung: »*Sehr ernstlich* lasse ich denselben wissen, die mir teure Lola Montez in Ruhe zu lassen. Es ist bei ihr, welcher die hiesigen Einrichtungen fremd sind, nicht so genau zu nehmen.«[6] Freiherr von Pechmann weigerte sich, den Fall zu den Akten zu legen – und wurde prompt in die Provinz versetzt. Daraufhin kursierte in München ein neuer Witz: Was ist der Unterschied zwischen Bayern und Preußen? In Preußen warf die Polizei Lola Montez hinaus, in Bayern ist es umgekehrt.

Um Ludwig zu besänftigen, der eine Woche zuvor Friedrich Nußbammer bei ihr angetroffen hatte, verehrte Lola ihm am 26. Januar 1847 eine vom Bildhauer Johannes Leeb angefertigte Nachbildung ihres rechten Fußes aus Alabaster – genau das richtige Geschenk für den König, der gern Lolas Zehen in den Mund nahm, eine Leidenschaft, die er bei anderen Frauen nicht verspürte.

Kardinal Melchior Freiherr von Diepenbrock, der Fürstbischof von Breslau, beschwor den bayerischen König in einem Brief, das im Volk für Unruhe sorgende Verhältnis mit Lola Montez zu beenden. Ludwig I. antwortete ihm: »Der Schein trügt. Mätressenwirtschaft mochte ich nie und mag sie nicht [...] Ich besitze ein poetisches Gemüt, was nicht mit dem gewöhnlichen Maßstab gemessen werden darf. Wie der Schein trügt, will ich Ihnen sagen, indem ich hiermit mein Ehrenwort gebe, dass ich nun im vierten Monate weder meiner Frau noch einer anderen beigewohnt, und vorher es beinahe fünfe waren, in welchen ich mich dessen enthalten.«[7] Abschriften dieses Bekenntnisses sollten auf Anordnung des Königs an alle Bischöfe des Königreichs verteilt werden.

Lola Montez erregte wieder und wieder öffentliches Ärgernis, so auch Anfang Februar: Sie befand sich mit der Schauspielerin Mathilde Thierry, einem jungen englischen Seemann und ihrem Hund Turk auf einem Spaziergang, als Turk in der Nähe der Frauenkirche einen Lieferanten biss. Der holte mit einem Stock gegen den Hund aus, wurde dafür jedoch von Lola geohrfeigt. Mehrere Zeugen des Vorfalls und Passanten, die davon hörten, folgten Lola und ihren Begleitern. Die Gruppe suchte Schutz im Laden eines Silberschmieds, aber davor rottete sich eine Menschenmenge zusammen. Erst als es dunkel wurde, entkam Lola durch den Hinterhof. – Demonstrativ unternahm sie am nächsten Tag wieder einen Spaziergang in München.

Obwohl sich der bayerische Staatsrat am 8. Februar 1847 gegen eine Einbürgerung der vermeintlichen Spanierin ausgesprochen hatte und mit einem Fackelzug dagegen protestiert worden war, verlieh der verblendete Monarch, der die politische Tragweite seiner Amour fou nicht wahrhaben wollte, seiner Freundin zwei Tage später die bayrische Staatsangehörigkeit. Allerdings fand er keinen Minister, der zur Gegenzeichnung bereit war. Stattdessen reichte der Kabinettschef Karl von Abel seinen Abschied ein, und die übrigen Regierungsmitglieder folgten seinem Beispiel. Der katholische Monarch beauftragte daraufhin den Protestanten Ludwig von Maurer mit der Regierungsbildung.

Als Studenten durch einen Aushang am 1. März erfuhren, dass der zweiundvierzigjährige Philosophieprofessor Ernst von Lasaulx in den vorzeitigen Ruhestand gehen musste, weil auf seine Initiative hin eine Abordnung der Universität Karl von Abel für dessen Regierungstätigkeit gedankt hatte, zogen etwa hundert von ihnen zum Haus des Professors und sangen Lieder, um ihre Solidarität zu bekunden. Am Nachmittag marschierten schätzungsweise sechstausend Demonstranten – Studenten und Bürger – in die Theresienstraße, wo Lola Montez bis zur Bezugsfertigkeit ihres Palais in der Barerstraße wohnte, und drückten ihren Unmut mit einem Pfeifkonzert aus. Der König eilte zu seiner Freundin – und traf wieder einmal Friedrich Nußbammer bei ihr an. Berittene Einheiten sprengten die Menge auseinander. Einige der Demonstranten sammelten sich jedoch vor der Residenz und warfen Scheiben ein.

Lola Montez blieb weiterhin im Gespräch. In einem Leserbrief an führende Zeitungen nicht nur in Deutschland, sondern auch in Paris und London beschwerte sie sich am 31. März über einen von der »Pictural Times« in London veröffentlichten Beitrag, in dem das Gerücht aufgegriffen worden war, sie sei keine Spanierin. Dieser Klatsch entbehre jeglicher Grundlage, schrieb sie. »Ich wurde 1823 in Sevilla geboren. Mein Vater war ein spanischer Offizier in den Diensten von Don Carlos, meine Mutter eine Dame irischer Herkunft, geboren in Havanna und in zweiter Ehe mit einem irischen Gentleman verheiratet.«[8]

Nachdem Königin Therese zur Kur nach Franzensbad abgereist war, war Ludwig in der Nacht auf den 18. Juni 1847 mit seiner Geliebten zusammen. Vier Tage später machten sie sich getrennt auf den Weg nach Bad Brückenau, wo sie einige Wochen gemeinsam verbringen wollten. Als Lola in Nürnberg aus dem Zug stieg, wurde sie freundlich empfangen, aber bei ihrer Ankunft in Bamberg bewarf der Pöbel ihre Kutsche mit Pferdeäpfeln. Deshalb fuhr sie noch in der Nacht weiter über Würzburg nach Bad Brückenau.

Während Ludwig in Aschaffenburg blieb, kehrte Lola Anfang

August nach München zurück. Dort hatte der Jurastudent Elias (»Fritz«) Peißner inzwischen mit Gleichgesinnten eine neue Burschenschaft gegründet, das »Corps Alemannia«[9]. Lola versprach den etwa fünfzehn Studenten, die fortan ihre Entourage bildeten, sich für sie beim König einzusetzen. Zugleich begann sie eine Affäre mit Peißner, dem sie versicherte, Ludwig I. sei nichts weiter als ein väterlicher Freund. Um den Studenten eifersüchtig zu machen, flirtete sie allerdings auch mit dessen Korpsbruder Ludwig Leibinger.

Seinen einundsechzigsten Geburtstag feierte Ludwig I. noch in Aschaffenburg. Obwohl er schon mit der Einbürgerung seiner Geliebten eine Regierungskrise ausgelöst hatte und die Entrüstung der Bevölkerung nicht zu übersehen war, erhob er sie an diesem Tag zur Gräfin von Landsfeld.

Als der neue Innenminister Franz von Berks – vermutlich aus Karrieregründen – der Geliebten des Königs den Gefallen tat und das Corps Alemannia auf einem Festkommers in ihrem Palais in der Barerstraße im Januar 1848 als Vorbild der Jugend pries, begannen die übrigen Studenten, die Alemannen zu meiden und weigerten sich, mit ihnen zusammen in einem Hörsaal zu sitzen. Um die aufgebrachten Studenten zu beruhigen, fuhr Ludwig von Öttingen-Wallerstein am 7. Februar persönlich zur Universität. (Der Fürst hatte im Dezember Ludwig von Maurer als Kabinettschef abgelöst und die von den Gegnern »Lola-Ministerium« genannte Verwaltung gebildet.) Schon am nächsten Tag wurde jedoch wieder eine Vorlesung boykottiert.

Am 9. Februar flohen einige Alemannen vor anderen Studenten in ein Kaffeehaus im Hofgarten und wurden dort belagert. König Ludwig erhielt die Nachricht während eines Empfangs in der Residenz. Um Lola davon abzuhalten, sich in die Auseinandersetzung einzumischen, zog er sich eine Lodenjacke über seinen schwarzen Gesellschaftsanzug und eilte in die Barerstraße – wo Lola ihm prompt entgegenkam. Er überredete sie umzukehren, begleitete sie zu ihrem Palais und nahm ihr das Versprechen ab, zu Hause zu bleiben. Sobald er sich verabschiedet hatte, setzte Lola sich in ihre Kutsche. Weil sich auf dem Odeonsplatz inzwischen etwa dreitausend Schaulustige drängten, stieg sie dort aus, um den Platz zu Fuß zu überqueren. Sie wurde jedoch erkannt, beschimpft und bedroht. Daraufhin flüchtete sie in die

Theatinerkirche, wurde aber von der Meute sogar in das Gotteshaus verfolgt. »Schlagt das Luder tot!«[10], riefen einige. Eine Eskorte von acht oder zehn Polizisten war erforderlich, damit Lola die Kirche verlassen und sich in der Residenz in Sicherheit bringen konnte.

Wegen der Unruhen befahl Ludwig I., die Universität zu schließen. Weil das bedeutete, dass alle nicht zu den Münchner Bürgern zählenden Studenten die Stadt verlassen mussten, befürchteten Wirte und Vermieter Geschäftseinbußen – und das verstärkte ihren Zorn auf den König.

Am nächsten Tag protestierten die Studenten mit einem Umzug. Berittene Polizisten versuchten die Demonstranten auseinanderzutreiben, aber diese versammelten sich vor dem Rathaus, und während eine Deputation auf eine Audienz beim König wartete, stellten sich etwa zweitausend Bürger vor der Residenz auf. Der König, der die Abordnung erst gar nicht empfangen wollte, ließ die Männer schließlich wissen, dass die Universität geschlossen bleibe. Daraufhin rotteten sich Bürger und Studenten in der Barerstraße zusammen. Lola trat auf ihren Balkon und feuerte die Polizisten und Kürassiere an, die mit aufgepflanzten Bajonetten die wütende Menge in Schach zu halten versuchten. Sprechchöre verlangten, sie aus der Stadt zu jagen: »Die Hur' muss raus!« Am Abend schickte Ludwig ihr eine Nachricht, in der er sie vor weiteren Ausschreitungen warnte und ihr dringend riet, den nächsten Tag am Starnberger See zu verbringen. Lola harrte jedoch trotzig in der Stadt aus.

Der neue Kriegsminister General Heinrich von der Mark drohte dem König am 11. Februar, er würde sich lieber erschießen, als Armee-Einheiten zur Verteidigung von Lola Montez gegen aufgebrachte Münchner einzusetzen. Daraufhin sah Ludwig I. sich gezwungen, die Universität wieder zu öffnen. Nach der Staatsrats-Sitzung ging er zu Fuß zu Lola. Schon von Weitem hörte er den Tumult vor ihrem Palais. Sie wehrte sich dagegen, weggebracht zu werden, doch Leutnant Theodor Weber und der Kutscher Georg Humpelmeyer schoben sie nichtsdestotrotz in einen Zweispänner. Als Ludwig kurz darauf eintraf, verwüsteten und plünderten die Demonstranten bereits das Palais, und der König wurde von einem Pflasterstein am Arm getroffen.

Weil die Tore der Residenz verriegelt waren, lenkte Georg Humpelmeyer die Kutsche zu einem Gasthof in Großhesselohe. Dort schrieb Lola eine Nachricht an den König und schickte den Kutscher damit zurück. Ungeduldig wartete sie auf Antwort. Als sie die Ungewissheit nicht länger ertrug, borgte sie sich einfache Kleidung, um nicht erkannt zu werden, und ließ sich vom Wirt in die Stadt bringen. In die Residenz gelangten sie nicht, aber als sie hörten, dass die Alemannen sich im Jagdschloss Blutenburg versammelt hatten, fuhren sie dorthin – und Lola verbrachte die Nacht mit Elias Peißner.

Am nächsten Morgen suchten Ludwig und Franz von Berks vergeblich in Großhesselohe nach ihr. Als sie erfuhren, wo Lola sich aufhielt, ordnete Berks an, sie nach Lindau zu eskortieren und in die Schweiz abzuschieben. Die zwei Polizisten, die in das Schlösschen kamen, um den Befehl auszuführen, wurden von Lola erst einmal beschimpft, aber dann fügte sie sich und stieg zusammen mit den Alemannen Elias Peißner, Ludwig Leibinger und Jacob Härtreiß in eine Kutsche, die anschließend mit einer Polizei-Eskorte zum Bahnhof Pasing fuhr.

Während Lola in Lindau auf ihr Gepäck aus München wartete, erhielt sie einen Brief Ludwigs, der am 1. Dezember zum letzten Mal das Bett mit ihr geteilt hatte und sich nun darüber beklagte, dass sie die Nacht im Schloss Blutenburg mit einem Nebenbuhler verbracht hatte. Entrüstet antwortete sie: »Glaubst Du wirklich, dass dieser Peißner oder ein anderer Student mein Liebhaber ist? [...] Aber eines kann ich Dir schwören, *keiner, kein Einziger war mein Liebhaber oder wird es je sein* [...] Alle Leute denken, ich sei eine ziemlich kalte Frau, weil die Mehrheit nicht die ideale Liebe, die ich nur für Dich empfinde, verstehen kann.«[11]

Am 24. Februar 1848, eine Woche nach ihrem siebenundzwanzigsten Geburtstag, überquerte Lola mit dem Dampfer »Ludwig« den Bodensee und fuhr mit der Kutsche weiter nach Zürich.

Am selben Tag endete in Paris mit der Februarrevolution die Herrschaft des »Bürgerkönigs« Louis-Philippe von Orléans. Auch in München brodelte es weiter, der Skandal um König Ludwig I. und Lola Montez wirkte da wie ein Katalysator. Am 6. März stürmten Demonstranten das Zeughaus in München und zogen mit den erbeuteten Waffen zur Residenz. Dem König blieb nichts anderes übrig, als den Liberalen in der sogenannten Märzproklamation erhebliche Zugeständnisse zu machen.

Weil Lola den Sturz des bayerischen Königs befürchtete und sich deshalb Sorgen um die finanziellen Zuwendungen machte, fuhr sie am 8. März als Mann verkleidet mit dem befreundeten litauischen Baron Georges Meller-Zakomelsky nach München. Übernachten wollte sie bei Caroline Wegner, mit der sie sich während ihres Aufenthalts in der Stadt angefreundet hatte. Ein Nachbar, dem die französisch sprechende Person verdächtig vorkam, holte zwei Polizisten, die Lola ins Polizeipräsidium brachten. Man weckte den Polizeidirektor Xaver Mark, der es jedoch nicht wagte, ohne den König eine Entscheidung zu treffen. Ludwig kleidete sich rasch an und folgte Mark zum Polizeipräsidium, um mit der Festgenommenen zu sprechen. Sie drängte ihn, im Ausland Geld für sie anzulegen. Der König versprach ihr, im nächsten Monat zu ihr in die Schweiz zu kommen, und beschwor sie, unverzüglich wieder abzureisen. Im Morgengrauen verließ Lola die Stadt.

Die Nachricht von ihrem nächtlichen Aufenthalt in München verbreitete sich rasch. Wegen des Gerüchts, sie sei noch immer in der Stadt, kam es Mitte März zu neuen Unruhen. Die Bürger verlangten eine Anordnung, wonach Lola Montez bei einem erneuten Einreiseversuch nach Bayern sofort zu verhaften sei. Der König erklärte daraufhin, die Gräfin von Landsfeld habe »das bayerische Indigenat zu besitzen aufgehört«[12].

Ludwig I., der sich von seinen Freunden verraten fühlte und über die Haltung der Münchner Bevölkerung verärgert war, sagte am 18. März 1848 zu Hermann Baron von Rotenhan: »Ich habe dreiundzwanzig Jahre als wahrer König geherrscht und soll jetzt noch ein bloßer Unterschreibkönig sein, gebunden und gefesselt an beiden Händen, nein, das kann ich nicht.«[13] Tags darauf rief er seine vier Söhne zu sich und teilte ihnen mit, er habe sich entschlossen, zugunsten seines sechsunddreißigjährigen Sohnes Maximilian abzudanken.

Lola erhielt die Nachricht von der Abdankung des bayerischen Königs in Bern. In einem Brief versprach er ihr weiterhin 20 000 Gulden pro Jahr – ungefähr 350 000 Euro nach heutigem Geldwert. Zusätzliche Rechnungen könne er allerdings nicht mehr übernehmen, erklärte er, denn er verfüge nur noch über ein Fünftel seines bisherigen Einkommens.

Um für einen Besuch Ludwigs I. einen repräsentativen Rahmen zu schaffen, mietete Lola für ein halbes Jahr das Château de l'Impératrice in Pregny, einen früheren Wohnsitz der Kaiserin Josephine, und ließ darin die inzwischen nachgeschickten Möbel ihres Palais in München aufstellen.

Doch die Münchner erfuhren gerüchtweise von dem geplanten Rendezvous des abgedankten Königs mit Lola Montez in Pregny und entrüsteten sich so sehr darüber, dass er es nicht wagen konnte, sein Vorhaben zu verwirklichen.

Allerdings gab er die Hoffnung nicht auf, Lola wiederzusehen. Einem seiner Briefe legte er einen Zettel mit der Frage bei, ob sie dann auch mit ihm schlafen werde, und sie stellte ihm »Gusto und Vergnügen« in Aussicht. Der König, der diesen Sommer in Berchtesgaden verbrachte, wollte einen Abstecher zu Verwandten in Innsbruck nutzen, um sich heimlich mit Lola in Malans zu treffen. Damit er einen geeigneten Zeitpunkt festlegen konnte, erkundigte er sich nach ihrer Periode. Als sie zu dem Rendezvous eintraf, erfuhr sie jedoch, dass der abgedankte Monarch vorzeitig nach München hatte zurückkehren müssen, um sich gegen den Vorwurf zu verteidigen, er habe Lola Montez auf Staatskosten beschenkt. Ludwigs Nachricht lag wieder ein Zettel bei. Er habe eine Zeichnung ihres Kussmundes in ihrem letzten Brief zunächst für eine Darstellung ihrer Vulva (»cuño«) gehalten, schrieb er lüstern, und bei dem Anblick sei sein Penis (»jarajo«) erigiert. »So viel Vergnügen mir Dein Mund gegeben hat, so würde mir auch Dein *cuño* sehr gefallen. Ich küsse das eine wie das andere.«[14]

Auguste Papon, ein Hochstapler, der sich als »Marquis de Sard« ausgab und seit Ende Juli bei Lola Montez im Château de l'Impératrice wohnte, suchte Ludwig Anfang Oktober in München auf und überbrachte ihm eine weitere Bitte der Geliebten um mehr Geld. Da wies der König darauf hin, dass er innerhalb von zwei Jahren 158 000 Gulden für Lola ausgegeben habe. (Das wären heute mehr als zweieinhalb Millionen Euro.)

Nach Ablauf des Mietvertrags verließen Lola Montez und Auguste Papon das Château de l'Impératrice und zogen in ein

Haus bei Genf. Ihre Affäre endete bald darauf. Den Winter verbrachte Lola in London.

Nachdem sich die spanische Botschaft in London geweigert hatte, ihr einen Pass auszustellen, kam Lola der Heiratsantrag des englischen Leutnants George Trafford Heald gerade recht, zumal es sich bei dem Einundzwanzigjährigen um den Erben eines enormen Vermögens handelte. Am 19. Juli 1849 wurde Maria de los Dolores de Landsfeld die Ehefrau von George T. Heald und damit britische Staatsbürgerin.

Susanna Heald, eine Tante des Bräutigams, misstraute der Braut und beauftragte einen Anwalt mit Nachforschungen. Der machte Thomas James ausfindig und sorgte dafür, dass Lola am 6. August wegen Bigamie verhaftet wurde. Gegen eine Kaution kam die Angeklagte bis zur Hauptverhandlung frei. Sie reiste mit Heald nach Rom und Neapel. Von dort kehrten sie zwar rechtzeitig vor dem Gerichtstermin Anfang September nach London zurück, doch als Lola erkannte, dass man sie mit großer Wahrscheinlichkeit zu einer Haftstrafe verurteilen würde, setzte sie sich nach Frankreich ab. Die Kaution ging dadurch verloren.

Heald folgte Lola und reiste mit ihr nach Barcelona und weiter nach Cádiz. Nach mehreren heftigen Auseinandersetzungen, Trennungen und Versöhnungen wohnten sie im Frühjahr 1850 zusammen im Château Beaujon nahe der Champs-Élysées in Paris.

Von dort schrieb Lola am 26. Mai an den abgedankten König in München, der seine Zuwendungen im Oktober noch einmal halbiert hatte, weil er wusste, dass sie mit einem reichen Engländer verheiratet war: »Einige sagen, ich sollte Deine Briefe zur Veröffentlichung verkaufen, aber es würde mir Schrecken bereiten, Dich zu verraten.«[15] Ludwig ließ sich nicht mehr erpressen und stellte stattdessen seine regelmäßigen Zahlungen ganz ein.

Als George Heald seine Frau endgültig verließ, versuchte diese, die auf Kredit gekauften Möbel durch einen Nebenausgang hinauszuschaffen, aber ein Gerichtsvollzieher hinderte sie daran. Im September zog sie in ein kleineres, von ihrem Freund Michel de Corail für sie gemietetes Appartement in Paris. Um an Geld zu kommen, schrieb Lola Memoiren, die ab Januar 1851 wie ein

Fortsetzungsroman in der Zeitung »Le Pays« erschienen – bis das Blatt verkauft wurde und die neuen Besitzer die Serie abbrachen.

Im Sommer 1851 bereitete sich Lola Montez auf ein Comeback als Tänzerin vor. Bei einer privaten Veranstaltung am 12. September im Jardin Mabille in Paris testete sie die neu einstudierten Choreografien, und vier Tage später begann sie eine Tournee. Am 1. Oktober war sie in Aachen zu sehen, aber ihr in Köln geplanter Auftritt wurde von der Polizei verboten, und man erklärte ihr, sie sei nirgendwo in Preußen willkommen.

Kurz entschlossen reiste Lola nach New York, wo sie am 29. Dezember 1851 als Star einer Bühnenshow am Broadway debütierte, die zunächst für eine Woche angesetzt war, wegen des Erfolgs jedoch bis 16. Januar 1852 verlängert wurde. Bevor sie an der Ostküste der USA auf Tournee ging, beauftragte sie den Bühnenautor Charles P. T. Ware jun., ein Stück über ihre Erlebnisse im Königreich Bayern zu schreiben. (Zu diesem Zeitpunkt gab es bereits eine Farce von Joseph Sterling Coyne über sie: »Lola Montez or A Countess for an Hour« war am 26. April 1848 in London uraufgeführt worden.) Bei der Premiere von »Lola Montez in Bavaria« am 25. Mai 1852 in New York stellte Lola sich selbst dar – und begann eine neue Karriere als Theaterschauspielerin.

In New Orleans wurde die Cholerikerin zweimal wegen Körperverletzung angezeigt. Obwohl sie damit wieder eine Kaution einbüßte, verließ sie die Stadt im Mai 1853, überquerte die Landenge von Panama – den Kanal gab es noch nicht – und fuhr mit einem Seitenraddampfer nach San Francisco, wo sie noch im selben Monat als Schauspielerin auf der Bühne stand. Außerdem kreierte sie einen lasziven »Spider-Dance«, bei dem sie so tat, als suche sie unter ihren Röcken aufgeregt nach einer Spinne.

Am 2. Juli 1853 heiratete Lola den Journalisten Patrick Purdy Hull, den sie auf der Seereise von Panama nach San Francisco kennengelernt hatte. So bekam sie einen amerikanischen Pass. Bei einem Aufenthalt in der kalifornischen Goldgräberstadt Grass Valley überwarf sich das Paar jedoch so, dass Hull im September allein nach San Francisco zurückkehrte, wohingegen Lola in Grass Valley ein Haus mit Garten erwarb und sich dort einrichtete. In dieser Stadt voller Individualisten wurde »Madame Lola« respektiert, zumal sie hier erstmals in ihrem Leben Hilfsbereitschaft zeigte, sich bescheiden kleidete und sogar bei einer anstrengenden Campingtour in der Sierra Nevada mitmachte.

Obwohl Lola sich in Grass Valley wohlfühlte, wurde sie nach eineinhalb Jahren von Fernweh gepackt. Deshalb stellte sie eine Theatertruppe zusammen, mit der sie sich Anfang Juni 1855 in San Francisco einschiffte. Am 16. August kamen sie in Sydney an, und eine Woche später führten sie dort »Lola Montez in Bavaria« auf. Im Lauf der Zeit erweiterten sie ihr Repertoire um andere Komödien, und Lola sorgte mit ihrem Spinnentanz für Aufsehen.

Nach Gastspielen auch in Melbourne und anderen australischen Städten kehrte sie nach San Francisco zurück. Während der Überfahrt, die vom 22. Mai bis 26. Juli dauerte, feierte der Schauspieler Frank Folland, der sie begleitete, seinen neunundzwanzigsten Geburtstag. Noch in derselben Nacht ging er über Bord. Ob es sich dabei um einen Unfall oder Suizid handelte, blieb ungeklärt. Tief betroffen über den Tod ihres Kollegen bot Lola seiner Familie finanzielle Hilfe an und ließ ihren Schmuck zu Gunsten seiner beiden Halbwaisen versteigern.

Am 20. November 1856 verließ sie Kalifornien. Nachdem sie sich von dem Rhetoriker Chauncey Burr in New York hatte schulen lassen, begann sie Ende Juni 1857 mit einem Vortrag über »Schöne Frauen« in Hamilton in der kanadischen Provinz Ontario eine neue Karriere als Rednerin. Aufgrund des Erfolgs veröffentlichte sie ihre Texte auch in Buchform.

Bei ihrer Vortragsreise durch Irland, England und Schottland im Winter 1858/59 verlangten Veranstalter doppelt so viel Eintrittsgeld wie bei Lesungen von Charles Dickens.

Als die Tournee zu Ende war, pachtete Lola Montez ein Haus am Ostrand des Hyde-Parks in London. Weil sie sich dabei finanziell übernahm, jagte man sie schließlich aus dem Haus und beschlagnahmte die Einrichtung. Zuflucht fand sie bei einem älteren Ehepaar in einem Landhaus in Mittelengland, aber Lola zerstritt sich nach kurzer Zeit mit den Gastgebern und kehrte im Oktober 1859 nach New York zurück.

Dort erlitt sie am 30. Juni 1860 im Alter von neununddreißig Jahren einen Schlaganfall, durch den sie fortan halbseitig gelähmt war und auch nicht mehr sprechen konnte. Maria Elizabeth Buchanan, eine aus Montrose stammende frühere Mitschülerin, die mit ihrem amerikanischen Ehemann in New York lebte und 1858 durch Zeitungsmeldungen auf Eliza Gilbert alias Lola Montez aufmerksam geworden war, nahm die Pflegebedürftige auf.

Am 17. Januar 1861, genau einen Monat vor ihrem vierzigsten Geburtstag, starb Lola Montez an einer Lungenentzündung.

Franziska zu Reventlow

(1871–1918)

»Ich will überhaupt lauter Unmögliches ...«

*Die aus Husum stammende »Schwabinger Gräfin«
missachtete gesellschaftliche Konventionen, gab sich als
Bohemien, ließ sich auf zahlreiche Liebesaffären
ein und war glücklich, einen Sohn zu haben,
obwohl unverheiratete Mütter und deren Kinder
geächtet wurden.*

Fanny zu Reventlow wuchs im Schloss vor Husum auf, denn ihrem Vater, einem königlich-preußischen Landrat, standen dort nicht nur Amtsräume für die Verwaltung der Stadt und die Leitung der Polizei zur Verfügung, sondern auch Wohnräume für seine Familie. Seine Ehefrau Emilie, eine geborene Gräfin zu Rantzau, hatte mit ihm sechs Kinder, von denen die drei ältesten – Agnes, Theodor und Ludwig – noch in Kiel auf die Welt gekommen waren. Die drei jüngeren – Ernst, Fanny und Carl (»Catty«) – wurden in Husum geboren.

Drei Tage nach Fannys siebtem Geburtstag am 18. Mai 1878 starb ihr neun Jahre älterer Bruder Theodor nach langer Krankheit. Emilie Gräfin zu Reventlow trauerte sehr um ihn und wurde schwermütig.

Fannys zehn Jahre ältere Schwester Agnes richtete sich nach den Wünschen der Mutter, die überzeugt davon war, dass Frauen sich selbst verleugnen und ihr Glück in der Mutterschaft finden müssten. Eine derartige Selbstbeschränkung kam für Fanny nicht infrage. Sie rebellierte schon als Kind gegen jede Bevormundung und empfand ihre Mutter als gefühlskalt, lieblos und abweisend. Im Vergleich zu ihren Brüdern fühlte sie sich benachteiligt. Mit Strenge, Zwang und Ohrfeigen versuchte die Gräfin sie nach ihren Vorstellungen zurechtzubiegen, aber das gelang weder ihr noch einer der französischen Gouvernanten, die das eigensinnige Mädchen ab 1878 erziehen sollten.

Als die Eltern 1885 längere Zeit verreist waren und die Gouvernante erkrankte, nutzten Fanny und ihr Bruder Catty die ungewohnte Freiheit, um ausgiebig in Husum herumzustreunen. Daraufhin wussten sich die Eltern keinen anderen Rat mehr, als die bald Fünfzehnjährige Ostern 1886 in das Freiadelige Magdalenenstift in Altenburg zu schicken.

Fanny musste das evangelisch-lutherische Mädchenpensionat allerdings nach einem Jahr wieder verlassen, weil sie sich verbotenerweise Geld geliehen hatte, um einer Schulfreundin einen Gedichtband schenken zu können.

Aus erzieherischen Gründen und um sich von der Gegenwart der immer wieder aufbegehrenden Tochter zu befreien, sorgte Emilie zu Reventlow dafür, dass Fanny von Juni 1887 bis Weihnachten 1888 bei verschiedenen Verwandten wohnte. Den Aufenthalt bei Tante Fanny Gräfin zu Rantzau, die als Stiftsdame im Adeligenkloster Preetz lebte – einer Versorgungseinrichtung für unverheiratete und verwitwete Aristokratinnen –, fand Fanny sehr angenehm, denn im Gegensatz zu ihrer Mutter begeisterte sich deren jüngere Schwester für Kunst und Literatur. Während Fannys künstlerische und literarische Ambitionen zu Hause unterdrückt wurden, richtete ihr die Tante sogar ein Atelier ein und beauftragte eine Künstlerin, sie zu unterrichten. Weil Fanny davon ausging, dass sie nie die Erlaubnis bekommen würde, Kunst zu studieren, bat sie ihren Vater darum, ein Lehrerinnenseminar besuchen zu dürfen, was er jedoch ebenso ablehnte.

Als Fanny Weihnachten 1888 wieder nach Hause kam, erfuhr sie von der bevorstehenden Pensionierung ihres Vaters und dass er den Lebensabend in Lübeck verbringen wolle. Der Umzug fand im September 1889 statt. Fanny, die erneut für einige Zeit bei Verwandten lebte, folgte der Familie erst einen Monat später in die Hansestadt – wo sie nun doch das Lehrerinnenseminar besuchen durfte.

In Lübeck lernte die Achtzehnjährige auch den zwei Jahre jüngeren Emanuel Fehling kennen, einen Enkel des Dichters Emanuel Geibel. Er führte sie in den »Ibsenclub« ein, in dem rebellische Jugendliche Henrik Ibsen und andere zeitgenössische Autoren lasen. Fannys Eltern durften weder etwas vom »Ibsenclub« erfahren noch von der schwärmerischen Freundschaft, die sich zwischen ihr und Fehling entwickelte. Obwohl beide von der

Franziska zu Reventlow, 1895

freien Liebe redeten, scheuten sie davor zurück, miteinander zu schlafen, vielleicht aus Sorge, sie würden dadurch die Romantik ihrer Beziehung zerstören.

Am 30. April 1890 schrieb Fanny zu Reventlow ihrem Freund: »Sie machen sich gar keinen Begriff, wie mit solch unglücklichen Backfischen zu Hause und in Pension[at]en verfahren wird, ihnen werden die unsinnigsten, uninteressantesten Kenntnisse eingetrichtert, furchtbar viel Religion, Grammatik, Handarbeiten und Klavier. Sie sollen gewaltsam in eine Schablone gepresst werden; was dabei herauskommt, können Sie an den Durchschnittsjungen Mädchen und Frauen sehen, ungebildete, bleichsüchtige, spitzenklöppelnde, interessenlose Geschöpfe; die, wenn sie sich verheiraten, in Haushalts- und Kindergeschichten aufgehen und ihrem Mann unmöglich etwas sein können, als eben seine Hausfrau [...]«[16] In einem anderen Brief heißt es: »Ich will und muss einmal frei werden; es liegt nun einmal tief in meiner Natur, dieses maßlose Streben, Sehnen nach Freiheit. Die kleinste Fessel, die andere gar nicht als solche ansehen, drückt mich unerträglich, unaushaltbar und ich muss gegen alle Fesseln, alle Schranken ankämpfen, anrennen.«[17]

Eine Tante überredete Fannys Eltern, die Neunzehnjährige 1890 am privaten Lehrerinnen-Seminar in Lübeck anzumelden. Zu Beginn der Ausbildung nahm Fanny sich vor, ihren Abschluss nicht erst – wie üblich – nach zwei Jahren, sondern schon ein halbes Jahr früher zu machen. Das gelang ihr denn auch: Im April 1892 erhielt sie das »Zeugnis der Befähigung für den Unterricht an mittleren und höheren Mädchenschulen«.

Zu diesem Zeitpunkt hatten Emanuel Fehling – der im Herbst 1891 zum Militär eingezogen worden war – und Fanny bereits aufgehört, Briefe zu wechseln. Sie wandte sich Karl Schorer zu, einem anderen Mitglied des »Ibsenclubs«. Auch dieses Verhältnis musste sie verheimlichen, doch im Sommer 1892 fiel ihrer Mutter ein zwischen den Seiten eines Buches vergessener Brief Schorers in die Hand. Daraufhin brach sie Fannys Schreibtisch auf – und fand darin auch Fehlings Briefe. Empört drohte Ludwig Graf zu Reventlow seiner Tochter, er werde sie entmündigen.

Fürs Erste wurde Fanny im August 1892 in ein Pfarrhaus in Adelby bei Flensburg verbannt. Ihr Vater ließ sich jedoch nicht davon abbringen, Schorer als ihren Verlobten zu betrachten, um das seiner Meinung nach unsittliche Verhältnis nachträglich zumindest dem Anschein nach zu legitimieren. Deshalb lief Fanny im April 1893 aus dem Pfarrhaus davon und suchte Zuflucht bei ihrer Freundin Else Gutschow in Wandsbek, wo sie sich allerdings vergeblich um eine Anstellung als Lehrerin bemühte, die ihr ein eigenständiges Leben ermöglicht hätte.

Im Juni erfuhr sie, dass ihr neunundsechzigjähriger Vater im Sterben lag. Obwohl die Familie keinen Zweifel daran ließ, dass sie zu Hause unerwünscht war, nahm sie den nächsten Zug nach Lübeck. Tatsächlich musste sie warten, bis ihr Vater tot war, bevor sie ihn sehen durfte.

Ludwig Graf zu Reventlow hatte mit der Entmündigung nicht nur gedroht, sondern wirklich vorgehabt, Fanny unter Kuratel stellen zu lassen, aber er starb, bevor er seine Absicht verwirklichen konnte. Sein Tod ermöglichte es Fanny, sich von ihrem »Bräutigam« Karl Schorer zu trennen. Ein paar Wochen später verlobte sie sich mit dem Gerichtsassessor Walter Lübke in Wandsbek, mit dessen Unterstützung sie selbstständig werden wollte.

Walter Lübke war bereit, ihr ein halbes Jahr Malunterricht in München zu bezahlen. Im August 1893 reiste *Franziska* zu Reventlow – wie sie sich nun nannte – in die bayerische Hauptstadt, aus der König Ludwig I. eine der bedeutendsten Kunstmetropolen Europas gemacht hatte. Franziska nahm sich ein Zimmer im Künstlerviertel Schwabing, wo die Mietpreise vergleichsweise niedrig waren. Während sie die renommierte Malschule von Anton Ažbe besuchte, schrieb sie weiterhin für die »Husumer Nachrichten«, die seit Jahresanfang Texte von ihr veröffentlichten.

Trotz ihrer Verlobung begann Franziska im November 1893 eine leidenschaftliche Affäre mit dem polnischen Maler Adolf Herstein. Als Walter Lübke seine Braut an Weihnachten für einige Tage in München besuchte, wollte sie sich von ihm trennen, brachte es jedoch nicht übers Herz, ihm zu sagen, wie es um sie stand. Im Frühjahr 1894 bemerkte sie, dass sie schwanger war. Herstein lehnte es ab, Vaterpflichten zu übernehmen und riet ihr deshalb, Lübke zu heiraten. Die Trauung fand am 22. Mai in Berlin statt, der Heimatstadt des ahnungslosen Bräutigams. Das frisch vermählte Ehepaar zog nach Hamburg, wo Lübke inzwi-

schen als Jurist tätig war. Wenige Wochen später, am 14. Juni, erlitt Franziska eine Fehlgeburt, aber weder sie noch der Arzt klär-
ten Lübke über den wahren Grund ihrer vorübergehenden gesundheitlichen Probleme auf.

Im Mai 1895 fuhr Franziska erneut nach München. Sie nahm
sich vor, ihrem in Hamburg zurückgebliebenen Mann endlich die
Wahrheit zu sagen, aber erst im Juli des folgenden Jahres fand
sie den Mut dazu. Walter Lübke reichte sofort die Scheidung ein.
Franziska begann unter einer Depression zu leiden, aus der sie
sich auch durch neue Affären nicht befreien konnte. In ihrem
Tagebuch klagte sie: »Ich wollte Walter behalten und die anderen auch – was hab ich nicht in der kurzen Zeit alles erlebt – einen
nach dem andren. Warum fühle ich das Leben herrlich und inten-
siv, wenn ich viele habe? – immer das Gefühl, eigentlich gehöre
ich allen. Und dann wieder der haltlose Jammer, dass ich dadurch
gerade den einen verliere, der mich liebt. Warum gehen Liebe und
Erotik für mich so ganz auseinander?«[18]

Franziska zu Reventlow schrieb inzwischen für die satirische
Wochenzeitschrift »Simplicissimus«, und um ihren Lebensunterhalt zu verdienen, betätigte sie sich ebenso emsig wie unsorgfältig
als Übersetzerin für den Albert Langen Verlag. Bei Gelegenheit
prostituierte sie sich auch, aber eine dauerhafte Erwerbsquelle
wollte sie daraus nicht machen.[19]

Im Januar 1897 bestätigte eine medizinische Untersuchung ihre
Vermutung, erneut schwanger zu sein. Obwohl eine uneheliche
Geburt damals als Skandal galt und unverheiratete Mütter ebenso wie ihre Kinder gesellschaftlich geächtet wurden – weshalb die
Familien ein Neugeborenes in der Regel sofort zur Adoption frei-
gaben –, freute sich Franziska auf das Kind, das sie allein erziehen
wollte. Wer der Vater war, verriet sie nie, und es wäre ihr auch
nicht recht gewesen, wenn er sich um das Kind gekümmert hätte.
Ihr Motto lautete zeitlebens: »Ich will überhaupt lauter Unmögliches, aber lieber will ich das wollen, als mich im Möglichen
schön zurechtlegen.«[20]

Während der Schwangerschaft musste sie den Scheidungsprozess durchstehen. Weil dabei auch zur Sprache kam, dass sie bei
der Hochzeit schwanger gewesen war, wurde wegen des Verdachts
einer strafbaren Abtreibung vorübergehend gegen sie ermittelt.
Am 14. April 1897 erfolgte die Scheidung. Franziska Gräfin zu

Reventlow musste die Kosten übernehmen, denn das Gericht befand sie des mehrfachen Ehebruchs für schuldig.

Da sie die Miete nicht mehr bezahlen konnte, floh sie Ostern vor dem Vermieter an den Bodensee. Begleitet wurde sie dabei von dem mit ihr befreundeten Studenten Rainer Maria Rilke. Anfang Mai kehrte sie nach Schwabing zurück. Obwohl sie Tag und Nacht übersetzte, musste sie sogar ihr Bettzeug ins Leihhaus bringen.

Ihre Stimmungslage wechselte zwischen der Freude auf das Kind und Depressionen. »Die Nächte sind fürchterlich«, schrieb sie am 3. Juli in ihr Tagebuch, »Angst, Selbstmordgedanken.«[21]

Am 1. September 1897 wurde Franziska zu Reventlow von einem Sohn entbunden, den sie Rolf nannte. Sie machte sich nichts aus dem Getuschel der Leute, war glücklich, ein Kind zu haben, ließ sich durch die Mutterpflichten jedoch nicht davon abhalten, weiterhin an Bällen und Atelierfesten teilzunehmen, bei denen es in Schwabing hoch herging.

In ihrem 1899 veröffentlichten Essay »Viragines oder Hetären?« schrieb sie: »In den Schichten der Gesellschaft, die man innerlich und äußerlich zum Philistertum, zur Bourgeoisie rechnen kann, ist man sich völlig klar darüber, was der Frau ziemt und ansteht [...] Vor allem handelt es sich darum [...], dass von der Frau möglichst wenig Wesens gemacht wird [...] Als kleines Mädchen artig in die Schule und manierlich mit Eltern oder ›Fräuleins‹ spazieren gehen, als großes Mädchen je nach den Verhältnissen als Nutzobjekt oder Dekorationsgegenstand im Hause figurieren, als Braut sittig errötend an der Aussteuer nähen, als Frau dem Gatten sorgend und liebend zur Seite stehen, den Pflichten des christlichen Ehebettes nach bestem Vermögen nachkommen und ihre Kinder zu derselben trostlosen Lebenslangeweile erziehen. Klar und deutlich ist der Weg ihr vorgezeichnet, etwaige Freiheits- oder Lustbestrebungen werden rechtzeitig unterdrückt [...] Vielleicht entsteht noch einmal eine Frauenbewegung [...], die das Weib als Geschlechtswesen befreit, es fordern lehrt, was es zu fordern berechtigt ist, volle geschlechtliche Freiheit, das ist, freie Verfügung über seinen Körper, die uns das Hetärentum wiederbringt.«[22]

Franziska forderte auch für Frauen das Recht auf Selbstbestimmung, »volle geschlechtliche Freiheit«[23] und sexuelle Emanzipation. Von der Frauenbewegung distanzierte sie sich jedoch, weil sie der Meinung war, dass eine Gleichstellung von Männern und Frauen beziehungsweise eine Vermännlichung der Frauen die Erotik verkümmern ließe. »Bei mir steht und fällt alles mit dem Erotischen«, schrieb sie in einem ihrer Briefe.[24] Ihr Ideal war nicht der Blaustrumpf, sondern die Hetäre. »Warum sollte das moderne Heidentum uns nicht auch ein modernes Hetärentum bringen? Ich meine, den Frauen den Mut zur freien Liebe vor aller Welt wiedergeben? [...] Die Hetären des Altertums waren freie, hochgebildete und geachtete Frauen.«[25]

Begeistert nahm Franziska zu Reventlow 1899 Schauspielunterricht. Otto Falckenberg, der Dramaturg und Regisseur im Münchner Schauspielhaus, engagierte sie 1900 für die Hauptrolle in dem Bühnenstück »An des Reiches Pforten« von Knut Hamsun. Der Misserfolg der Aufführung ernüchterte Franziska derart, dass sie ihre Absicht aufgab, eine Karriere als Schauspielerin zu versuchen.

Ab 31. Mai 1900 begleiteten sie und ihr kleiner Sohn den Geologen Albrecht Hentschel auf einer Reise von München über Wien, Budapest, Belgrad und Konstantinopel auf die griechische Insel Samos, wo der Forscher Gesteinsschichten untersuchen wollte. Nicht zuletzt wegen Hentschels barschem Ton Rolf gegenüber kam es zu Spannungen. Schließlich gestand Franziska, auch ein sexuelles Verhältnis mit dem Rechtsanwalt Alfred Friess zu haben, und Hentschel beichtete seiner Geliebten, dass er ihr seine Verlobung verheimlicht hatte. Nach dieser Aussprache verstanden sie sich wieder besser und verbrachten noch eine angenehme Zeit auf Samos, bis sie im Dezember nach München zurückkehrten.

Zu Franziskas Vertrauten zählte auch der ein Jahr jüngere Grafologe Ludwig Klages, den sie seit Juni 1899 kannte. Durch ihn kam sie in Kontakt mit dem okkulten Kreis der »Kosmiker«, dem auch Alfred Schuler, Karl Wolfskehl und Stefan George angehörten, Männer, die sich als »Enorme« über die »Belanglosen« erheben wollten. Franziska zu Reventlow karikierte die »Kosmiker« – von denen sie als »heidnische Madonna mit dem Kind«[26] verehrt wurde – in ihrem 1913 veröffentlichten Roman »Herrn Dames Aufzeichnungen«.

Klages erreichte, dass die Ehefrau eines polnischen Industriellen seiner Freundin vorübergehend eine monatliche Rente zahlte, damit diese an ihrem in Griechenland begonnenen Roman »Ellen Olestjerne« weiterarbeiten konnte. Um nicht abgelenkt zu werden, zog Franziska mit Rolf aufs Land, zuerst nach Lenggries und dann nach Schäftlarn. Zwischendurch entspannte sie sich mit Klages am Ammersee.

Weil sie nicht bereit war, den Namen von Rolfs Vater preiszugeben, bestand das Vormundschaftsgericht München darauf, dass der Junge einen Vormund haben müsse. Franziska überredete Klages, sich dafür zur Verfügung zu stellen. Da er sie jedoch fortwährend ermahnte, das Rauchen und ihre Ausschweifungen aufzugeben, zog sie sich Ende 1902 von ihm zurück.

Zur gleichen Zeit begann sie eine Liebesbeziehung mit einem anderen »Kosmiker«, dem zwei Jahre älteren, verheirateten Schriftsteller und Übersetzer Karl Wolfskehl. Im Mai 1903 vertraute Franziska ihren Sohn einer Freundin an und reiste mit Wolfskehl für zwei Wochen nach Italien. Als die beiden nach München zurückkamen, beendeten sie ihre Affäre im gegenseitigen Einvernehmen und blieben Freunde.

Einige Monate später wurde der polnische Maler Bohdan von Suchocki ihr Geliebter. Im Herbst 1903 gründete sie zusammen mit ihm und dem gemeinsamen Freund Franz Hessel in der Kaulbachstraße eine Wohngemeinschaft. Das heruntergekommene Eckhaus, in dem sie lebten, wurde zu einem legendären Treffpunkt Schwabinger Bohemiens, die entweder auf Einladung oder unangemeldet vorbeikamen. Die Malerin Marianne Werefkin berichtete über einen Besuch bei der »Schwabinger Gräfin«: »In einer alten und einsamen Straße der Stadt mit großen Gärten und alten Häusern, ein Haus noch viel älter als die anderen, so alt, dass es zum Abbruch reif scheint. Ich läute. Der Freund, ein polnischer Maler, dessen Mutter eine Prinzessin war und der die Hosen eines anderen trägt, weil er keine eigenen mehr hat, öffnet mir und begrüßt mich mit einem Handkuss [...] Die früher hier gewohnt haben, sind einst reich gewesen. Alle Zimmer sind bis zur halben Höhe vertäfelt. Überall Glaslüster. Jetzt alles verwahrlost, modriger Geruch und eine geheimnisvolle Stimmung. Eine kleine Treppe führt nach oben. Ein leeres Zimmer nach dem anderen [...] Auf einem kleinen Eisenbett liegt die so reizende Frau mit den Augen eines jungen Mädchens und mit ihrem armen, vom Leben gezeichneten Gesicht [...] Und in der jammervollen Umgebung Blumensträuße wie aus einer anderen Welt [...] Und der Pole, der keine eigenen Hosen hat, aber die Manieren eines Prinzen, bereitet ihr die Suppe und bringt sie an ihr Bett. Diese beiden Kinder, so einfältig und wahr wie Lot und doch so reich an Hirngespinsten, unglücklich ohne es zu spüren, deklassiert, ohne darunter zu leiden, scheinen mir aus dem Traum zu kommen.«[27]

Als Rolf sieben Jahre alt wurde, wies Franziska die Behörden auf ihren Abschluss am Lehrerinnen-Seminar in Lübeck hin und erwirkte eine Genehmigung, den Jungen selbst unterrichten zu dürfen. Nur den jährlichen Prüfungen musste er sich an einer staatlichen Schule unterziehen.

Obwohl Franziska im sechsten Monat schwanger war, fuhr sie im Herbst 1904 mit Rolf, Bohdan von Suchocki und Franz Hessel nach Italien. In dem Badeort Forte dei Marmi am Ligurischen Meer wurde sie am 30. September von Zwillingen entbunden. Eines der Kinder kam tot auf die Welt, das andere starb innerhalb eines Tages. Während Hessel zwei Wochen später abreiste, blieb Franziska mit Rolf und ihrem Geliebten in Forte dei Marmi, um sich von dem Schicksalsschlag zu erholen. Anfang November fuhren sie zu dritt mit Rädern über den Apennin nach Venedig und stiegen dort erschöpft in einen Zug nach München.

Nach knapp drei Jahren löste sich die Wohngemeinschaft in der Kaulbachstraße auf: Franz Hessel zog Ende Juni 1906 zuerst nach Berlin, dann nach Paris. Franziska zu Reventlow, die im Mai ihren Bruder Ludwig am Sterbebett in Berlin besucht hatte, bereiste mit ihrem Sohn Griechenland und Italien. Erst im Frühjahr 1907 kamen sie zurück.

Als die Künstlerin Helene von Basch, mit der sich Franziska in der Malschule von Anton Ažbe angefreundet hatte, ein uneheliches Kind bekam, überredeten die beiden Frauen Bohdan von Suchocki, die ledige Mutter zum Schein zu heiraten und das Kind zu adoptieren. Helene erwies sich jedoch als undankbar, ja unverschämt: Sie erhob Unterhaltsansprüche gegen Suchocki, der daraufhin nach Nordamerika auswanderte – nicht mit seiner Geliebten Franziska, sondern mit der Malerin Ottilie Reyländer.

»Ich gehe von einer Umarmung in die andere«, schrieb Franziska zu Reventlow 1908 in ihr Tagebuch.[28] »Entweder ich liebe keinen oder alle«, heißt es an anderer Stelle.[29] Sie ließ sich von niemandem festhalten. Häufig wechselte sie auch die Adresse in München. Von 1906 bis 1910 geschah dies siebenmal. 1910 beschloss sie, ihre Wahlheimat zu verlassen. Im Oktober brachte sie Rolf bei Freunden in Bad Deutsch-Altenburg unter und reiste über Berlin nach Paris, wo sie einige Wochen als Verkaufsdame bei einer Kunstgewerbeausstellung arbeitete, bevor sie nach Ascona im Tessin weiterfuhr. Dorthin ließ sie dann auch Rolf nachkommen.

Der anarchistische Schriftsteller Erich Mühsam, den Franziska seit 1906 kannte – er bezeichnete sie einmal als den »innerlich freiesten und natürlichsten Menschen, dem ich begegnet bin«[30] –, hatte ihr geraten, nach Ascona zu ziehen, wo der mit ihm befreundete baltische Baron Alexander von Rechenberg-Linten eine Frau für eine Scheinheirat suchte. Der alkoholkranke Aristokrat, der für eine italienische Waschfrau entflammt war, musste befürchten, dass sein Vater eines Tages nicht mehr für seine Schulden aufkommen würde, falls er nicht standesgemäß heiratete und eine Familie gründete. Anfang 1911 traf Alexanders Vater in Ascona ein, und im Juni fand die Hochzeit statt, durch die Franziska Gräfin zu Reventlow de jure zu einer Baronin von Rechenberg-Linten mit russischer Staatsangehörigkeit wurde.

Franziska von Reventlow liebte es, zu verreisen und sich an unterschiedlichen Orten aufzuhalten. Daher zog sie weiter nach Mallorca, wo sie zusammen mit Rolf von Oktober 1912 bis Mai 1913 im Haus ihres Cousins Viktor von Levetzow wohnte. »Ein unschätzbares Gefühl: nicht hier und da, sondern einfach fort zu sein«, heißt es in ihrem Briefroman »Von Paul zu Pedro«.[31]

Als ihr Schwiegervater 1913 starb, stellte sich heraus, dass er die Täuschung durchschaut und das Erbe seines missratenen Sohnes auf den Pflichtteil begrenzt hatte. Bei der Hinterlassenschaft für Alexander von Rechenberg-Linten handelte es sich um Aktien einer russischen Eisenbahngesellschaft. Er verkaufte sie und überließ seiner Ehefrau vereinbarungsgemäß die Hälfte des Erlöses. Allerdings ging die Bank in Locarno, bei der Franziska das Geld angelegt hatte, bald darauf in Konkurs.

Dies blieb nicht der einzige Schicksalsschlag. So musste Rolf zu Reventlow im Sommer 1914 zu seiner dreiundvierzigjährigen

Mutter ans Krankenbett eilen, die sich nach einer in Mailand bei einer Engelmacherin vorgenommenen Abtreibung elend fühlte.

Der Erste Weltkrieg bescherte ihr weiteren Kummer. Ludwig Klages, den Franziska zu Reventlow seit April 1914 wieder zu ihren Freunden zählte, sollte ihr helfen, Rolf einen Schweizer Pass zu beschaffen, damit der Junge, der am 1. September 1914 siebzehn Jahre alt wurde, nicht in den Krieg musste. Das Vorhaben scheiterte jedoch. Rolf zu Reventlow wurde eingezogen und im April 1916 an die Westfront geschickt. Mit Unterstützung seiner inzwischen in Muralto am Lago Maggiore lebenden Mutter desertierte er im Jahr darauf und setzte sich über die Grenze in die Schweiz ab. Die Behörden des Kantons Tessin wiesen ihn jedoch aus. Im Bahnhof von Bellinzona verabschiedeten sich Mutter und Sohn – ohne zu ahnen, dass es für immer sein sollte.

Bei einem Sturz mit dem Fahrrad verletzte sich Franziska zu Reventlow. Sie starb während der Operation am 26. Juni 1918 in Locarno. Ihr in Zürich benachrichtigter Sohn eilte sofort herbei, aber seine Mutter war bereits tot, als er eintraf.

Franziska Gräfin zu Reventlow hinterließ keine nennenswerten Gemälde; ihre Karriere als Theaterschauspielerin endete, bevor sie überhaupt richtig begonnen hatte, und von ihren literarischen Werken kennt man allenfalls »Herrn Dames Aufzeichnungen«. Durch ihre Lebensweise wurde sie jedoch zur Legende, denn sie gehörte zu den Vorkämpferinnen für die Emanzipation der Frau.

Rosa Luxemburg

(1871–1919)

»Herrlich eine Zeit, die gewaltige Probleme aufwirft ...«

*Rosa Luxemburg war eine eigenwillige und sowohl in
der Politik als auch im Privaten kompromisslose Intellektuelle,
die in Zeitungsartikeln und öffentlichen Reden leidenschaftlich
gegen den Krieg agitierte und sich vom Kommunismus
eine humanere Welt versprach. Am 15. Januar 1919 wurde
sie ermordet.*

Während die meisten Zeitungen meldeten, Rosa Luxemburg
sei dem Volkszorn zum Opfer gefallen, rekonstruierte »Die Rote
Fahne« die Ereignisse vom 15. Januar 1919 folgendermaßen:
»Rosa Luxemburg kam die Haupttreppe des Hotels herab und
schritt durch den Hauptausgang. Dicht hinter ihr ging der Oberleutnant Vogel, der den Transport führen sollte. Vor der Drehtür
standen Runge und Träger. Als sie durch die Drehtür schritt,
drehte Runge das Gewehr um und schlug ihr auf den Kopf. Sie
sank um. Runge schlug ein zweites Mal auf den Kopf. Von einem
dritten Schlag sah er ab, weil er sie für tot hielt [...] Man schob
die Leblose in den Wagen [...] Der Wagen fuhr an. Ein Mann
sprang noch hinten auf und schlug die schon Leblose noch mit
einem harten Gegenstand, etwa einer Pistole, auf den Kopf. Der
Oberleutnant Vogel hat unterwegs der Leblosen alsdann die Pistole gegen die Schläfe gehalten, ihr noch einmal eine Kugel durch
den Kopf gejagt [...] Rosa Luxemburg hatte, als sie leblos ins
Auto gezerrt wurde, einen Schuh verloren. Dieser Schuh wurde
von Soldaten als Trophäe im Eden-Hotel herumgezeigt.«[32]

Rosalia (»Rosa«) Luxemburg wurde in Zamość südöstlich von
Lublin im damals zu Russland gehörendem Teil Polens geboren,
nicht am 25. Dezember 1870, wie es in ihrem Eheschein heißt, sondern am 5. März 1871. Ihre Eltern waren der Holzhändler Eliasz
Luxemburg und dessen Ehefrau Lina, beides assimilierte Juden.

Als Rosa zwei Jahre alt war, zog die Familie nach Warschau. Drei Jahre später erkrankte das Mädchen an einem Hüftleiden. Jedem Kind fällt es schwer, monatelang liegen zu müssen, aber für ein aufgewecktes und neugieriges Mädchen wie Rosa war es eine besonders harte Tortur. Immerhin lernte sie in dieser Zeit von ihrer Mutter lesen und schreiben.

Bis zum achten Lebensjahr wurde Rosa zu Hause unterrichtet, erst im Juni 1880 kam sie in die Schule, ein Mädchengymnasium. Unter den Mitschülerinnen galt sie wegen ihrer jüdischen Herkunft und ihrer durch die frühere Krankheit verursachte Gehbehinderung als Außenseiterin. Dazu kam, dass sie die Klassenbeste war. In ihrem Abiturzeugnis vom 14. Juni 1887 erzielte Rosa in vierzehn Fächern die Bestnote und in den übrigen fünf Fächern die zweitbeste Zensur.

Seit der Schulzeit gehörte sie einem verbotenen sozialistischen Zirkel in Warschau an. Einer drohenden Verhaftung konnte sie im Winter 1888/89 entgehen, da ihr der achtundzwanzigjährige Sozialist Marcin Kasprzak zur Flucht verhalf: Unter dem Stroh auf einem Fuhrwerk verborgen, wurde Rosa über die Grenze nach Deutschland geschmuggelt. Von dort schlug sich die Siebzehnjährige in die Schweiz durch, wo Frauen bereits zum Studium zugelassen waren, und legte der Polizei in Oberstraß[33] bei der Anmeldung am 18. Februar 1889 einen polnischen Pass vor. Im Wintersemester 1890/91 begann sie an der Philosophischen Fakultät der Zürcher Universität zu studieren. Nach vier Semestern wechselte sie zur Staatswissenschaftlichen Fakultät und konzentrierte sich auf Nationalökonomie und Öffentliches Recht.

1893 gehörte Rosa Luxemburg in Paris, wo sie unter anderem für ihre Doktorarbeit recherchierte, zu den Gründungsmitgliedern der Sozialdemokratie des Königreiches Polen, und im Jahr darauf nahm sie am illegalen ersten Parteikongress in Warschau teil. Im Gegensatz zur konkurrierenden Polnischen Sozialistischen Partei war Rosa überzeugt, dass Polen seine Unabhängigkeit nicht durch eine nationale Befreiungsbewegung zurückerlangen konnte, sondern nur durch eine sozialistische Revolution, die von der Solidarität der Arbeiter über die nationalen Grenzen hinweg getragen wurde. Diese Ansicht, die im Einklang mit dem kommunistischen Manifest stand (»Proletarier aller Länder, vereinigt euch!«), vertrat Rosa auch in Artikeln, die sie unter Pseu-

Rosa Luxemburg, 1871

donymen für mehrere sozialistische Zeitschriften schrieb – darunter die von Karl Kautsky herausgegebene »Neue Zeit« – und die von ihr selbst redigierte russisch-polnische Untergrundzeitung »Sprawa Robotnicza« (Sache der Arbeiter).

Während des Studiums wurde ihr vier Jahre älterer, 1890 aus Litauen geflohener politischer Mitstreiter Leo Jogiches ihr Lebensgefährte.

Ihre Dissertation über »Die industrielle Entwicklung Polens« reichte sie am 12. März 1897 ein. »Die Verfasserin ist Sozialistin und steht zu der sogenannten materialistischen Geschichtsauffassung«, befand ihr Doktorvater Julius Wolf. »Hin und wieder benützt sie Quellen der sozialistischen Pamphletsliteratur. Das tut aber der Tüchtigkeit, der Leistung nicht Abbruch, welche weit darüber hinausgeht, was von einer Dissertation gefordert werden muss.«[34] Am 1. Mai promovierte Rosa mit magna cum laude.

Rosa Luxemburg wollte nicht länger in der eher beschaulichen Schweiz leben, sondern lieber in Berlin, einem der Zentren der Arbeiterbewegung. Weil sie sich als Ausländerin im Deutschen Reich aber nicht politisch hätte betätigen können, beabsichtigte sie, durch eine Scheinehe die deutsche Staatsangehörigkeit zu erwerben. Ihre polnische Freundin Olympia Lada wusste einen geeigneten Bräutigam für sie: ihren vierundzwanzigjährigen Sohn Gustav Lübeck. Der sträubte sich zunächst, führte Rosa aber doch am 19. April 1898 zum Standesamt in Basel.[35]

Vier Wochen später traf Rosa Luxemburg in Berlin ein und mietete dort ein Zimmer. Wohl fühlte sie sich nicht in der Großstadt. »Berlin macht auf mich allgemein den widrigsten Eindruck: kalt, geschmacklos, massiv – die richtige Kaserne«, berichtete sie am 30. Mai in einem Brief. Die Preußen kamen ihr vor, »als hätte jeder von ihnen den Stock verschluckt, mit dem man ihn einst geprügelt«. Sie klagte: »Auf Schritt u Tritt fehlt mir jetzt die wohltuende Gemütlichkeit u die Kultur der Schweiz. Und auch die Reinlichkeit! Na, ich weiß nicht, woher das Märchen von den reinlichen deutschen Hausfrauen stammt; ich habe hier noch keine einzige gesehen.«[36]

In der Berliner Geschäftsstelle der Sozialdemokratischen Partei Deutschlands ließ Rosa sich als Mitglied aufnehmen. Damit gehörte sie sowohl der verbotenen polnischen als auch der legalen deutschen Sozialdemokratischen Partei an.

Sie vermisste nicht nur die wohltuende Gemütlichkeit der Schweiz, sondern vor allem auch ihren Lebensgefährten Leo Jogiches und träumte davon, mit ihm legal zusammenzuwohnen. In rührender Offenheit gestand sie ihm in einem ihrer zahlreichen Briefe auch, dass sie sich ein Kind von ihm wünsche: »Und vielleicht noch ein kleines, ganz kleines Baby? Werde ich nie eins haben dürfen? Nie?«[37] Im Herbst 1898 verbrachte das Paar ein paar Tage in Dresden, und im Sommer besuchte Rosa ihren Geliebten in Zürich. Ab Sommer 1900 lebte Jogiches dann – allerdings ohne Trauschein – mit ihr in Berlin zusammen.

Im Juni 1898 fuhr Rosa in das von Not und Elend geprägte Oberschlesien, um Arbeiter und Bergleute für die Sozialdemokratische Partei zu gewinnen. Die Mission, die sonst niemand hatte übernehmen wollen – und auch nur wenige hätten ausführen können, weil man dafür polnische Sprachkenntnisse benötigte –, war ein voller Erfolg. Als Delegierte für zwei oberschlesische Orte nahm Rosa Luxemburg im Oktober am Parteitag der SPD in Hannover teil. Obwohl ihr bewusst war, dass sie sich ihre »Epauletten in der deutschen Bewegung erst [noch] holen muss[te]«[38], beschränkte sie sich keineswegs aufs Zuhören, sondern beteiligte sich leidenschaftlich an den Diskussionen. Dabei nahm sie kein Blatt vor den Mund. Mit ihrer unnachgiebigen politischen Haltung stieß sie Andersdenkende häufig vor den Kopf. Das war wohl auch der Grund, warum sie im Herbst 1898 nur gut einen Monat lang Chefredakteurin der »Sächsischen Arbeiter-Zeitung« war.

Rosa Luxemburg vertrat Positionen am linken Rand der Partei, »wo man mit dem Feinde kämpfen, und nicht auf dem rechten, wo man mit dem Feinde kompromisseln will«[39]. In der Frage, ob eine proletarische Revolution erforderlich sei, um ans Ziel zu kommen, argumentierte sie auf dem Parteitag, der vom 3. bis 9. Oktober 1898 in Stuttgart stattfand, gegen Eduard Bernstein, der statt einer Revolution Sozialreformen anstrebte. Diese Abweichung vom Marxismus hielt Rosa für falsch, und sie brandmarkte Bernsteins Haltung deshalb als Revisionismus. Unterstützt wurde sie dabei von Karl Kautsky, Franz Mehring, Clara Zetkin und weiteren Parteimitgliedern.

Seit Herbst 1899 wohnte Rosa in Berlin-Friedenau in der Nähe von Karl Kautsky und seiner zweiten Ehefrau Luise, mit denen sie eng befreundet war, bis sie sich 1910 mit Kautsky politisch überwarf. »Mit dem pater familias trieb sie Politik«, erinnerte Luise Kautsky sich später, »mit mir trieb sie alles, was das Leben verschönt, mit den drei Jungen trieb sie die tollste Allotria, und mit unserem braven Hausgeist Zenzi trieb sie ganz ehrpusselig hausfraulich die Kochkunst, wobei sie sogar hie und da eine Schürze nicht verschmähte.«[40] An anderer Stelle schrieb Luise Kautsky über Rosa: »Worin der Zauber ihres Wesens bestand? In ihrer Lebendigkeit, in ihrem schnellen Sicheinfühlenkönnen in jede Stimmung des andern, in ihrer vollendeten Kunst, zuzuhören, in ihrer liebevollen Art, auf des andern Freud und Leid einzugehen, in ihrem sprudelnden Witz, in ihrem klaren, verständigen Urteil, in ihrer Heiterkeit, die sich ansteckend ihrem Partner mitteilte, und andererseits in dem tiefen sittlichen Ernst, mit dem sie an alle Probleme herantrat, die ihr an Ereignissen so reiches Leben ihr täglich stellte.«[41]

Doch Rosa war auch gern allein. »Überhaupt sitze ich am liebsten zu Hause an meinem Arbeitstisch, im stillen warmen Zimmer, bei der hellen Lampe mit rotem Schirm und lese. Ich fürchte, dass ich je weiter je mehr die menschliche Gesellschaft entbehren kann und mich ganz in mich selbst verkrieche. Ich weiß, dass dies nicht normal ist, aber ich weiß nicht – ich habe immer in mir selbst so viel Stoff zum Nachdenken und Durchleben, dass ich nie die Leere fühle.«[42]

Nichtsdestotrotz war sie rastlos für die SPD unterwegs. Sie zog durch Berliner Arbeiterlokale und trat in zahlreichen Versammlungen im ganzen Reich auf. Von den Teilnehmern internationaler Sozialistenkongresse wurde sie als Expertin für polnische und russische Angelegenheiten anerkannt. Auf Parteitagen stritt sie mit den »Altvätern«, die sie »vorwärtsstoßen« wollte, denen sie mitunter aber auch Streiche spielte, so zum Beispiel, als sie dem einundsechzigjährigen August Bebel Ende September 1901 in einem Hotel in Lübeck einen Zettel in die zum Putzen vor die Tür gestellten Schuhe steckte, auf den sie geschrieben hatte: »August, ick liebe Dir.«

Nachdem sie Kaiser Wilhelm II. vorgeworfen hatte, die Lage der Arbeiter nicht zu kennen, verurteilte das Amtsgericht Zwickau sie am 16. Januar 1904 wegen Majestätsbeleidigung zu einer Freiheitsstrafe, die sie von Ende August bis Oktober verbüßte.

Die Revolution konnte aber nicht mehr aufgehalten werden. In St. Petersburg zogen am 22. Januar 1905 rund 30 000 von einem Popen angeführte Arbeiter zum Winterpalais, um dem Zaren eine Petition mit sozialpolitischen Forderungen zu überreichen. Doch das Militär ging mit Gewehren gegen sie vor, und mehr als tausend Demonstranten kamen beim sogenannten Petersburger Blutsonntag ums Leben. Die brutalen Maßnahmen der Regierung lösten eine Welle von gewaltigen Proteststreiks und Bauernunruhen aus. Am 1. Februar empfing Zar Nikolaus II. doch noch eine Abordnung von Arbeitern, und am 30. Oktober verkündete er in einem Manifest bürgerliche Freiheiten. Damit begann die Ära des Scheinkonstitutionalismus, denn der Premierminister Pjotr Stolypin initiierte zwar Reformen, unterdrückte aber jede Opposition gegen das Zarenregime und ließ bis zu seiner Ermordung im September 1911 Tausende hinrichten.

Aufgrund der Unruhen witterte Rosa Luxemburg eine Chance, in ihrer von Russland beherrschten polnischen Heimat die Arbeiter anzustacheln, sich gegen die Obrigkeit zu erheben. Unter falschem Namen traf sie am 29. Dezember 1905 in Warschau ein, wurde jedoch bei einer Razzia am 4. März 1906 festgenommen.

In einem Brief an Karl und Luise Kautsky beschrieb sie die Haftbedingungen im Warschauer Rathaus: »Meine Zelle, die ein Kleinod in dieser Garnitur ist, (eine gewöhnliche Einzelzelle für 1 Person in normalen Zeiten) enthält 14 Gäste, zum Glück lauter Politische. Tür an Tür mit uns noch 2 große Doppelzellen, in jeder ca. 30 Personen, alle durcheinander. Dies sind schon, wie man mir erzählt, paradiesische Zustände, früher saßen 60 zusammen in einer Zelle u schliefen schichtweise je paar Stunden in der Nacht, während die anderen ›spazierten‹.«[43] Nach gut einer Woche wurde Rosa ins Pawiak-Gefängnis verlegt, am 11. April in die Zitadelle. Dort verband man ihr eines Morgens wortlos die Augen und führte sie aus der Zelle. Sie musste befürchten, zur Exekution gebracht zu werden. Man wollte sie jedoch nur einschüchtern. Im Sommer kam sie gegen Kaution frei und floh nach Finnland.

Die Haft hatte Rosa nicht gebrochen. Im Gegenteil. Zehn Tage nach ihrer Entlassung schwärmte sie in einem Brief: »Herrlich eine Zeit, die massenhaft Probleme und *gewaltige* Probleme aufwirft, die Gedanken anspornt [...], Leidenschaften aufpeitscht, und vor allem – eine fruchtbare, schwangere Zeit ist, die stündlich gebiert und aus jeder Geburt noch ›schwangerer‹ hervorgeht, dabei nicht tote Mäuse gebiert oder gar krepierte Mücken, wie in Berlin, sondern lauter Riesendinge [...] Ich zittere vor Lust [...]«[44]

Zurück in Deutschland wurde sie am 12. Dezember 1906 in Weimar erneut zu zwei Monaten Gefängnis verurteilt, weil sie – so das Gericht – auf dem Parteitag der SPD im September 1905 in Jena zum Klassenhass aufgerufen und den Landfrieden gefährdet hatte.

Als 1907 eine Dozentenstelle in der am 15. November 1906 von August Bebel eröffneten Parteischule der Sozialdemokratischen Partei in Berlin frei wurde, setzte sich Karl Kautsky dafür ein, dass Rosa Luxemburg sie ab 1. Oktober übernehmen konnte. Die Kurse dauerten ein halbes Jahr. In dieser Zeit bezahlte die Partei den jeweils etwa dreißig Hörern und ihren Familien den Lebensunterhalt. Rosa unterrichtete Nationalökonomie und übernahm im ersten Kurs 250 von insgesamt 777 Unterrichtsstunden. Parallel dazu schrieb sie weiterhin Artikel und repräsentierte von 1904 bis 1914 die Sozialdemokratie des Königreiches Polen und Litauen im Internationalen Sozialistischen Büro.

Nach dem Scheitern ihrer Liebesbeziehung mit Leo Jogiches war Rosa in den Jahren 1907 und 1908 mit dem vierzehn Jahre jüngeren Arzt Kostja Zetkin liiert, einem der Söhne ihrer Freundin und Mitstreiterin Clara Zetkin. Mit beiden Männern blieb sie auch nach dem Ende der intimen Verhältnisse befreundet.

Auf eine kurze Affäre ließ sie sich mit dem zwölf Jahre jüngeren Rechtsanwalt Paul Levi ein, der sie im Februar 1914 vor der Strafkammer in Frankfurt am Main verteidigte. Sie war angeklagt, Soldaten zum Ungehorsam aufgerufen zu haben. Bei einer Versammlung am 25. September 1913 hatte sie nämlich an die Zuhörer appelliert: »Wenn uns zugemutet wird, die Mordwaffe gegen unsere französischen oder anderen ausländischen Brüder zu erheben, dann rufen wir: ›Das tun wir nicht!‹«[45] Dafür wurde sie zu einem Jahr Gefängnis verurteilt, die sie 1915/16 im Königlich-Preußischen Weibergefängnis in Berlin verbüßte.

In der Haft verfasste sie im April 1915 unter dem Pseudonym »Junius« heimlich ein Pamphlet mit dem Titel »Die Krise der Sozialdemokratie«. Die Sozialdemokraten, die aus den Reichstagswahlen 1913 als stärkste Reichstagsfraktion hervorgegangen waren, hatten nämlich am 4. August 1914 – eine Woche nach dem Ausbruch des Ersten Weltkriegs – für die Bewilligung von Kriegskrediten gestimmt. Diesen Schritt hielt Rosa Luxemburg für einen schrecklichen Fehler. Daher schrieb sie: »Städte werden zu Schutthaufen, Dörfer zu Friedhöfen, Länder zu Wüsteneien, Bevölkerungen zu Bettlerhaufen, Kirchen zu Pferdeställen [...] Mitten in diesem Hexensabbat vollzog sich eine weltgeschichtliche Katastrophe: die Kapitulation der internationalen Sozialdemokratie [...] Trotz Militärdiktatur und Pressezensur, trotz Versagens der Sozialdemokratie, trotz brudermörderischen Kriegs steigt aus dem ›Burgfrieden‹ mit Elementargewalt der Klassenkampf und aus den Blutdämpfen der Schlachtfelder die internationale Solidarität der Arbeiter empor [...] Der Wahnwitz wird erst aufhören und der blutige Spuk der Hölle wird verschwinden, wenn die Arbeiter in Deutschland und Frankreich, in England und Russland endlich aus ihrem Rausch erwachen, einander brüderlich die Hand reichen und den bestialischen Chorus der imperialistischen Kriegshetzer wie den heiseren Schrei der kapitalistischen Hyänen durch den alten mächtigen Schlachtruf der Arbeit überdonnern: Proletarier aller Länder, vereinigt euch!«[46]

Der Reichstagsabgeordnete Karl Liebknecht, der bei der Abstimmung im August 1914 noch der Parteidisziplin gefolgt war, hatte im Dezember desselben Jahres als Einziger gegen weitere Kriegskredite votiert. Gemeinsam mit Rosa Luxemburg sowie Franz Mehring und Clara Zetkin führte er eine Minderheit von Sozialdemokraten, die gegen den »Burgfrieden« opponierten, den die Partei mit der kaiserlichen Regierung geschlossen hatte. Sie bildeten im Untergrund die Gruppe Internationale, die in »Spartakusbriefen« dafür plädierte, keine weiteren Kriegsanleihen mehr zu bewilligen. SPD-Mitglieder, die sich diese Haltung zu eigen machten, wurden im Frühjahr 1917 aus der Partei ausgeschlossen und gründeten daraufhin am 9. April die Unabhängige Sozialdemokratische Partei Deutschlands (USPD), in der die Gruppe Internationale den linken Flügel bildete.

Rosa Luxemburg war im Februar 1916 aus dem Gefängnis entlassen worden, blieb aber nur wenige Monate in Freiheit, denn der Berliner Polizeipräsident hielt sie für ein Sicherheitsrisiko und ließ sie deshalb am 10. Juli in »Schutzhaft« nehmen. Man sperrte sie zunächst in Berlin ein, brachte sie dann aber im Oktober 1916 in die Festung Wronke bei Posen und im August 1918 nach Breslau. Für die Kosten ihrer zwangsweisen Unterbringung musste sie übrigens selbst aufkommen.

»Ich habe manchmal das Gefühl, ich bin kein richtiger Mensch, sondern auch irgendein Vogel oder ein anderes Tier in Menschengestalt«, schrieb Rosa Luxemburg aus der Festung Wronke an Sophie (»Sonitschka«) Liebknecht, der zweiten Frau ihres Gesinnungsgenossen, der am 1. Mai 1916 festgenommen und am 23. August zu neunundvierzig Monaten Zuchthaus verurteilt worden war. »Innerlich fühle ich mich in so einem Stückchen Garten wie hier oder im Feld unter Hummeln und Gras viel mehr in meiner Heimat als – auf einem Parteitag. Ihnen kann ich ja wohl das alles sagen: Sie werden nicht gleich Verrat am Sozialismus wittern. Sie wissen, ich werde trotzdem hoffentlich auf dem Posten sterben: in einer Straßenschlacht oder im Zuchthaus. Aber mein innerstes Ich gehört mehr meinen Kohlmeisen als den ›Genossen‹. Und nicht etwa, weil ich in der Natur, wie so viele innerlich bankrotte Politiker, ein Refugium, ein Ausruhen finde. Im Gegenteil, ich finde auch in der Natur auf Schritt und Tritt so viel Grausames, dass ich sehr leide.«[47]

Durch Besucher und Zeitungen erfuhr Rosa von den Russischen Revolutionen im März und im November 1917, die wegen des russischen Kalenders als Februar- beziehungsweise Oktober-Revolution bezeichnet werden: Zar Nikolaus II. musste im März 1917 abdanken, und die neue provisorische Regierung in Petrograd wurde im November von den Bolschewiken gestürzt. Ein Allrussischer Sowjetkongress proklamierte im Januar 1918 die Russische Sozialistische Föderative Sowjetrepublik und beschloss den Aufbau der sozialistischen Gesellschaft unter der Diktatur des Proletariats. Im März zog die Regierung nach Moskau um, und Wladimir Iljitsch Uljanow, der unter dem Decknamen Lenin bekannte führende Kopf der Bolschewisten und der Oktoberrevolution, ließ seine Partei in Russische Kommunistische Partei umbenennen.

Rosa bejubelte die Umbrüche. In ihrem Aufsatz »Zur russischen Revolution« warnte sie aber auch vor einer Diktatur und gab zu bedenken: »Freiheit ist immer Freiheit des Andersdenkenden.«[48]

Am 18. Oktober 1918 klagte sie in einem Brief an Sophie Liebknecht, sie ertrage es kaum noch länger, mit Besuchern nur unter Aufsicht über die aufregenden Vorgänge in Russland reden zu können.[49] Obwohl die preußische Regierung bereits am 12. Oktober eine Amnestie für politische Häftlinge verkündet hatte und beispielsweise Karl Liebknecht am 23. Oktober das Gefängnis verlassen konnte, kam Rosa Luxemburg erst am 9. November 1918 aus der »Schutzhaft« frei.

Am selben Tag, um die Mittagszeit, verkündete Reichskanzler Max von Baden nicht nur eigenmächtig den Thronverzicht Kaiser Wilhelms II., sondern überließ auch gleich noch dem SPD-Vorsitzenden Friedrich Ebert das Amt des Regierungschefs. Der Sozialdemokrat Philipp Scheidemann trat am Nachmittag an ein Fenster des Reichstagsgebäudes und rief der zusammengelaufenen Menge zu: »Es lebe die Deutsche Republik!« Zwei Stunden später, um 16 Uhr, proklamierte Karl Liebknecht die »Freie Sozialistische Republik«. Im ganzen Reich organisierten sich Arbeiter- und Soldatenräte.

Rosa Luxemburg traf am späten Abend des folgenden Tages in Berlin ein, wo ihre Gesinnungsgenossen ein Rätesystem nach russischem Vorbild errichten wollten, was wiederum Friedrich Ebert und die gemäßigten Sozialdemokraten zu verhindern versuchten. Ebert regierte nur einen Tag lang als Ministerpräsident, dann bildete er mit zwei weiteren Sozialdemokraten und drei Vertretern der USPD eine vom Berliner Vollzugsrat der Arbeiter- und Soldatenräte anerkannte provisorische neue Staatsführung mit exekutiven und legislativen Befugnissen, den Rat der Volksbeauftragten.

Noch am selben Abend besetzten Revolutionäre die Redaktion des konservativen »Berliner Lokal-Anzeigers« und brachten zwei Ausgaben eines Kampfblatts unter dem Namen »Die Rote Fahne« heraus. Am nächsten Tag wurden sie vertrieben. Die Gruppe Internationale, die sich am 11. November in Spartakusbund umbenannte, übernahm »Die Rote Fahne«, und Rosa stürzte sich mit Feuereifer in die redaktionelle Arbeit. Aber zunächst musste eine Druckerei gefunden werden. »Liebste«, schrieb sie Clara Zetkin, »in aller Eile nur zwei Zeilen. Ich bin, seitdem ich aus dem Zug gestiegen bin, noch nicht mit einem Fuß in meiner Wohnung gewesen. Die ganze Zeit bis gestern war Jagd hinter der ›Roten Fahne‹ her. Erscheint sie – erscheint sie nicht?«[50] – Endlich war es so weit: Die dritte Ausgabe der »Roten Fahne« wurde am 18. November gedruckt.

Die USPD wollte, dass der am 16. Dezember in Berlin ohne die Spartakisten zusammengetretene Allgemeine Deutsche Rätekongress sich selbst zum Nationalparlament proklamierte, aber die überwältigende Mehrheit der Delegierten votierte für Wahlen zu einer verfassunggebenden Versammlung, die über die zukünftige Staatsform des Deutschen Reiches entscheiden sollte.

Am 25. Dezember schrieb Rosa in einem weiteren Brief an Clara Zetkin, sie sei jeden Tag bis Mitternacht in der Druckerei, um den redaktionellen Umbruch der »Roten Fahne« zu beaufsichtigen. »Außerdem treffen bei diesen aufgeregten Zeiten erst um 10 und 11 Uhr nachts die dringendsten Nachrichten und Weisungen ein, auf die sofort reagiert werden muss. Dazu fast jeden Tag vom frühen Morgen Konferenzen und Besprechungen, dazwischen noch Versammlungen und zur Abwechslung alle paar Tage die dringende Warnung von ›amtlichen Stellen‹, dass Karl [Liebknecht] und mir von Mordbuben aufgelauert wird, sodass wir nicht zu Hause schlafen sollen, sondern jede Nacht anderswo Obdach suchen müssen.«[51] Clara Zetkin bezeugte später den enormen Einsatz ihrer Genossin: »Die kleine gebrechliche Rosa war die Verkörperung beispielloser Energie. Sie forderte jeden Augenblick das Höchste von sich […] Wenn sie unter einer Überanstrengung zusammenzubrechen drohte, so ›erholte‹ sie sich bei einer noch größeren Leistung.«[52]

Nachdem die USPD-Mitglieder am 29. Dezember den Rat der Volksbeauftragten unter Protest verlassen hatten, veranstaltete der Spartakusbund eine Reichskonferenz in Berlin. Rosa Luxemburg und Karl Liebknecht betrieben die Abspaltung von der USPD, setzten die Versammlung am 1. Januar 1919 fort und funktionierten sie zum Gründungskongress der Kommunistischen Partei Deutschlands (KPD) um. Während Rosa dafür plädierte, dass sich die neue Partei an den für 19. Januar 1919 angesetzten Wahlen zu einer konstituierenden Nationalversammlung beteiligen sollte, beschloss die Mehrheit der Delegierten auf dem Gründungsparteitag, die Wahlen zu boykottieren.

Aus Protest gegen die Entlassung des der USPD angehörenden Berliner Polizeipräsidenten Emil Eichhorn besetzten Arbeiter am 5. Januar 1919 das Berliner Zeitungsviertel und riefen dazu auf, den Rat der Volksbeauftragten zu stürzen. Es gelang der extremen Linken im Januar 1919 jedoch ebenso wenig wie im November 1918, die breite Masse zu mobilisieren. Gustav Noske, der Volksbeauftragte für Heer und Marine, ein SPD-Politiker, ließ den chaotischen Aufstand in tagelangen blutigen Kämpfen von Freikorps niederschlagen.

Obwohl die KPD-Führung den unvorbereiteten Aufstand gar nicht gewollt hatte, wurden Rosa Luxemburg und Karl Liebknecht als Rädelsführer des »Spartakusaufstands« gesucht und am 15. Januar abends in der Wohnung des Kaufmanns Siegfried Marcusson und seiner Ehefrau Wanda in Berlin-Wilmersdorf von einem Trupp der Bürgerwehr aufgespürt.

Getrennt voneinander brachte man sie ins Hotel Eden, wo Hauptmann Waldemar Pabst erst an diesem Vormittag sein Stabsquartier aufgeschlagen hatte. Wegen der Herzkrankheit seines Vorgesetzten war er faktisch der Kommandant der Garde-Kavallerie-Schützen-Division, die das stärkste Freikorps bildete und entschlossen war, eine Räterepublik zu verhindern. Nach einer kurzen »Vernehmung« der beiden Festgenommenen ordnete Pabst offiziell an, sie ins Gefängnis Moabit zu überstellen. Heimlich befahl der Fanatiker zuverlässigen Marine-Offizieren, die beiden Gefangenen unterwegs zu liquidieren.

Jahrzehnte später gab er zu, die Weisung erteilt zu haben, verwahrte sich aber gegen den Vorwurf des Doppelmordes, zum Beispiel in einem »Spiegel«-Gespräch:

»Herr Pabst, Sie haben am 15. Januar 1919 die Kommunistenführer Karl Liebknecht und Rosa Luxemburg umbringen lassen ...«

»... richten lassen ...«

»... richten lassen?«

»Ja.«[53]

Während Karl Liebknecht weggebracht wurde, nähte Rosa Luxemburg noch ihren bei der Festnahme aufgerissenen Rocksaum an und las dann in Goethes »Faust«. Um 23.40 Uhr führte Oberleutnant a. D. Kurt Vogel sie über die Treppe hinunter in die Hotelhalle und zur Drehtür des Hauptportals. Sobald Rosa ins Freie trat, rammte ihr der wachhabende Husar Otto Wilhelm Runge den Kolben seines Karabiners gegen den Kopf – wie er es auch bei Liebknecht getan hatte. Rosa stürzte zu Boden, und

Runge hieb noch einmal auf sie ein, bevor andere Männer die Schwerverletzte ins Auto zerrten.

»Das stand nicht in meinem ›Programm‹«, erklärte Waldemar Pabst 1962.[54] Offenbar hatte ein nicht in die Pläne eingeweihter Offizier verhindern wollen, dass die Kommunisten am Leben blieben, und deshalb den Wachposten dazu veranlasst, auf Karl Liebknecht und Rosa Luxemburg mit dem Gewehrkolben einzuschlagen.

Als auch Vogel, der Fahrer und weitere vier Begleiter im Wagen saßen beziehungsweise auf dem linken Trittbrett standen, sprang ein Mann vor und schlug der bewusstlosen Politikerin zweimal ins Gesicht. Nach vierzig Metern Fahrt fiel ein Pistolenschuss.

Am nächsten Tag stand in der Zeitung, Karl Liebknecht habe eine Autopanne im Tiergarten zu einem Fluchtversuch genutzt und sei daraufhin erschossen worden. Diese Nachricht war ebenso falsch wie die Behauptung, Rosa Luxemburg sei von der aufgebrachten Menge vor dem Hotel Eden beinahe gelyncht worden und ein Unbekannter habe auf sie geschossen. »Auf Befehl des Führers der Begleitmannschaften versuchte der Wagen daraufhin in schneller Fahrt den Kurfürstendamm in Richtung Berlin hinunterzufahren, wurde aber in der Nähe des Kanals plötzlich durch Haltrufe zum Anhalten aufgefordert. In der Annahme, dass es sich um eine kontrollierende Patrouille handle, hielt der Wagenführer. In diesem Augenblick drängte sich eine zahlreiche Menschenmenge an den Wagen heran, sprang auf die Trittbretter und zerrte unter den Rufen: Das ist die Rosa! den Körper der Frau Luxemburg aus dem Wagen heraus. Die Menge verschwand mit ihr in der Dunkelheit.«[55]

Am 8. Mai 1919 begann in Moabit vor dem Kriegsgericht der Garde-Kavallerie-Schützen-Division ein »Camouflage-Prozess«[56], eine »Justizposse, die als einer der großen Justizskandale unseres [des zwanzigsten] Jahrhunderts bezeichnet werden muss«[57]. Da man Rosa Luxemburgs Leiche noch nicht gefunden hatte, konnte nicht geklärt werden, ob sie durch die Hiebe mit dem Gewehrkolben oder den Pistolenschuss getötet worden war. Hintermänner und Drahtzieher standen ohnehin nicht vor Gericht. Am Ende wurden nur zwei der Angeklagten für schuldig befunden: Das Gericht verurteilte Otto Wilhelm Runge wegen versuchten Totschlags zu zwei Jahren Haft. Kurt Vogel, der beschuldigt worden war, den Pistolenschuss auf Rosa Luxemburg abgegeben zu haben, musste nur deshalb ins Gefängnis, weil er die Leiche beiseite geschafft hatte. Den Schuss – so das Gericht – könne auch ein Unbekannter abgegeben haben.

Als diesen Unbekannten glaubt Klaus Gietinger aufgrund seiner Recherchen, Hermann W. Souchon identifiziert zu haben, einen damals vierundzwanzig Jahre alten Leutnant zur See unter dem Kommando von Waldemar Pabst. »Mit an Sicherheit grenzender Wahrscheinlichkeit sprang [...] an der Ecke Kurfürstendamm / Nürnberger Straße Souchon, der dort im Dunkeln kurz gewartet hatte, auf das linke Trittbrett, beugte sich zur bewusstlosen Rosa Luxemburg, setzte ihr seine Mauserpistole, Kaliber 7,65 mm, an die linke Schläfe und drückte ab.«[58]

Otto Wilhelm Runge verbüßte seine Strafe. Kurt Vogel wurde am 17. Mai 1919 im Gefängnis Moabit von einem Mann abgeholt, der sich als Leutnant Lindemann ausgab und eine (gefälschte) Bescheinigung vorwies, die ihn berechtigte, den Häftling zu übernehmen. Ein von der Passstelle des Kriegsministeriums ausgestellter Ausweis auf den Namen Kurt Velsen ermöglichte Vogel die Flucht nach Holland. Bei dem Fluchthelfer dürfte es sich um Wilhelm Canaris gehandelt haben, einen Adjutanten Gustav Noskes, der später zum Admiral befördert wurde und zum Chef der Abwehr avancierte.

Eine am 1. Juni aus dem Landwehrkanal geborgene Tote wurde als Rosa Luxemburg identifiziert, obduziert und knapp zwei Wochen später auf dem Friedhof in Berlin-Friedrichsfelde beigesetzt.

Dass es sich bei der Leiche um die der Ermordeten gehandelt habe, wurde 2009 von Michael Tsokos, dem Leiter des Rechtsmedizinischen Instituts der Berliner Charité, bezweifelt. Seine Skepsis bezieht sich auf Diskrepanzen zwischen den Obduktionsbefunden und körperlichen Merkmalen Rosa Luxemburgs. Möglicherweise, so Michael Tsokos, handele es sich stattdessen bei einer Fettwachsleiche ohne Kopf, Hände und Füße im Keller des Medizinhistorischen Museums auf dem Gelände der Charité in Berlin um die sterblichen Überreste der berühmten Kommunistin. Diese Aussage untermauerte er mit den Übereinstimmungen einiger Körpermerkmale. Solange es allerdings keinen DNS-Vergleich gibt, bleiben seine Hypothesen spekulativ.

Elsa von Freytag-Loringhoven

(1874–1927)

»Autos und Fahrräder haben Rücklichter. Warum nicht ich?«

Mit achtzehn verließ Elsa ihr Elternhaus. Nach mehreren Affären und zwei Ehen vermählte sie sich mit dem Gelegenheitsarbeiter Leopold Baron von Freytag-Loringhoven. Mit Gedichten, Readymades und exzentrisch-provokativen Selbstinszenierungen entwickelte sich Elsa von Freytag-Loringhoven zu einer zentralen Figur des New York Dada.

Die spätere Elsa von Freytag-Loringhoven wurde am 12. Juli 1874 in Swinemünde als älteste Tochter von Adolf und Ida-Marie Plötz geboren. Am 10. November des folgenden Jahres bekam sie eine Schwester mit Namen Charlotte (»Lotte«). Ihr Vater, ein ehrgeiziger, hart arbeitender Maurermeister, der es in Swinemünde noch zum Stadtverordneten bringen sollte, war enttäuscht, denn er hätte lieber Söhne gehabt. Die Mutter, eine ausgebildete Pianistin, die bei der Eheschließung auf die angestrebte Karriere verzichtet hatte, war in der Hochzeitsnacht mit Syphilis infiziert worden. Während Adolf Plötz die Abende gern mit Freunden in einer Gaststätte verbrachte und dabei kräftig trank, saß seine Frau zu Hause und vertiefte sich in Bücher. Im Gegensatz zu ihm war sie religiös, sensibel und introvertiert. Da sie aber nicht in der Lage war, sich und die Kinder vor Adolfs Grobheiten zu schützen, respektierte Elsa sie nicht.

Im Alter von zwölf Jahren schrieb Elsa ihr erstes Gedicht. Von Anfang an drückte sie damit keine romantischen Gefühle aus, sondern erfand lieber freche Wortspiele und teilte die Vorliebe ihres Vaters für obszöne Witze. Sie war zwar zart, machte ihrer Mutter jedoch durch Jähzorn und Aufsässigkeit zu schaffen – ganz anders als ihre unterwürfige Schwester. Bereits mit vierzehn rauchte sie, und aufgrund ihrer Disziplinlosigkeit und Unange-

Elsa von Freytag-Loringhoven, 1915

passtheit blieben ihre schulischen Leistungen ungenügend. Während sich Adolf Plötz im Sommer 1888 in Bad Ems aufhielt, um seine chronische Bronchitis auszukurieren, ließ Ida-Marie sich und ihren beiden Töchtern das Haar kurz schneiden – so wie er es auf keinen Fall erlaubt hätte. Damit lehnte sie sich zum ersten Mal gegen ihren Mann auf, und in der folgenden Zeit kam es häufig zu Streit mit ihm.

Gegen den Willen des Vaters – aber mit Unterstützung der Mutter – begann Elsa nach der Höheren Töchterschule im Herbst 1890 ein Studium an der Königlich-Preußischen Kunstschule in Berlin, wo sie bei ihrer Tante Elise Kleist wohnen konnte. Länger als ein Semester hielt Elsa die reglementierte Ausbildung jedoch nicht aus: Statt weiterzumachen, kehrte sie nach Swinemünde zurück.

Weil ihre Mutter im Winter 1890/91 versucht hatte, sich in der Ostsee zu ertränken und im folgenden Winter erst nach längerer Suche auf dem Dachboden eines Nachbarhauses gefunden worden war, ließ ihr Mann sie in ein Sanatorium bei Stettin bringen. Dort diagnostizierten die Ärzte ein weit fortgeschrittenes, nicht mehr operierbares Uteruskarzinom. Daran starb Ida-Marie Plötz am 26. Februar 1893.

Noch im selben Jahr vermählte sich der achtundvierzigjährige Witwer mit Berta Schulz, der acht Jahre jüngeren unehelichen Tochter eines Berliner Geschäftsmanns. Während Lotte sich mit dem Steuerinspektor Hans Otto Kannegieser verlobte, rebellierte Elsa gegen das von der Stiefmutter verordnete Wohlverhalten und provozierte sie mit verschiedenen Liebesaffären. Bevor ihr Vater sie in eine Besserungsanstalt stecken konnte, flüchtete Elsa nach Berlin.

Dort wurde sie von einer unverheirateten Halbschwester ihrer verstorbenen Mutter aufgenommen. Doch statt ihrer Tante im Ladengeschäft zu helfen, bewarb Elsa sich bei Henry de Vry, der in Zeitungsanzeigen »Mädchen mit guten Figuren« für seine »lebenden Skulpturen« suchte. Sie wurde engagiert und präsentierte sich am 11. März 1894 erstmals mit anderen Darstellerinnen zusammen mehr oder weniger nackt auf der Bühne des legendären Varietés »Wintergarten«. »Hier begann ich zu verstehen, was ›leben‹ bedeutete«, heißt es in ihrer Autobiografie. »Jede Nacht ein anderer Mann. Jetzt also – wurde der

Inhalt meiner vagen Jugendträume Wirklichkeit. Ich war berauscht.«[59]

Um Elsa auf den »rechten Weg« zurückzubringen, bezahlte ihr die Tante ab Oktober 1894 Schauspielunterricht, aber nach einem heftigen Streit im August des folgenden Jahres suchte Elsa sich eine eigene Wohnung, brach die Ausbildung ab und trat als Revuegirl im Berliner Central-Theater auf.

Ab Frühjahr 1896 stand sie dem neun Jahre älteren Jugendstilmaler Melchior Lechter Modell und wurde seine Geliebte. Durch ihn kam die »sexuell aufgeladene Unruhestifterin«[60] in den Kreis von Literaten und Künstlern, der sich um den Dichter Stefan George gebildet hatte. Der Dramatiker Ernst Hard, der im Sommer mit Elsa intim wurde, obwohl er seit mehreren Jahren mit der griechischen Ministertochter Polyxena von Hoesslin verlobt war, gehörte allerdings nicht dazu.

Nach zwei Jahren verließ Elsa ihn und fuhr mit seinem Freund, dem wohlhabenden, unerfahrenen Studenten Richard F. Schmitz, nach Italien. Dessen älterer Bruder, der Maler Oscar A. H. Schmitz, traf sich mit den beiden in Sorrent und hatte dort eine kurze Affäre mit Elsa. In Rom mietete sie schließlich ein Atelier in der Nähe der Piazza del Popolo, wo sie malte und modellierte.

Erst im Frühjahr 1900 kehrte sie aus Italien zurück. Sie nahm monatelang Malunterricht in Dachau und wurde zur eloquenten Muse der »Kosmiker« in München, mit denen sie sich jeden Donnerstag im Haus des Dichters Karl Wolfskehl traf. Im Herbst schrieb sie dem Jugendstil-Architekten August Endell: »Wollen Sie so gut sein und mir zeigen, wie ich mit dem Kunstgewerbe Geld verdienen kann?«[61] Der Berliner, der den Vereinigten Werkstätten in München angehörte, unterrichtete Elsa Plötz – und ließ sich auf ein Liebesverhältnis mit seiner Schülerin ein.

Den Heiratsantrag, den er ihr ein Jahr später machte, nahm sie an, wies ihn jedoch darauf hin, dass sie keine hausfraulichen Tätigkeiten übernehmen werde. Die beiden zogen im Juni 1901 nach Berlin-Zehlendorf, und am 22. August heirateten sie. Zu ihrer Hochzeitsreise nach Italien brachen sie allerdings erst auf, nachdem das von August Endell umgebaute Bunte Theater am 28. November 1901 eröffnet worden war.

Auf der Rückfahrt von Verona nach Berlin machte Elsa bei Karl

Wolfskehl in München halt und begegnete dabei dem Philologie- und Archäologiestudenten Felix Paul Greve. Dieser gehörte ebenfalls dem George-Kreis an, beschäftigte sich eingehend mit Oscar Wilde und wurde von dem wohlhabenden Doktoranden Hermann F. C. Kilian ausgehalten, weil er als Sohn eines Hamburger Straßenbahnfahrers mittellos war. Zwei Monate später besuchte Greve das Ehepaar Endell in Berlin – und ließ den Kontakt nicht mehr abreißen.

So kam es, dass drei Männer auf dem Bahnsteig des Potsdamer Bahnhofs in Berlin warteten, als Elsa von einem Sanatoriums-Aufenthalt auf Föhr zurückkam: August Endell, Felix Greve und Richard Schmitz, mit dem sie dreieinhalb Jahre zuvor in Italien gewesen war. Am nächsten Morgen soll sie ihren angeblich impotenten Ehemann – »sexuell war er eine Nuss«[62] – aufgefordert haben, ihr einen Liebhaber zuzugestehen, und am Weihnachtsabend warf sie sich in die Arme von Felix Greve, der inzwischen in der Nähe wohnte.

Ende Januar 1903 reisten sie zu dritt auf einem Ostafrika-Dampfer nach Neapel. Das Reisegeld hatte sich Felix Greve unter einem Vorwand von Hermann Kilian »geliehen«. Endell unternahm in Neapel einen Suizidversuch, fand sich dann aber mit seinem Schicksal ab und traf sich einige Wochen später mit Karl Wolfskehl und Franziska zu Reventlow in Amalfi, während Elsa mit ihrer »Sex-Sonne«[63] in einer Pension in Palermo erstmals in ihrem Leben zum Orgasmus kam. Angeblich musste ihr der Partner den Mund zuhalten, weil sie sonst zu laut geschrien hätte.

Als Hermann Kilian herausfand, dass er von seinem Freund hintergangen worden war, rief er Felix Greve unter einem Vorwand nach Bonn und ließ ihn bei der Ankunft im Bahnhof festnehmen. Weil Greve die gewährten Darlehen nicht tilgen konnte, wurde er zu vierzehn Monaten Haft verurteilt. Elsa, die allein in Italien zurückgeblieben war, schickte ihm offenbar so heiße Briefe ins Gefängnis, dass er sie aufforderte, sich wegen der Zensur zurückhaltender auszudrücken.

In Rom, wo sie sich mittlerweile wieder aufhielt, hatte Elsa mehrere Affären, vorwiegend mit homosexuellen Männern, darunter einen Frauenkleider tragenden Künstler und einen ehemaligen Marineoffizier, der vor ihr nach Neapel floh, aber dort von ihr aufgespürt wurde.

Die Ehe von Elsa und August Endell wurde im Januar 1904 geschieden, wobei der Architekt darauf bestand, dass Elsa sich schuldig bekannte.

Als Felix Greve im Mai 1904 aus dem Gefängnis entlassen wurde, holte Elsa ihn ab und setzte das Liebesverhältnis fort. Sie wohnten zunächst in Wollerau bei Zürich, dann fanden sie mit Hilfe von André Gide, dessen Romane Greve ins Deutsche übersetzte, ein Haus in Étables-sur-Mer in der Bretagne. Greves Roman »Fanny Essler«, der von Elsas exzentrischer Persönlichkeit inspiriert war, erschien im Oktober 1905. Ein paar Monate später zog das Paar nach Berlin. Dort unterstützte Elsa ihren Lebensgefährten bei der Übersetzung der englischen Ausgabe der »Erzählungen aus tausendundein Nächten« von Richard Burton für eine zwölfbändige Ausgabe des Insel-Verlags ins Deutsche. Am 22. August 1907 ließ sich das Paar trauen.

Unterstützt von seiner Ehefrau, täuschte Felix Greve im Sommer 1909 einen Suizid vor und setzte sich nach Amerika ab, um seinen Gläubigern zu entkommen. Elsa folgte ihm erst im Juni 1910. Nachdem sie sich auf eine Farm in Sparta, Kentucky, zurückgezogen hatten, beschwerte sich Elsa bei ihrem Mann darüber, dass er sie vernachlässige. Im Herbst des folgenden Jahres trennte er sich von ihr. (Später tauchte er in der kanadischen Provinz Manitoba auf und gab sich als Witwer Frederick Philip Grove aus.)

Elsa zog nach einem Zwischenaufenthalt in Cincinnati, Ohio, nach New York. Dort lernte sie Leopold Baron von Freytag-Loringhoven kennen, den sie am 19. November 1913 heiratete, wobei sie die ungeschiedene Ehe mit Felix Greve verschwieg und sich elf Jahre jünger machte. Der achtundzwanzigjährige Baron hatte seine Offizierskarriere im Deutschen Reich aufgrund von Spielschulden abgebrochen, war in die USA geflohen und schlug sich in New York mit Gelegenheitsarbeiten durch.

Lange dauerte das Eheleben nicht: Als der Erste Weltkrieg begann, wollte Leopold von Freytag-Loringhoven seine Offiziersehre wieder herstellen und sich in Deutschland zurückmelden. Der hehre Vorsatz hinderte ihn allerdings nicht daran, heimlich die Ersparnisse seiner Frau mitzunehmen. Er kam auch gar nicht bis Deutschland, denn die Franzosen brachten den mit Kriegsfreiwilligen besetzten Dampfer auf, der Aristokrat geriet in

Gefangenschaft und wurde erst nach dem Krieg entlassen. Am 25. April 1919 schoss er sich in St. Gallen eine Kugel in den Kopf und starb.

Seit der Abreise ihres Mannes engagierte sich Elsa von Freytag-Loringhoven, wie sie nun hieß, in der New Yorker Kunstszene. Einen am Hochzeitstag auf dem Weg zum Rathaus gefundenen Eisenring – also ein »objet trouvé« – deklarierte sie zum Kunstobjekt, dem sie den Namen »Enduring Ornament« gab. »Dies war das erste Fundobjekt, das Eingang in die Kunst fand. Zwei Jahre vor der Ankunft Duchamps und Picabias hatte sie ein Alltagsobjekt zur Kunst erklärt und damit die traditionelle westliche Auffassung, dass Kunst einerseits einzigartig und andererseits ästhetisch ansprechend zu sein hatte, infrage gestellt.«[64]

Elsa entwarf ausgefallene Kostüme, malte, schrieb Gedichte, begann mit Performances und etablierte sich durch ausgefallene Selbstinszenierungen als Dada-Queen. Für die International News Photography, eine Fotoagentur, posierte sie im Dezember 1915 in einer gestreiften, engen, knielangen Hose, einem Phantasieoberteil und einer Fliegerkappe, in die sie eine lange Vogelfeder gesteckt hatte. Wenn sie sich in ihrer selbst entworfenen bizarren Kleidung mit einer blinkenden Rückleuchte am Gesäß und mit fünf Hunden an einer vergoldeten Leine auf der Straße zeigte, holte sie die Kunst in den Alltag – und erschreckte die braven Bürger. »Autos und Fahrräder haben Rücklichter. Warum nicht ich?«[65], fragte Elsa von Freytag-Loringhoven, und in einem Interview mit »The New York Times« erklärte sie: »Meine Ausdrucksform ist der Protest gegen alles Konventionelle.«[66]

Nachdem der französische Objektkünstler Marcel Duchamp zufällig in dasselbe Haus in New York gezogen war, in dem Elsa von Freytag-Loringhoven mit mehreren Hunden und Katzen wohnte, tauschten die beiden in nächtlichen Gesprächen Ideen und Anregungen aus. Die Biografin Irene Gammel vermutet aus gutem Grund, dass Elsa den Künstler auf die Idee brachte, für die Jahresausstellung der Society of Independent Artists im Frühjahr 1917 unter dem Titel »Fountain« ein Urinal einzureichen.

Leben konnte Elsa nicht von ihrer Kunst. Um Geld zu verdienen, stand sie Modell, unter anderem für die Malerin Theresa Bernstein. Und was sie sich nicht leisten konnte, nahm sie sich. Mehrmals wurde sie wegen Ladendiebstahls verhaftet. Außerdem erpresste sie Liebhaber mit der Drohung, einen Skandal auszulösen.

1917 bewarb Elsa sich bei dem elf Jahre jüngeren Maler George Biddle in Philadelphia als Modell. Er wollte die Dreiundvierzigjährige erst einmal nackt sehen. Ungeniert öffnete sie ihren scharlachroten Regenmantel. Darunter trug sie nur wenig: Ihre Brustwarzen waren mit zwei leeren, an einer grünen Schnur befestigten Tomatenmarkdosen bedeckt, und an diesem »Büstenhalter« baumelte ein kleiner Käfig mit einem Kanarienvogel. Ein Arm war mit Gardinenringen geschmückt, die sie in einem Kaufhaus gestohlen hatte. Und als sie ihren mit vergoldeten Karotten dekorierten Hut abnahm, wunderte sich George Biddle über ihr feuerrot gefärbtes kurzes Haar.

Als sie wieder in New York war, zeigte das lesbische Herausgeberinnen-Paar der Avantgarde-Zeitschrift »The Little Review« – Margaret Anderson und Jane Heap – Interesse an ihr. Jane Heap stellte ihre neue Freundin im Juni-Heft 1918 vor und feierte sie später als »erste amerikanische Dada«[67]. Bis 1922 wurden einundzwanzig Gedichte von Elsa von Freytag-Loringhoven in »The Little Review« abgedruckt, nicht zuletzt, um mit dieser »Wahnsinnskunst« gegen den herkömmlichen Kunstbetrieb zu rebellieren. In dem Gedicht »König Adam« fordert eine »klitorisgesteuerte« Frau ihren Liebhaber zum in mehreren Bundesstaaten verbotenen Cunnilingus auf, und in einer Fußnote heißt es provokativ, die Verse seien »dem Zensor gestiftet«.[68]

Im Januar 1921 folgte Elsa einer Einladung zu einem von Margaret Anderson organisierten Konzert der peruanischen Sopranistin Marguerite D'Alvarez. Sie traf erst in letzter Minute ein und stahl der Sängerin die Show. »Eine Seite ihres Gesichts war mit einer abgestempelten Briefmarke dekoriert«, berichtete Margaret Anderson später. »Ihre Lippen waren schwarz bemalt, ihr Gesichtspuder gelb. Sie trug das Obere eines Kohleneimers als Hut [...] Zwei Senflöffel an der Seite wirkten wie Federn.«[69]

Vermutlich handelt es sich bei dem nackten Modell auf dem Foto »Portemanteau« aus dem Jahr 1920 von Man Ray um Elsa. Auf jeden Fall erschienen im April 1921 zwei Fotos und ein Gedicht von ihr in der von Man Ray und Marcel Duchamp herausgegebenen einzigen Ausgabe der Zeitschrift »New York Dada«.

Im selben Jahr drehten sie auch gemeinsam einen Kurzfilm mit dem Titel »Elsa, Baroness von Freytag-Loringhoven, ihr Schamhaar rasierend«.

Damit Elsa nach Europa zurückkehren konnte, beschaffte Jane Heap im Frühjahr 1923 das Geld für die Schiffspassage. Die Baroness zog nach Berlin-Charlottenburg, aber mehr als ein Dienstmädchenzimmer konnte sie sich nicht leisten. Ihr Antrag auf eine Kriegerwitwenrente wurde abgelehnt. Und als sie versuchte, Geld von der Familie ihres dritten Ehemanns zu bekommen, teilte ihr ein Rechtsanwalt mit, man werde sich von ihren versteckten Drohungen nicht einschüchtern lassen. Nachdem ihr Vater am 3. Juli 1923 in Swinemünde gestorben war, stellte sich dann auch noch heraus, dass er sie enterbt hatte. Einige Zeit schlug Elsa sich als Zeitungsverkäuferin auf dem Kurfürstendamm durch. In ihrer Verzweiflung bat sie August Endell um Hilfe, der es inzwischen zum Direktor der Akademie für Kunst und Kunstgewerbe in Breslau gebracht hatte, aber von ihrem früheren Ehemann bekam sie auch nichts.

Beruflich konnte sie jedoch einen Erfolg verzeichnen, denn der seit 1921 in Paris lebende Schriftsteller Ernest Hemingway veröffentlichte im Mai 1924 gegen den Willen des Herausgebers Ford Madox Ford drei Gedichte der Dadaistin in dem renommierten Literaturmagazin »the transatlantic review«. Hemingway setzte damit sogar seine Stelle als Redakteur aufs Spiel.

Elsa wollte deshalb nach Paris übersiedeln, wo seit 1919 auch die mit ihr befreundete amerikanische Schriftstellerin Djuna Barnes lebte. Sie beantragte am 12. Juli 1924, ihrem fünfzigsten Geburtstag, im französischen Konsulat in Berlin ein Visum. Dass sie dabei einen Kuchen mit brennenden Kerzen auf dem Kopf trug, half ihr auch nicht: Die Einreisegenehmigung wurde ihr verweigert.

Am 21. Februar 1925 brach Elsa in Berlin auf der Straße zusammen und wurde ins Bodelschwingh-Heim Gottesschutz eingewiesen. Der Heimleiter, Pastor Paul Braune, konstatierte in einem Gutachten: »Wenn sie vielleicht auch nicht in vollem Sinne als geisteskrank anzusehen ist, so ist doch ihre Einstellung zu der Welt, die sie umgibt, so absonderlich, dass man sie wie eine anormale Person bewerten muss.«[70] Auf eigenen Wunsch wurde die Exzentrikerin im April in die Landesirrenanstalt[71] in Eberswalde verlegt. Dort begann sie mit ihrer Autobiografie in Form von Briefen an Djuna Barnes, die daraus ein Buch machen wollte.

Nach ihrer Entlassung aus der psychiatrischen Klinik wohnte Elsa in Berlin-Pankow, bis sie im April 1926 endlich ein Visum für Frankreich bekam und nach Paris reisen konnte.

Obwohl Elsa keine Arbeitserlaubnis hatte, eröffnete sie am 1. August 1927 eine Schule für Aktmodelle in Paris, musste die Einrichtung jedoch nach wenigen Wochen wieder schließen. Die verarmte Baronin blieb auf die Unterstützung von Freundinnen wie Djuna Barnes und von Mäzeninnen wie Peggy Guggenheim angewiesen.

Am 14. Dezember 1927 starb Elsa von Freytag-Loringhoven in ihrer Wohnung in Paris an einer Gasvergiftung. Ob sie es übersehen hatte, den Herd auszuschalten, oder sich absichtlich das Leben nahm, weiß man nicht.

Mata Hari

(1876–1917)

»Alles ist eine Illusion!«

*Mata Hari hieß eigentlich Margaretha Geertruida Zelle
und war keine indische Tempeltänzerin, wie sie behauptete,
sondern die Tochter eines prahlerischen Hutmachers aus
Leeuwarden. Nach der gescheiterten Ehe mit einem niederländischen Kolonialoffizier zog die zweifache Mutter 1902
im Alter von sechsundzwanzig Jahren allein nach Paris
und wurde mit erotischen Tänzen berühmt. Fünfzehn Jahre
später wurde die attraktive Frau in Paris zum Tod verurteilt
und erschossen, weil sie nicht nur für die Franzosen
spioniert, sondern auch vom deutschen Geheimdienst
Geld angenommen hatte.*

Bevor am 15. Oktober 1917 der Morgen graute, wurde Mata Hari
in ihrer Gefängniszelle in Paris geweckt, über die Ablehnung des
Gnadengesuchs und die bevorstehende Hinrichtung informiert
und aufgefordert, sich anzukleiden. Die Vierzigjährige wählte
»ein perlgraues Kleid, einen Strohhut mit Schleier, einen Mantel,
lose um die Schultern gehängt, und ihre besten Schuhe«[72]. Eine
gute halbe Stunde dauerte die Fahrt zur Festung von Vincennes,
wo ein aus zwölf marokkanischen Soldaten zusammengestelltes
Erschießungskommando bereitstand. Weil Mata Hari nicht am
Pfahl festgebunden werden wollte, legte ein Soldat den Strick nur
lose um die Taille der schönen Delinquentin. Auf ihren Wunsch
hin verzichtete der für die Hinrichtung verantwortliche Offizier
darauf, ihr die Augen zu verbinden, bevor das Peloton die Ge-
wehre auf sie abfeuerte.

»Der Tod ist nichts, auch das Leben nicht«, soll sie kurz vor
der Exekution gesagt haben. »Zu sterben, zu schlafen, ins Nichts
zu verschwinden, was macht das schon? Alles ist eine Illusion!«[73]

Die Frau, die als Mata Hari starb, war am 7. August 1876 in
Leeuwarden unter dem Namen Margaretha Geertruida Zelle als
einzige Tochter und ältestes der vier Kinder von Adam und Antje

Mata Hari, Foto undatiert

Zelle auf die Welt gekommen. Ihr Vater, ein prahlerischer Hutmacher, der sich gern als Baron ansprechen ließ, soll ihr zum sechsten Geburtstag eine von Ziegen gezogene Kutsche geschenkt haben. So schnell wie er durch Aktiengewinne reich geworden war, ging er Anfang 1889 aufgrund einer missglückten Börsenspekulation bankrott. Deshalb musste er mit seiner Familie aus dem prächtigen Patrizierhaus in eine Mietwohnung umziehen. Als Margaretha vierzehn Jahre alt war, trennten sich die Eltern, und im Frühjahr 1891 ging der Vater allein nach Amsterdam. Wenig später, am 9. Mai 1891, starb Antje Zelle an Tuberkulose.

Daraufhin holte Adam Zelle seine beiden jüngsten Kinder, das elfjährige Zwillingspärchen Art Anne und Cornelis Coenrad, nach Amsterdam, während Margaretha und ihr dreizehnjähriger Bruder Johannes Henderikus von verschiedenen Verwandten aufgenommen wurden. Margaretha kam zu einem Patenonkel in Sneek, der sie gegen ihren Willen in ein Pensionat für angehende Kindergärtnerinnen in Leiden schickte. Als Gerüchte über ein Verhältnis der Schülerin mit dem dreimal so alten Rektor aufkamen, musste sie das Internat aber verlassen.

Margaretha lebte fortan bei ihrem Onkel Taconis in Den Haag, wo sie aufmerksam Heiratsanzeigen studierte und sich schließlich auf die Annonce eines neununddreißigjährigen Kolonialoffiziers aus Niederländisch-Indien meldete. Rudolph (»John«) MacLeod war seit seinem einundzwanzigsten Lebensjahr beim Militär und hatte wegen einer rheumatischen Erkrankung Heimaturlaub bekommen. Die beiden verabredeten sich im März 1895 in Amsterdam. Kurz darauf verlobten sie sich. Margaretha gab sich als Waise aus, doch als ihr klar wurde, dass sie für eine Eheschließung die Erlaubnis eines Erziehungsberechtigten benötigte, gestand sie ihrem Verlobten die Lüge. Zusammen suchten sie ihren inzwischen bankrotten Vater auf, der mit seiner zweiten Ehefrau in einem Armenviertel in Amsterdam lebte. Am 13. Juli 1895 – knapp vier Wochen vor Margarethas neunzehntem Geburtstag – heiratete das Paar. Nach der Hochzeitsreise zog es fürs Erste zu einer verwitweten jüngeren Schwester Johns, die mit ihren beiden Töchtern in Amsterdam wohnte. Ein halbes Jahr nach der Hochzeit brachte Margaretha einen Sohn zur Welt, der den Namen Norman John erhielt.

Am 1. Mai 1897 ging John MacLeod mit Frau und Kind an

Bord des Dampfers »Prinses Amalia«, der sie nach Java brachte, das zur Kolonie Niederländisch-Ostindien gehörte. Dort kümmerte sich ein Kindermädchen um Norman, und Dienstboten nahmen Margaretha auch die Hausarbeit ab. Sie langweilte sich jedoch nicht, denn die Europäer veranstalteten zahlreiche Empfänge, und bei einer Laientheater-Aufführung spielte sie in dem Schauspiel »Die Kreuzfahrer« von August von Kotzebue die Königin.

Gut ein halbes Jahr nach der Geburt ihrer Tochter Jeanne Louise (»Non«) am 2. Mai 1898 wurde MacLeod nach Sumatra versetzt. Er musste seine Frau monatelang allein lassen, obwohl er berechtigten Grund zur Eifersucht hatte, denn ihr gefiel es, wenn Männer sie umschwärmten, und sie galt als freizügig.

In der Nacht auf den 28. Juni 1899, einen Monat nach Margarethas Ankunft in Sumatra, starb der dreijährige Norman an einer Vergiftung. Non erkrankte ebenfalls, aber das ein Jahr alte Mädchen überlebte den Anschlag, bei dem es sich möglicherweise um den Racheakt eines Hausmädchens handelte. Die Tat wurde nie aufgeklärt. Jedenfalls warf John MacLeod seiner Frau zu Recht vor, die Kinder vernachlässigt zu haben.

Obwohl der erst vierundvierzig Jahre alte Offizier im Oktober 1900 nach achtundzwanzig Dienstjahren im Rang eines Majors in den Ruhestand trat, zögerte er, Indonesien zu verlassen, denn er hatte sich an das Leben dort gewöhnt und es war außerdem preiswerter als in Europa. Margaretha drängte ihn jedoch so lange, bis sie im März 1902 auf einem Frachter nach Amsterdam reisten und vorübergehend wieder zu seiner Schwester zogen.

Kurz nachdem MacLeod eine Wohnung in Amsterdam gefunden hatte, verließ er seine Frau und nahm das Töchterchen mit. Margaretha reichte daraufhin am 27. August die Scheidung ein und ließ sich das Sorgerecht für Non zusprechen. Weil MacLeod den vom Gericht angeordneten Unterhaltszahlungen nicht nachkam, zwang sie ihn, die gemeinsame Tochter bei sich aufzunehmen. Margaretha zog vorübergehend zu ihrem Onkel Taconis in Den Haag und nach einer Paris-Reise zu einem Onkel ihres Ex-Manns in Nimwegen. Als MacLeod davon erfuhr, drängte er seinen Verwandten, sie fortzuschicken.

Ihr Glück suchte sie 1904 erneut in Paris, dem Zentrum der Kunst und des Vergnügens. Ohne großen Erfolg bot sie sich

Malern als Modell an. Allerdings fand sie reiche Verehrer, die sie ausführten und ihre Hotelkosten übernahmen.

Bei einer Tanzvorführung in einem der Pariser Salons wurde der Industrielle Émile Guimet auf »Lady MacLeod« aufmerksam, und am 13. März 1905 debütierte die »Bajadere« in seinem Museum für orientalische Kunst. »Ihr dunkler Teint, ihre vollen Lippen und feucht schimmernden Augen zeugen von weit entfernten Landen, von sengender Sonne und tropischem Regen«, schwärmte der Journalist Marcel Lami im »Le Courrier français«. »Sie wiegt sich unter den Schleiern, die ihren Körper zugleich verhüllen und enthüllen.«[74]

Margaretha erfand nicht nur einen neuen Namen für sich – Mata Hari –, sondern auch gleich eine passende Biografie: »Geboren wurde ich in Südindien, an der Küste von Malabar, in einer heiligen Stadt mit dem Namen Jaffuapatam, am Busen einer hoch angesehenen Familie von Brahmanen [...] Meine Mutter, die erste Bajadere im Tempel von Randa Swany, starb mit vierzehn im Jahr meiner Geburt. Nachdem die Tempelpriester die Leiche eingeäschert hatten, adoptierten sie mich und tauften mich auf den Namen Mata Hari, das bedeutet Auge der Morgenröte.«[75] Von klein auf habe sie die rituellen Tempeltänze erlernt, log sie. »Mit spielerischer Leichtigkeit vermischte sie Dichtung und Wahrheit.«[76] So auch bei der Erläuterung ihrer Kunst: »Die heiligen Brahmanentänze sind Symbole. Ihre Figuren sind Ausdruck der Gedanken. Der Tanz selber ist ein Gedicht; die Gesten sind die Worte.«[77]

Für Pariser war frivoler Striptease zwar nichts Neues, aber die exotisch-erotischen Darbietungen der angeblichen Brahmanentochter sprachen sich rasch herum, was dazu führte, dass reiche Bürger der Stadt Mata Hari bei ihren Abendgesellschaften als Attraktion vorstellten. Allein im Jahr 1905 absolvierte sie dreißig solcher Aufführungen, drei davon bei Baron Henri de Rothschild. Außerdem trat Mata Hari sechsmal im Théâtre du Trocadéro auf. »Es ist unmöglich, die Mysterien indischer Religionen in einer edleren Weise lebendig zu machen, als es hier geschah«, schwärmte ein Kritiker.[78] Der Rechtsanwalt Eduart Clunet überredete schließlich den mit ihm befreundeten Impresario Gabriel Astruc, sich für Mata Hari einzusetzen. Der verschaffte ihr ein Engagement im »Olympia«, wo sie im August 1905 bestaunt wurde.

Im Januar 1906 stand Mata Hari bei einem Gastspiel in Madrid erstmals außerhalb Frankreichs auf der Bühne. Maître Clunet und Jules Gambon, der französische Botschafter in Spanien, hatten es ihr vermittelt. Im folgenden Monat tanzte Mata Hari in Monte Carlo als Salomé im dritten Akt der Oper »Le Roi de Lahore« von Jules Massenet. Der Komponist war begeistert, und Giacomo Puccini schickte ihr Blumen.

Mata Hari hatte Ende 1905 das Gerücht gestreut, sie werde sich mit einem osteuropäischen Fürsten vermählen. Auf diese Weise blieb sie im Gespräch. Sie begriff sehr früh, wie wichtig das für sie war. Dass sie am 26. April 1906 schuldig geschieden wurde, nachdem man John MacLeod Nacktfotos von ihr zugespielt hatte, hängte sie allerdings nicht an die große Glocke.

Über einen Auftritt im Apollo-Theater in Wien berichtete das »Neue Wiener Journal« am 15. Dezember 1906: »Isadora Duncan ist tot, es lebe Mata Hari! […] Unter dem Schleier trägt die schöne Tänzerin auf dem Oberkörper einen Brustschmuck und einen Goldgürtel […] sonst nichts. Die Kühnheit des Kostüms bildet eine kleine Sensation […] Der Schleier fällt. Mächtiger Beifall ertönt. Schon aber ist Mata Hari verschwunden.«[79] Das »Deutsche Volksblatt« in Wien reimte: »Und die Mata Hari kam dreimal hervor, / Bis sie immer mehr Gewänder verlor, / Und endlich im letzten, dünnen Schleier / Sich niederlegte zum Schluss der Feier, / Worauf sie mit freundlich winkender Hand / Aus dem Kreise des Publikums verschwand. / Es hofften zwar alle, es sei noch nicht aus, / Doch da kam ein bekleideter Herr heraus / Und sagte: ›Sie können nach Hause gehen, / Die Mata Hari lässt heut nichts mehr sehen!‹«[80]

Nach dem Engagement in Wien, das bis Mitte 1907 dauerte, reiste Mata Hari unter anderem nach Rom. Kurz bevor sie von dort nach Berlin fuhr, bat sie ihren Impresario schriftlich, sie bei der bevorstehenden Aufführung der Oper »Salome« als Tänzerin einzuplanen. Dem Brief legte sie ein Billet an Richard Strauss bei, in dem sie den Komponisten um ein Treffen bat. Sie bekam allerdings nie eine Antwort, denn Gabriel Astruc leitete die Nachricht nicht weiter.

Die Auftritte von Mata Hari 1907 im »Wintergarten« in Berlin galten als Sensation. Man sagte ihr überdies eine Affäre mit dem Kronprinzen nach, und ein außerhalb der Stadt lebender

Verehrer mietete eigens ein Apartment unweit des Kurfürstendamms, um sich ungestört mit ihr treffen zu können.

Als Mata Hari im Winter 1907/08 nach Paris zurückkehrte, musste sie feststellen, dass andere Tänzerinnen sie imitierten und die Hüllen noch lasziver fallen ließen. Die Darbietungen ihrer Konkurrentinnen kritisierte sie »vom künstlerisch-wissenschaftlichen und vom ästhetischen Standpunkt aus« in einer Rede, die sie am 20. September 1908 bei einer Wohltätigkeitsveranstaltung in Couilly-Pont-aux-Dames hielt: »Auf Java, inmitten einer prachtvollen tropischen Vegetation geboren, habe ich von frühester Kindheit an die tiefe Bedeutung dieser Tänze gelernt, die einen Kult, eine Religion darstellen. Nur wer dort geboren und aufgewachsen ist, ist von ihrem religiösen Gehalt durchdrungen und kann ihnen jene ernste Note verleihen, auf die sie Anspruch erheben.«[81]

Einer ihrer Liebhaber, der in Paris verheiratete Börsenmakler Xavier Rousseau, mietete ab Sommer 1910 das Château de la Dorée in Esvres südöstlich von Tours für sie und besuchte sie dort an den Wochenenden. Bevor das Paar sich trennte, zog Mata Hari Ende 1911 mit ihrer Vertrauten, dem Dienstmädchen Anna Lintjes, in ein von Rousseau für sie gekauftes Haus in Neuilly-sur-Seine. Weil ihr das Geld für die Möbel fehlte, bat sie Astruc, ihr einen Mäzen zu besorgen, aber das gelang dem Impresario wohl nicht.

Mata Hari hatte zwar 1910 in Monte Carlo zur sinfonischen Suite »Antar« von Nikolai Andrejewitsch Rimski-Korsakow getanzt und trat in der Saison 1911/12 in der Mailänder Scala auf, aber ihr Stern begann zu sinken – was sie zunächst nicht wahrhaben wollte. Im Gegenteil: Im März 1912 wandte sich die Fünfunddreißigjährige in Monte Carlo an Sergei Diaghilev, der in den »Ballets Russes« die bedeutendsten Tänzerinnen und Tänzer seiner Zeit versammelte. Dass sie wie jede andere Bewerberin etwas vortanzen sollte, irritierte Mata Hari. Dann versetzte Diaghilev sie auch noch bei einer Verabredung und beauftragte schließlich den Maler Léon Bakst, der für die »Ballets Russes« Kostüme und Bühnenbilder entwarf, den Körper der Tänzerin zu begutachten. »Ich habe mich in meinem Zimmer vor Bakst vollständig ausgezogen«, berichtete Mata Hari. »Das genügt. Ich finde es höchst unnötig, auf der Bühne von Beausoleil, wo alle Bühnenarbeiter frei vorübergehen und zusehen können, alles noch einmal zu wiederholen.«[82]

Nach Auftritten in einem musikalischen Lustspiel, als Habanera in den »Folies Bergère« und einem Gastspiel in Palermo reiste Mata Hari Anfang 1914 noch einmal nach Berlin. In einem Telegramm aus der deutschen Reichshauptstadt schlug sie ihrem Entdecker Émile Guimet ein ägyptisches Ballett in seinem Museum vor. Darauf antwortete der Industrielle, der inzwischen ihren Schwindel durchschaut hatte: »Ein ägyptisches Ballett aufzuführen ist eine ausgezeichnete Idee, vorausgesetzt es ist wirklich ägyptisch.«[83]

Ende Mai 1914 erhielt Mata Hari endlich wieder einen Vertrag: Vom Herbst an sollte sie ein halbes Jahr lang im »Metropol« in Berlin auftreten. Dazu kam es allerdings nicht mehr, denn am 28. Juli begann der Erste Weltkrieg.

In der Absicht, sich in der Schweiz in Sicherheit zu bringen, verließ Mata Hari am 6. August die Hauptstadt des Deutschen Reichs. Weil sie kein Visum vorweisen konnte, ließen die Schweizer Grenzbeamten sie nicht ins Land, und sie musste notgedrungen umkehren. Bei dem Durcheinander kam ihr das Gepäck abhanden. Wieder in Berlin angekommen, fiel die Verzweifelte dem niederländischen Bankier Will van der Schalk auf, der sich aus geschäftlichen Gründen in der Stadt aufhielt. Nachdem sie ihm ihr Leid geklagt hatte, beglich er ihre Rechnungen und besorgte ihr eine Bahnfahrkarte nach Amsterdam.

Entweder vor oder nach einem Aufenthalt von Dezember 1915 bis März 1916 in Paris ließ Mata Hari sich von den Deutschen als Spionin mit dem Agentennamen »H-21« anwerben und nahm von Karl H. Cramer, dem deutschen Konsul in Amsterdam, der während des Kriegs auch für den Geheimdienst arbeitete, 20 000 Französische Francs als Vorschuss in Empfang.

Am 24. Mai 1916 schiffte sie sich in Amsterdam auf der »Zeelandia« nach Vigo an der spanischen Atlantikküste ein.[84] In Madrid nahm sie Mitte Juni einen Zug nach Paris, aber die Franzosen verweigerten ihr in Hendaye den Grenzübertritt. Darüber wollte sich Mata Hari bei Jules Cambon beschweren, dem mit ihr befreundeten Generalsekretär des französischen Außenministeriums. Sie schickte den Brief aber nicht ab, weil sie tags darauf nach Frankreich einreisen durfte.

Um ihren siebzehn Jahre jüngeren Geliebten, den russischen Hauptmann Vadime de Massloff, besuchen zu können, der in Vittel in einem Lazarett lag, seit er bei einem deutschen Giftgasangriff auf dem linken Auge erblindet war, benötigte Mata Hari eine Sondererlaubnis. Die wollte sie im August 1916 im Militärbüro für Ausländer in Paris beantragen. Angeblich irrte sie sich in der Tür, jedenfalls kam sie mit Georges Ladoux ins Gespräch, dem Leiter der französischen Spionageabwehr, der Mata Hari seit 1915 hatte beobachten lassen. Er schlug ihr vor, für den Geheimdienst zu arbeiten, und besorgte ihr die Genehmigung für die Reise nach Vittel. Mitte September kam Mata Hari von dort nach Paris zurück. Bei einer zweiten Unterredung mit Ladoux erklärte sie sich zur Zusammenarbeit bereit und verlangte dafür eine Million Francs. Für einen ersten Auftrag sollte sie nach Brüssel reisen und dort Instruktionen abwarten. Um einen Vorschuss bat sie vergeblich. »Nicht ahnend, dass sie mit dem Feuer spielte [...], prahlte [sie] sogar mit ihrer angeblichen Affäre mit dem deutschen Kronprinzen [...] Noch glaubte sie, die Fäden in der Hand zu haben, und wusste nicht, dass sie tatsächlich dabei war, sich selbst ein Netz zu knüpfen, in dem sie sich mehr und mehr verfangen sollte. Die Aussicht auf viel Geld ließ Mata Hari in ihrer grenzenlosen Naivität zur Doppelagentin werden.«[85]

Da der direkte Rückweg durch die Deutschen versperrt war, fuhr Mata Hari wieder nach Madrid und ging am 9. November 1916 in Vigo an Bord der »Hollandia«. Briten, die das niederländische Schiff zwei Tage später vor der Küste von Cornwall kontrollierten, hielten die Papiere der Passagierin Margaretha Geertruida MacLeod-Zelle für gefälscht und verwechselten sie mit der deutschen Geheimagentin Clara Benedix. Sie wurde festgenommen, nach London gebracht und dort vier Tage lang von Sir Basil H. Thomson vernommen, einem Assistant Commissioner von Scotland Yard, der zugleich für den MI6 tätig war. Mata Hari konnte zwar glaubhaft machen, dass sie nicht Clara Benedix war, aber sie gab zu, für den französischen Geheimdienst zu arbeiten. Daraufhin schickten die Briten sie auf dem Seeweg nach Spanien zurück.

In der Zeit, in der sie auf der »Araguaya« unterwegs war, wurde ein Belgier, der für die Alliierten spionierte, von einem deutschen Agenten erschossen. Weil Ladoux im Gespräch mit Mata

Hari sechs Mitarbeiter des französischen Geheimdienstes erwähnt hatte, bei denen es sich mit Ausnahme des Ermordeten um deutsch-französische Doppelagenten handelte, nahm er an, dass Mata Hari die Namen verraten hatte. Damit war für ihn bewiesen, dass sie für den deutschen Geheimdienst spionierte.

Ohne zu ahnen, dass man sie in Paris als Doppelagentin verdächtigte, machte sich Mata Hari in Madrid an den deutschen Militärattaché Arnold von Kalle heran. Sie versuchte ihn auszuhorchen und erzählte ihm ihrerseits, dass sie sich – angeblich zum Schein – auf eine Zusammenarbeit mit dem französischen Geheimdienst eingelassen habe. Arnold von Kalle ließ sich nichts vormachen und versorgte sie mit Falschinformationen über deutsche und türkische U-Boote vor der Küste von Marokko, die sie prompt an Frankreich weitergab. Offenbar zahlte er der Agentin 3500 Peseten. Das meldete er zumindest nach Deutschland.

Am 13. Dezember 1916 – zwei Tage nach Mata Haris Ankunft in Madrid – fingen die Franzosen einen deutschen Funkspruch aus der spanischen Hauptstadt ab: »Agent H-21, zugehörig zum zentralen Informationsbüro in Köln, […] ist hier angekommen. Sie hat vorgegeben, die Dienste des französischen Spionagebüros zu akzeptieren und für dessen Interesse einen Versuchsauftrag in Belgien durchzuführen. Sie wollte an Bord der ›Hollandia‹ von Spanien nach Holland reisen, wurde aber am 11. November in Falmouth verhaftet, weil sie für jemand anderes gehalten wurde. Nachdem der Irrtum erkannt war, schickte man sie nach Spanien zurück, weil die Engländer sie weiterhin für verdächtig hielten.«[86] Auch die Antwort wurde von der französischen Spionageabwehr mitgelesen: »H21 soll nach Frankreich zurückkehren und beobachten. Sie erhält Scheck über 5000 Franken, gezogen von Kramer [Karl H. Cramer] auf Comptoir d'Escompte [eine Bank in Paris].«[87]

Mata Hari verließ Madrid am 2. Januar 1917 und traf am nächsten Tag in Paris ein. Dort nahm sie am 16. Januar beim Comptoir d'Escompte 5000 Francs in Empfang. Vergeblich bemühte sie sich um eine Unterredung mit Georges Ladoux. Sie konnte nicht wissen, dass der Leiter der französischen Spionageabwehr bereits ihre Verhaftung vorbereitete.

Die Franzosen ließen sich Zeit. Erst am 13. Februar wurde Mata Hari im Hotel Champs-Élysées Palace verhaftet und in das

Frauengefängnis Saint-Lazare gebracht. In ihrem Hotelzimmer fand die Polizei ein Oxyzyanid enthaltendes Präparat. Eine von den Deutschen entwickelte Geheimtinte? Nein, erklärte Mata Hari, sie habe das Mittel für empfängnisverhütende Spülungen verwendet.

Vierzehn Mal wurde sie vom Zeitpunkt ihrer Festnahme bis zum 21. Juni vom Untersuchungsrichter Hauptmann Bouchardon verhört, der darüber eine etwa fünfzehn Zentimeter dicke Akte anlegte. Mata Hari gestand am 21. Mai, dass die Deutschen sie als Agentin H-21 führten. Aber sie beteuerte zugleich, nie für die Deutschen tätig geworden zu sein, obwohl sie im Frühjahr 1916 von Konsul Cramer 20 000 Francs angenommen habe.

Der Prozess gegen Mata Hari fand am 24. und 25. Juli 1917 unter Ausschluss der Öffentlichkeit vor einem Kriegsgericht in Paris statt. Den Vorsitz führte der vierundsiebzigjährige Oberstleutnant Albert Ernest Somprou. Verteidigt wurde Mata Hari von dem ebenso alten Rechtsanwalt Eduart Clunet, der vor allem an das Mitgefühl des Richters, der Beisitzenden und der sieben Geschworenen appellierte, statt die von Staatsanwalt André Mornet vorgelegten Beweise gegen seine Mandantin zu entkräften. Diese Verteidigungsstrategie schlug fehl: Das Militärgericht folgte den Ausführungen des Anklägers, der Mata Hari – möglicherweise wider bessern Wissens – zur gefährlichen Spionin stilisierte. Um ein Exempel zu statuieren und kriegsmüde Franzosen von der Kollaboration mit dem Feind abzuschrecken, verurteilte das Gericht Mata Hari am 25. Juli – knapp zwei Wochen vor ihrem einundvierzigsten Geburtstag – wegen Hochverrats zum Tod. »Das ist unmöglich!«, rief sie.

Der Revisionsantrag wurde am 17. August verworfen. Am 29. September, einen Tag nach dem abschlägigen Urteil des Berufungsgerichts, ersuchte das niederländische Außenministerium die französische Regierung um die Begnadigung Mata Haris, aber Staatspräsident Raymond Poincaré lehnte es ab, die Todesstrafe in eine Haftstrafe umzuwandeln.

Deshalb endete das Leben der als Mata Hari in die Geschichte eingegangenen Hochstaplerin am 15. Oktober 1917 in den Befestigungsanlagen von Schloss Vincennes bei Paris.

Alma Mahler-Werfel

(1879–1964)

»Wenn ich die Steigbügel dieser Ritter des Lichts halten durfte, so war mein Dasein gerechtfertigt.«

Die Tochter des Malers Emil Jakob Schindler faszinierte bedeutende Künstler: Mit Gustav Mahler, Walter Gropius und Franz Werfel war sie verheiratet; Oskar Kokoschka zählte zu ihren Geliebten.

Am 31. August 1879 kam die zweiundzwanzigjährige Operettensängerin Anna Sofie Bergen mit ihrer Tochter Alma nieder. Verheiratet war sie seit sieben Monaten mit dem fünfzehn Jahre älteren Landschaftsmaler Emil Jakob Schindler, der sich aus finanziellen Gründen mit seinem Kollegen Julius Victor Berger eine Wohnung in Wien teilte und sich Vorwürfe machte, weil er seiner Familie keine bessere Unterkunft bieten konnte.

Annas zweite Tochter – Margarethe Julie (»Gretel«) – wurde ein Jahr später, am 16. August 1880, geboren. Obwohl Schindler wusste, dass er sich zum Zeitpunkt der Zeugung auf Borkum von einer Diphtherie-Erkrankung erholt hatte, tat er so, als sei Gretel sein leibliches Kind. Tatsächlich war wohl Julius Victor Berger der Vater.

Als Emil Jakob Schindler im Februar 1881 einen mit 1500 Gulden dotierten Künstlerpreis erhielt, konnte er endlich seine Schulden tilgen und mit der Familie in eine größere Wohnung umziehen. Schließlich verdiente er mit seinen Gemälden sogar so viel Geld, dass er Ende 1884 Schloss Plankenberg bei Tulln an der Donau mieten konnte.

Zur Schule gingen Alma und Gretel nur, wenn die Familie während der Wintermonate in Wien wohnte. Ansonsten wurden sie sporadisch von Hauslehrern unterrichtet, der Vater führte sie an Kunst und Musik heran, und die Mutter brachte ihnen Lesen, Schreiben und Rechnen bei.

Im Alter von acht Jahren verbrachte Alma mit ihren Eltern und ihrer Schwester ein halbes Jahr in Dalmatien und auf Korfu, da Kronprinz Rudolf ihren Vater beauftragt hatte, dort Landschaften zu malen.

Anfang August 1892 – vier Wochen vor Almas dreizehntem Geburtstag – reisten ihre Eltern mit ihr und Gretel nach Sylt, um dort den Sommer zu verbringen. Begleitet wurden sie von dem Maler Carl Moll, der elf Jahre zuvor als Schüler zu Schindler gekommen und längst zum Familienfreund geworden war. Fünf Tage nach der Ankunft, am 9. August, starb Emil Jakob Schindler in Westerland überraschend an den Folgen einer verschleppten Blinddarmentzündung. Weil Alma eine sehr viel engere Beziehung zu ihrem Vater als zu ihrer Mutter hatte, war sein Tod für sie ein besonders schwerer Verlust.

Aus finanziellen Gründen musste Anna Schindler Schloss Plankenberg nun aufgeben und mit ihren beiden Töchtern in einer Mietwohnung in Wien leben.

Alma, die mit zwölf Jahren den ersten Klavierunterricht bekommen hatte und für die Musik von Richard Wagner schwärmte, wurde 1895 Schülerin des blinden Organisten Josef Labor. Ihr Biograf Oliver Hilmes behauptet, sie sei »trotz ihrer ausgeprägten Musikalität [nie] über das talentierte Dilettieren hinaus[gekommen]«[88], und Alma Schindler selbst meinte am 9. Februar 1898 in ihrem Tagebuch: »Ich möchte etwas sein und werden, und das ist unmöglich – & Warum? Mir fehlte die Begabung nicht, mir – fehlt nur der Ernst.«[89]

Dass Anna Schindler am 3. November 1895 Carl Moll heiratete, mit dem sie bereits zu Lebzeiten ihres Mannes ein Liebesverhältnis gehabt hatte, hielt Alma für einen unverzeihlichen Verrat an ihrem Vater. Noch ahnte sie nicht, dass Gretel bei einem Seitensprung ihrer Mutter gezeugt worden war.

Das frisch verheiratete Paar zog mit den Töchtern in ein größeres Haus, in dem Max Burckhard, der Direktor des Burgtheaters, der Maler Gustav Klimt und der Architekt Joseph Maria Olbrich häufig zu Gast waren. Alma durfte bei den Gesprächen der Erwachsenen zuhören, und Burckhard schenkte ihr sowohl Bücher als auch Theaterkarten.

Während einer mehrwöchigen Italienreise verabredete sich die Familie am 24. April 1898 mit Gustav Klimt in Florenz. Der

Alma Werfel-Mahler mit Franz Werfel,
Foto undatiert

Künstler begleitete sie weiter nach Genua und Venedig. Der Fünfunddreißigjährige – der in seinem Leben angeblich siebzehn uneheliche Kinder zeugte – verdrehte Alma den Kopf und gab ihr den ersten Kuss ihres Lebens. Klimt sei ihre erste große Liebe gewesen, heißt es in ihrer Autobiografie »Mein Leben«[90]. Nachdem er von Carl Moll ermahnt worden war, vermied Klimt es, mit der Achtzehnjährigen allein zu sein, und reiste am 6. Mai vorzeitig aus Venedig ab. »Er hat mich kampflos hingegeben«, schimpfte Alma in ihrem Tagebuch, »er hat mich verraten.«[91]

Ausgerechnet am 9. August 1899, Schindlers siebtem Todestag, gebar dessen Witwe die Tochter Maria – ein weiterer Schlag für Alma. »Kein Mensch mag mich! Kein Mensch liebt mich!«, klagte sie in ihrem Tagebuch.[92] Welche Seelenqualen sie litt, spürt man auch beim Lesen folgender Eintragung: »In Wahrheit, meine Unfreiheit ist grenzenlos – und gerade mich drückt das entsetzlich. Ich vertrag’ es einmal nicht, gebunden zu sein an Händen und Füßen. Ach – nur ein Mann sein!«[93]

Im folgenden Jahr wurde Alma Schülerin des Komponisten Alexander von Zemlinsky. Sie nahm auch weiterhin Unterricht bei ihrem väterlichen Freund Josef Labor, verheimlichte ihm jedoch, dass sie einen neuen Lehrer hatte. Zemlinsky verliebte sich in Alma. Die einundzwanzigjährige Schönheit fühlte sich hin- und hergerissen: Einerseits begehrte sie den acht Jahre älteren, schüchternen Musiker, andererseits warf sie ihm sein jüdisches Aussehen vor und behauptete, er sei ein »scheußlicher Gnom«[94]. Sie habe ihm fast den Verstand geraubt, behauptet die Biografin Françoise Giroud: »Sie ließ sich von ihm küssen, streicheln, erlaubte ihm fast jede Intimität bis auf die letzte. Einen Tag sprach sie von Verlobung, dann wieder lehnte sie eine Heirat kategorisch ab.«[95] Am 21. April 1901 schrieb Alma in ihr Tagebuch: »Ich will ihn ja lieben, aber ich glaube, bei mir ists schon wieder vorbei.«[96] Dabei war ihr Sexualtrieb durchaus heftig. Davon zeugt eine andere Tagebuch-Notiz: »Mich dürstet nach Vergewaltigung! – Wer immer es auch sei!«[97]

Im Salon der Wiener Schriftstellerin Bertha Zuckerkandl-Szeps begegnete Alma am 7. November 1901 dem neunzehn Jahre älteren Hofoperndirektor Gustav Mahler und dessen Schwester Justine. Mahler lud die Gastgeberin, deren Schwester Sophie Clemenceau und Alma Schindler zu einer Kostümprobe für die Oper

»Hoffmanns Erzählungen« am nächsten Tag ein. Der Kontakt zwischen ihm und Alma riss nicht mehr ab, obwohl diese sich darüber ärgerte, dass er ihre Kompositionen nicht ernst nahm: »Er hält von meiner Kunst gar nichts – von seiner viel – und ich halte von seiner Kunst gar nichts und von meiner viel.«[98] Am 12. Dezember schrieb sie Alexander von Zemlinsky einen Abschiedsbrief, und einen Tag vor Weihnachten feierte sie ihre Verlobung mit Gustav Mahler.

In der Silvesternacht schliefen sie zum ersten Mal miteinander. »Er gab mir seinen Leib zur Verfügung – u. ich ließ seine Hand gewähren. Steif und in aller Pracht stand sein Leben. Er brachte mich zum Sofa, legte mich liebreich hin und schwang sich über mich. Da – im Moment, wo ich ihn eingehen fühlte, verlor er alle Kraft. Erschlagen lag er an meinem Herzen – er weinte fast vor Scham.«[99] – Erst an den folgenden Tagen jubelte Alma: »Wonne über Wonne.«[100]

Weil Gustav Mahler zu viel Trubel verabscheute, fand die Hochzeit am 9. März 1902 im kleinen Familienkreis statt. Seine Schwester Justine, die ihm neun Jahre lang den Haushalt geführt hatte, heiratete am Tag darauf den Geiger Arnold Rosé. Mahler war zwar vom Judentum zum Christentum übergetreten und hatte sich 1897 katholisch taufen lassen, weil Alma jedoch 1900 von der katholischen zur protestantischen Konfession konvertiert war, benötigte das Paar eine Ausnahmegenehmigung für die Eheschließung und musste sich verpflichten, die Kinder katholisch zu erziehen.

Die dreiwöchige Hochzeitsreise verband Mahler mit Konzertauftritten in St. Petersburg. Er hasste es, Zeit zu verschwenden, und verplante seine Tage deshalb minutiös, auch wenn er sich im Sommer zum Komponieren in sein eigenes Ferienhaus in Maiernigg am Wörthersee zurückzog. Schon kurz nach der Heirat fühlte sich Alma von ihrem berühmten Ehemann zu wenig beachtet. »Mahler verkörperte die große Autorität ihres Lebens, und sie erkannte und bewunderte seine Persönlichkeit von Anfang an. Zugleich aber fühlte sie sich von der Macht dieses Menschen geradezu erdrückt.«[101] Tatsächlich scheint er sie kaum als eigenständige Persönlichkeit wahrgenommen zu haben, und er versuchte auch nicht, sich ihr zuliebe zu ändern. Was er ihr damit antat, war ihm wohl nicht bewusst: »Sein Egoismus war vollkommen naiv, und er wäre furchtbar erschrocken, wenn er ihn erkannt hätte.«[102] Alma kam sich wie eine »Haushälterin« vor und bildete sich ein, alles für ihn aufgegeben zu haben. »Ich weiß, dass der Mann in der Welt draußen das Pfauenrad zu schlagen hat, während er sich zu Haus ›ausruhen‹ will«, schrieb sie in »Mein Leben«. »Das ist das Los der Frau. Aber nicht das meine!«[103]

Auch die Geburt ihrer Tochter Maria am 3. November 1902 brachte Alma Mahler keinen Trost. Weil es sich um eine Steißgeburt handelte, war die Entbindung qualvoll, und als Wöchnerin litt Alma unter einer postnatalen Depression. Eine liebevolle Beziehung zu Maria entwickelte sie nie. Ebenso konfliktreich blieb das Verhältnis zu ihrer am 15. Juni 1904 geborenen Tochter Anna, die wegen ihrer großen Augen »Gucki« gerufen wurde.

Maria infizierte sich in Maiernigg mit Diphtherie. In der Nacht auf den 11. Juli 1907 wurde ein Luftröhrenschnitt vorgenommen, aber die Viereinhalbjährige war nicht mehr zu retten: Sie starb am nächsten Tag.

Nachdem Gustav Mahler im Frühjahr 1907 von der Presse aus verschiedenen Gründen angegriffen worden war und die Unterstützung des für die Hofoper zuständigen Obersthofmeisters Alfred Fürst von Montenuovo verloren hatte, nahm er im Juni ein Angebot der Metropolitan Opera in New York an: In den kommenden vier Jahren sollte er jeweils von Januar bis April in der Met dirigieren.

Am 15. Oktober 1907 gab Gustav Mahler seine Abschiedsvorstellung an der Wiener Hofoper. Die Zeit bis zur Abreise nach New York nutzte er für Gastauftritte in Wiesbaden, St. Petersburg und Helsinki, während Alma sich auf einer Kur erholte. Im Dezember begaben sich Alma und Gustav Mahler nach Cherbourg, um sich nach Übersee einzuschiffen. Anna blieb bei ihren Großeltern zurück.

Nach einer Aufführung der Oper »Tristan und Isolde« am Neujahrstag 1908 in der Met feierte Mahler seinen ersten Erfolg in der Neuen Welt. Aber es gab auch schlechte Nachrichten: Der Operndirektor Giulio Gatti-Casazza, der kurz vor Mahlers Ankunft von der Mailänder Scala zur Metropolitan Opera gewechselt war, wollte den Dirigenten Arturo Toscanini nachholen. Das bedeutete für Mahler, dass er im New Yorker Opernhaus keine Zukunft hatte. Glücklicherweise entstand eine weitere Aufgabe in New York, als Gustav Mahler von einigen musikbegeisterten Bürgerinnen der Stadt beauftragt wurde, das Orchester der New York Philharmonic Society aufzuwerten. Und so dirigierte er während seiner zweiten Spielzeit, am 31. März 1909, in der Carnegie Hall erstmals die New Yorker Philharmoniker.

Trotz der Verpflichtungen in Amerika verbrachten Alma und Gustav Mahler den größten Teil der Zeit in der alten Heimat. Da sie aber nicht mehr im Sommerhaus in Maiernigg sein wollten, weil ihre Tochter Maria dort gestorben war, erwarben sie den Trenkerhof, ein Bauernhaus in Alt-Schluderbach bei Toblach im Pustertal, und ließen auf dem Anwesen ein »Komponierhäuschen« wie in Maiernigg errichten.

Am 1. Juni 1910 – sieben Wochen nach der Rückkehr von der dritten Spielzeit in New York – brachte Gustav Mahler seine Frau, die Tochter Anna und deren Gouvernante nach Tobelbad in der Steiermark, wo Alma auf Anraten eines Arztes eine sechswöchige Kur machen sollte. Dort lernte sie den vier Jahre jüngeren Berliner Architekten Walter Gropius kennen. Gustav Mahler, der in Wien, München und Leipzig dirigierte, merkte offenbar, dass sich in seiner Ehe etwas veränderte, und fragte in seinem Brief vom 21. Juni: »Verbirgst Du mir etwas?«[104] Ende Juni reiste er besorgt nach Tobelbad, doch es gelang Alma, ihre Liebesbeziehung mit Walter Gropius weiter zu verheimlichen.

Mitte Juli kamen die Ehepartner wieder auf dem Trenkerhof zusammen, und Gropius schickte seine Liebesbriefe postlagernd nach Toblach. Angeblich aus Versehen adressierte er einen davon an »Herrn Direktor Mahler«. Jedenfalls erfuhr der betrogene Ehemann auf diese Weise von den Liebesnächten seiner Frau, und sie gestand ihm nun die Affäre. Statt zu toben, hörte Mahler sich ihren Vorwurf an, dass er sie zu wenig beachtet habe. Aus Angst, Alma zu verlieren, reiste er trotz einer Angina im August zu Sigmund Freud, der sich zu dieser Zeit in dem niederländischen Seebad Leiden aufhielt, um den Psychoanalytiker zu konsultieren und seine Ehekrise besser verstehen zu können. Alma ließ ihn glauben, es sei möglich, sie zurückzugewinnen, und beteuerte zugleich Walter Gropius ihre Liebe. Ihre Leidenschaft gehörte wohl dem noch unbekannten Architekten, aber ihr Mann war ein wohlhabender, weltberühmter Künstler, an dessen Seite sie ein großbürgerliches Leben führen konnte.

Während Gustav Mahler vor der vierten Schiffspassage nach New York noch in Berlin zu tun hatte, reiste Alma im Oktober mit dem Orientexpress nach Paris voraus – und verbrachte die Fahrt mit Walter Gropius im Schlafwagen.

In New York erwachte Mahler am 20. Februar 1911 mit Halsschmerzen. Der Arzt, der ihn untersuchte, diagnostizierte eine von Bakterien hervorgerufene Entzündung der Herzinnenhaut[105], die vor der Entdeckung des Penicillins unheilbar war. Almas Mutter kam nach New York, um ihrer Tochter bei der Pflege des Todkranken zu helfen. Im April reisten sie alle zurück nach Europa, und am 17. Mai, fünf Tage nach der Ankunft in Wien, fiel Gustav Mahler ins Koma, am nächsten Tag starb er. Die Beerdigung fand am 22. Mai in Grinzing statt. Die Witwe nahm allerdings nicht daran teil, denn Alma ging grundsätzlich nicht zu Bestattungen.

Gropius, der – wie es der Zufall wollte – am Tag, an dem Mahler beerdigt worden war, seinen achtundzwanzigsten Geburtstag gefeiert hatte, traf Alma Mahler erst im August wieder, zehn Monate nach der letzten gemeinsamen Nacht im Orientexpress. Als seine Geliebte ihm berichtete, sie habe zuletzt wieder mit ihrem Mann geschlafen, ärgerte er sich so darüber, dass er sie im September nicht wie geplant nach Berlin kommen ließ.

Am 20. November 1911 wurde Gustav Mahlers Werk »Das Lied von der Erde« unter der Leitung von Bruno Walter in München uraufgeführt. Der einunddreißigjährige Wiener Biologe Paul Kammerer begleitete die Witwe des Komponisten zum Konzert, und auf der Rückfahrt überredete er sie, seine Assistentin zu werden. Kammerer – ein großer Bewunderer Mahlers – übertrug seine Verehrung nun auf Alma. Später erzählte sie, der verheiratete Forscher habe sich in sie verliebt und ihr gedroht, sich am Grab ihres Mannes zu erschießen, falls sie ihn zurückweise. Seine Schwärmerei war bizarr, und er machte sich »zum Clown seines ganzen Kreises«[106]. Wenn Alma Mahler sich beispielsweise aus einem Sessel erhob, streichelte er die Stelle, auf der sie gesessen hatte und schnupperte daran.[107] Als sie seines Gebarens überdrüssig wurde, beendete sie ihre Tätigkeit an seinem Institut, blieb aber mit ihm befreundet, bis er sich 1926 tatsächlich erschoss, allerdings nicht am Grab Mahlers.

Carl Moll beauftragte den sechsundzwanzigjährigen Expressionisten Oskar Kokoschka, seine Stieftochter zu porträtieren, und stellte sie einander bei einem Abendessen am 12. April 1912 vor. Schon drei Tage später erhielt Alma den ersten Liebesbrief von Kokoschka. Im Sommer hielt sie sich mit ihm, ihrer Mutter und ihrer Halbschwester Maria im Berner Oberland auf – und stellte fest, dass sie schwanger war. Zurück in Wien ließ sie den Embryo im Oktober abtreiben. Kokoschka war entsetzt.

Ohne sich mit seiner Geliebten abzustimmen, bestellte der Künstler im Juli 1913 in Wien-Döblingen das Aufgebot. Erschrocken fuhr Alma daraufhin mit ihrer Tochter Gucki nach Franzensbad. Als Kokoschka seine Geliebte dort unangemeldet besuchte, gerieten sie darüber in Streit.

Ende 1914, nach dem Ausbruch des Ersten Weltkriegs, erhielt auch Oskar Kokoschka seine Einberufung. Bevor er sich zum Dienst meldete, besuchte er Alma in Breitenstein am Semmering – wo sie auf einem noch von ihrem Mann erworbenen Grundstück ein Landhaus hatte errichten lassen – und schlief in der Silvesternacht 1914 noch einmal mit ihr.

Alma nahm auch wieder Kontakt mit Walter Gropius auf, der inzwischen ebenfalls im Krieg war. Er beklagte sich zwar über ihr Verhältnis mit Kokoschka, ließ sich jedoch auf eine Fortsetzung der Beziehung ein.

Alma Mahler und Walter Gropius heirateten am 18. August 1915 in Berlin. Nach zwei Tagen Sonderurlaub musste er allerdings wieder an die Westfront, und seine neu vermählte Ehefrau kehrte allein nach Wien zurück. Von dort schrieb sie ihm: »Das erste Mal, wenn wir uns wiedersehen, werde ich an Dir zu Boden sinken, auf Knien bleiben, kniend Dich bitten mir mit Deinen Händen das heilige Glied in den Mund zu stecken [...] Dann wirst Du wild werden, mich aufreißen.«[108] In einem anderen Brief forderte sie ihn auf, sich selbst zu befriedigen und ihr das Sperma zu schicken, damit sie es in sich aufnehmen könne.[109]

In der zweiten Septemberhälfte 1916 erwartete Alma Mahler-Gropius die Geburt ihres dritten Kindes. Ihr Ehemann bekam aus diesem Grund zwei Wochen Sonderurlaub, doch als Manon am 5. Oktober endlich zur Welt kam, befand ihr Vater sich bereits wieder bei seiner Einheit in Belgien.

Knapp sieben Wochen nach Manons erstem Geburtstag, am 14. November 1917, besuchte der Schriftsteller Franz Blei Alma in Wien und brachte seinen Freund und Kollegen Franz Werfel mit. Danach schrieb sie in ihr Tagebuch: »Werfel ist ein O-beiniger, fetter Jude mit wülstigen Lippen und schwimmenden Schlitzaugen!«[110] Trotzdem ließ sich die Achtunddreißigjährige auf eine Liebesbeziehung mit dem elf Jahre Jüngeren ein.

Als sie erneut schwanger wurde, rätselte sie zunächst, ob das Kind von ihrem Ehemann während des Weihnachtsurlaubs oder von ihrem Geliebten ein paar Tage später gezeugt worden war. Werfel kam im Sommer 1918 zu ihr nach Breitenstein und verbrachte vom 27. auf den 28. Juli eine besonders leidenschaftliche Liebesnacht mit ihr, über die er in seinem Tagebuch schrieb: »Ich hatte [...] mich nicht beherrscht. Wir liebten uns! Ich schonte sie nicht.«[111] Beim Aufwachen bemerkte Alma, dass sie aus dem Unterleib blutete. Werfel rannte zum eine Stunde entfernten Sanatorium und alarmierte den Arzt, der jedoch an Tuberkulose erkrankt war und deshalb nur langsam gehen konnte. Um einen Skandal zu vermeiden, beschloss Werfel abzureisen. Am Bahnhof sah er Walter Gropius, der verständigt worden war und gerade mit einem Gynäkologen in einem Militärzug ankam. Zum Glück bemerkte der aufgeregte Ehemann den Liebhaber seiner Frau nicht. Alma wurde nach Wien gebracht, ausgerechnet in das Sanatorium Löw, in dem Gustav Mahler gestorben war. In der Nacht auf den 2. August 1918 leiteten die Ärzte die Geburt des Kindes künstlich ein, und Alma brachte ihren einzigen Sohn zur Welt.

Hinter dem Rücken ihres Mannes telefonierte und korrespondierte sie mit Werfel über den Namen, den das Kind bekommen sollte. Bei einem dieser Telefongespräche überraschte Gropius seine Frau. Zur Rede gestellt, gab Alma zu, dass sie mit dem Schriftsteller ein Verhältnis habe.

Der Säugling litt an Gehirnwassersucht[112], weshalb die Ärzte im Januar 1919 seinen Schädel punktierten. Der monströse Kopf schwoll jedoch weiter an. Die Mutter führte die Erkrankung darauf zurück, dass der Vater – Werfel – einer minderwertigen Rasse angehörte. Sie fühlte sich zwischen ihrem Mann und ihrem Liebhaber hin- und hergerissen. Als dann auch noch Oskar Kokoschka, der sich gerade von einer schweren Kriegsverletzung erholt hatte, wieder von sich hören ließ und beteuerte, dass er sie noch immer liebe, wusste sie gar nicht mehr, wem sie sich zuwenden sollte. Während sie sich bei Gropius in Weimar aufhielt, starb ihr kleiner Sohn Martin am 15. Mai 1919 in einem Krankenhaus in Wien. Trotzdem kehrte sie erst Mitte Juni in die Donau-Metropole zurück.

Wenige Wochen später bat sie Gropius um die Scheidung. Er erklärte sich damit einverstanden, war jedoch zunächst nicht bereit, ihr das Sorgerecht für Manon zu überlassen. Im Lauf der Zeit änderte er seine Meinung, und beim Scheidungsprozess am 11. Oktober 1920 in Berlin nahm er sogar die Schuld auf sich, damit Manon bei der Mutter bleiben konnte. Als »Beweis« hatte er sich zuvor von einem Privatdetektiv mit einer Prostituierten in einem Hotelbett »ertappen« lassen.

Almas sechzehnjährige Tochter Anna heiratete im November 1920 den acht Jahre älteren Dirigenten Rupert Koller, aber nach wenigen Monaten verließ sie ihn, zog allein nach Berlin und schrieb sich an der Kunstakademie in Charlottenburg ein. Auf einem Faschingsball lernte sie im Februar 1922 den einundzwanzigjährigen Komponisten Ernst Krenek kennen, den sie ihrer Mutter im folgenden Winter in Wien als ihren neuen Lebensgefährten vorstellte. Krenek behauptete später, Alma habe sich während seines Besuchs mit Absicht erbrochen, um mehr essen zu können. Außerdem wunderte er sich über den Inhalt ihrer Konversation: »Sex war das Hauptgesprächsthema, und meistens wurden lärmend die sexuellen Gewohnheiten von Freunden und Feinden analysiert, wobei Werfel eine ernste und intellektuelle Note einzubringen versuchte, in dem er sich feierlich über die Weltrevolution verbreitete.«[113]

Als Paul von Zsolnay, der achtundzwanzigjährige Sohn eines Großindustriellen, im September 1923 in Wien einen Verlag gründete, gewann Alma ihn dafür, als erstes Buch den soeben von Franz Werfel fertig gestellten Roman über Verdi zu veröffentlichen.

Alma hatte ihr Vermögen durch den Kauf eines Palazzo in Venedig, der Casa Mahler, weitgehend aufgebraucht, aber der Erfolg von »Verdi. Roman der Oper« ermöglichte es Alma und Franz Werfel, Anfang 1925 drei Monate lang Ägypten und Palästina zu bereisen. Im Herbst wollte Alma sich den nächsten Traum erfüllen, eine Indien-Reise. Dazu konnte sie ihren Lebensgefährten aber nicht überreden, obwohl der Ullstein Verlag bereit gewesen wäre, als Gegenleistung für Reiseberichte die Kosten zu übernehmen.

Alma setzte sich nicht nur dafür ein, dass Werfel Erfolg hatte und mehr Geld verdiente, sondern sie trieb ihn zugleich zum Arbeiten an und ließ nicht zu, dass er seine Zeit weiter in Kaffeehäusern »verschwendete«. Werfel ertrug die Launen der Tyrannin. Nach seiner überstürzten Abreise aus Breitenstein im Sommer 1918 hatte er in sein Tagebuch geschrieben: »Sie gehört zu den ganz wenigen Zauberfrauen, die es gibt. Sie lebt in einer lichten (blonden) Magie, in der viel Vernichtungswille lebt, Trieb zu unterwerfen.«[114] Immer häufiger geriet das Paar miteinander in Streit. »Ich liebe ihn nicht mehr«, meinte Alma am 22. Januar 1924. »Mein Leben hängt innerlich nicht mehr mit dem seinen zusammen. Er ist wieder zusammengeschrumpft zu dem kleinen, hässlichen, verfetteten Juden des ersten Eindrucks.«[115]

Als sie an Weihnachten 1925 ihre Schwester Gretel – die seit vierzehn Jahren wegen Dementia praecox[116] in Heilanstalten untergebracht war – in Tulln besuchte, fiel Alma auf, dass diese ihr überhaupt nicht ähnlich sah. Da kam ihr der Verdacht, dass sie verschiedene Väter hätten, und sie stellte ihre Mutter zur Rede. Anna gestand ihr schließlich den Seitensprung mit Julius Victor Berger.

Im nächsten Jahr verbrachten Alma und Franz Werfel das Weihnachtsfest mit Paul von Zsolnay in Santa Margherita an der italienischen Riviera. Silvester feierten sie mit Gerhart Hauptmann und dessen Ehefrau Margarethe in Rapallo. Der Schriftsteller soll Alma auf den Mund geküsst und mehr als Freundschaft für sie empfunden haben.[117]

Nachdem Franz Werfel sich katholisch hatte taufen lassen, vermählten er und Alma sich trotz ihrer Konflikte am 6. Juli 1929 im Wiener Rathaus. Als Trauzeugen fungierten Almas Halbschwester Maria und deren Ehemann Richard Eberstaller, die selbst erst seit drei Wochen verheiratet waren. Ein halbes Jahr später unternahmen Alma und Franz Werfel eine verspätete Hochzeitsreise nach Kairo, Jerusalem, Damaskus und Beirut. Manon Gropius, die seit Ende 1927 in einem vornehmen Internat untergebracht war, ließen sie in Wien zurück.

Anna, die Ernst Krenek am 15. Januar 1924 geheiratet, sich aber nach wenigen Monaten von ihm getrennt hatte und seit 2. Dezember 1929 in dritter Ehe mit Paul von Zsolnay verheiratet war, kam am 5. August 1930 mit einer Tochter nieder, die sie Alma nannte.

Während Werfel im Hotel Imperial Palace in Santa Margherita an seinem Roman »Die Geschwister von Neapel« arbeitete, erwarb Alma im Februar 1931 die repräsentative Villa Ast in Wien und organisierte den Umzug. In ihrem Salon trafen fortan Künstler, Industrielle und Politiker zusammen.

Zur politischen Lage im Deutschen Reich meinte Alma am 6. August 1932: »[...] bin ich für Hitler. Sei die Medizin auch noch so übel. Das Übel, das sie vertreiben soll [damit meinte sie die Juden], ist weit übler.«[118] Franz Werfel half es nichts, dass er am 19. März 1933 seine Loyalität gegenüber dem NS-Regime bekundete: Im Mai schloss ihn die Preußische Akademie der Künste aus, und bei der Bücherverbrennung am 10. Mai wurden auch einige seiner Werke ins Feuer geworfen.

Im Frühjahr 1933 – Werfel arbeitete erneut in Santa Margherita – verliebte sich Alma in Johannes Hollnsteiner, einen siebenunddreißigjährigen Ordenspriester und Theologieprofessor, der zu den Vertrauten des Wiener Erzbischofs Kardinal Theodor Innitzer gehörte. Er kam fast täglich bei seiner Freundin vorbei und blieb häufig bis spät in die Nacht in der Villa Ast.

Die siebzehnjährige Manon Gropius erkrankte im April des folgenden Jahres während eines Aufenthalts in der Casa Mahler in Venedig an Kinderlähmung. Für den Rücktransport der Patientin stellte der österreichische Justizminister Kurt Schuschnigg den Sanitätswaggon aus dem ehemaligen Sonderzug des Kaisers Franz Joseph I. zur Verfügung. Die ärztlichen Bemühungen waren vergeblich: Manon erholte sich nicht mehr und starb am 22. April 1935. Alban Berg, der wie seine Ehefrau Helene seit Jahren eng mit Alma befreundet war, unterbrach seine Arbeit an der Oper »Lulu« und komponierte für Manon ein Violinkonzert mit dem Titel »Dem Andenken eines Engels«.

Als Alma Mahler-Werfel später den Tod ihres »einzigen« Kindes beklagte, wunderte sich die Schriftstellerin Claire Goll und fragte nach Maria, Anna und Martin. »Ja, aber das sind halt Mischlinge«[119], erwiderte Alma. Dass Claire Goll Jüdin war, hatte sie nicht von dieser antisemitischen Antwort abgehalten. Am 4. Juni 1936 schrieb Alma in ihr Tagebuch: »[...] die Juden verzeihen uns unsere lichtere Art nicht. Und wenn sie sich 10-mal blond färben, sie bleiben ein dunkles, wildes Ostvolk. Schwarz-seelig und mitleidlos.«[120]

Anna, die sich Ende 1931 von Zsolnay getrennt und es mit neuen Lebensgefährten versucht hatte – darunter die Schriftsteller René Fülöp-Miller und Elias Canetti –, fuhr im Sommer 1935 mit ihrer Mutter und ihrem Stiefvater nach Italien. In Viareggio trafen sie sich mit Kurt Schuschnigg, der nach der Ermordung des österreichischen Bundeskanzlers Engelbert Dollfuß 1934 Regierungschef in Wien geworden war. Schuschnigg nahm sie in einer von Mussolini zur Verfügung gestellten Staatskarosse auf seinen Ausflügen mit – und hatte eine kurze Affäre mit Anna.

Die Casa Mahler in Venedig hatte Alma schon kurz nach dem Tod ihrer Tochter Manon geräumt. 1937 gab sie auch die Villa Ast auf und zog sich mit Werfel nach Breitenstein zurück. Im Winter reisten sie nach Capri. Dort erfuhren sie, dass Hitler am 12. Februar 1938 auf dem Obersalzberg Schuschnigg gedroht hatte: »Wer weiß – vielleicht bin ich über Nacht auf einmal in Wien; wie der Frühlingssturm! Dann sollen Sie etwas erleben!«[121]

Zwei Wochen später kehrte Alma allein nach Wien zurück und meldete sich auch nicht bei Freunden oder Bekannten. Sie löste die Bankkonten auf, nähte Bargeld in einen Gürtel ein und ließ diesen von ihrer langjährigen Vertrauten Ida Gebauer nach Zürich schmuggeln. Am 13. März – dem Tag, an dem Hitler in Linz das »Gesetz über die Wiedervereinigung Österreichs mit dem Deutschen Reich« unterzeichnete – verließ sie mit ihrer Tochter Anna die Heimatstadt. In Mailand trafen sie sich mit Werfel, und nach einem Zwischenaufenthalt bei seiner Schwester Marianne Rieser im schweizerischen Rüschlikon reisten sie über Paris und Amsterdam nach London. Während Anna in der britischen Hauptstadt blieb, kehrten ihre Mutter und ihr Stiefvater nach Frankreich zurück, zunächst nach Paris. Im Juli suchten sie – wie viele andere Emigranten auch – Zuflucht in Sanary-sur-Mer bei Marseille. Unverhohlen zeigte Alma ihren Ärger darüber, dass sie wegen ihres jüdischen Ehemanns nicht in Wien hatte bleiben können, und erwog vermutlich, sich von ihm scheiden zu lassen.

Zwei Wochen bevor die Deutschen am 14. Juni 1940 in Paris einmarschierten, verließen Alma und Franz Werfel Sanary-sur-Mer und versuchten, in Marseille Visa für die USA zu bekommen. Als ihnen das nicht gelang, wollten sie sich in einem Taxi nach

Bordeaux bringen lassen, aber der Fahrer verirrte sich, und die Odyssee endete an einer Straßensperre in Carcassonne. Von dort nahmen sie einen Zug nach Bordeaux. Unterwegs kam ihr Gepäck mit Originalhandschriften von Bruckner und Mahler abhanden, die sie jedoch wie durch ein Wunder später zurückbekamen. Weder in Bordeaux noch in Biarritz, Bayonne oder Saint-Jean-de-Luz stellte man ihnen Visa aus. In Lourdes mussten sie vom 27. Juni bis 3. August auf eine Reisegenehmigung zurück nach Marseille warten. Dort erhielten sie zwar endlich Einreisevisa für die USA und Durchreisevisa für Spanien und Portugal, aber die Franzosen wollten sie nicht ausreisen lassen. Der amerikanische Journalist Varian M. Fry brachte sie schließlich zusammen mit Heinrich, Nelly und Golo Mann nach Cerbère und schmuggelte ihr Gepäck über die spanische Grenze, während sich die fünf Flüchtlinge über die Pyrenäen nach Port Bou durchschlugen. Von Barcelona flogen sie nach Lissabon, und dort gingen sie am 4. Oktober an Bord des mit Emigranten überfüllten Dampfers »Nea Hellas«.

In Los Angeles, wo das Ehepaar Werfel im Januar 1941 ein Haus bezog, freundete sich Alma mit dem amerikanischen Germanisten Gustave O. Arlt und dessen Ehefrau Gusti an. Friedrich Torberg, Ernst Deutsch, Thomas und Katia Mann gehörten ebenfalls zu den Freunden in Los Angeles. In Ernst Maria Remarque fand Alma, die seit Jahren wenigstens eine Flasche »Bénédictine« am Tag trank[122] und mitunter schon am Morgen eine Flasche Champagner leerte, einen Zechkumpan.

Franz Werfel, der bereits im September und Oktober 1943 Herzinfarkte erlitten hatte, starb am 26. August 1945 an einem weiteren Herzanfall. Als Alma ihn fand, lag er tot vor seinem Schreibtisch. Die Bestattung fand drei Tage später in Beverly Hills statt. Seine Witwe, die schon an den Begräbnissen von Gustav Mahler und ihren Kindern Maria, Martin und Manon nicht teilgenommen hatte, blieb während der Trauerfeier zu Hause.

Im September 1947 flog die Achtundsechzigjährige, die seit Juni 1946 amerikanische Staatsbürgerin war, nach Europa und besuchte bei dieser Gelegenheit in London ihre Tochter Anna, die seit ein paar Jahren mit dem russischen Dirigenten Anatol Grigorjewitsch Fistoulari verheiratet war.

Zu ihrem siebzigsten Geburtstag erhielt Alma Mahler-Werfel von Gusti und Gustave Arlt eine in Leder gebundene Sammlung von Blättern, die berühmte Zeitgenossen wie zum Beispiel Benjamin Britten, Lion Feuchtwanger, Erich Kleiber, Heinrich und Thomas Mann, Darius Milhaud, Eugene Ormandy, Leopold Stokowsky, Igor Strawinsky, Bruno Walter und Carl Zuckmayer für sie gestaltet hatten.

Anna, deren Ehe mit Anatol Fistoulari inzwischen gescheitert war, zog im November 1950 mit ihrer Tochter Alma nach Los Angeles, um dort Bildhauerei zu unterrichten. Kurz darauf lernte sie den drei Jahre älteren Autor Albrecht Joseph kennen, der für Franz Werfel als Sekretär gearbeitet hatte. Endlich hatte sie den Richtigen gefunden: Albrecht Joseph wurde ihr fünfter Ehemann und blieb es bis zu ihrem Tod am 3. Juni 1988.

Ihre Mutter zog 1951 von Los Angeles nach New York, wo sie bereits sechs Jahre zuvor ein Mietshaus erworben hatte. »Jetzt lebe ich im dritten Stock meines Hauses in New York in zwei Zimmern. Ich kann mich nicht über Mangel an Beschäftigung beklagen [...] Mein Leben war schön [...] Und wenn ich für eine Weile die Steigbügel dieser Ritter des Lichts halten durfte, so war mein Dasein gerechtfertigt und gesegnet [...] Ich habe viel in meinem Leben verloren, aber ich darf nicht klagen. Das Leid ist aufgewogen durch so viel Glück, das ich erleben durfte.«[123]

Am 11. Dezember 1964 starb Alma Mahler-Werfel im Alter von fünfundachtzig Jahren. Beerdigt wurde sie am 8. Februar 1965 auf dem Grinzinger Friedhof neben ihrer Tochter Manon.

In ihren von Ghostwritern formulierten Autobiografien »And the Bridge is Love« und »Mein Leben« stilisierte sich Alma Mahler-Werfel als Muse schöpferischer Genies. Ob sie es wirklich war, bleibt fraglich, aber »die Begabung eines Mannes wirkte auf Alma so faszinierend wie auf andere Frauen das Geld«[124].

Karen (»Tania«) Blixen

(1885–1962)

»Es ist eine schwere Bürde, eine Farm allein auf seinen Schultern zu tragen.«

*Als ihre Ehe 1921 scheiterte, führte die Dänin
die mit ihrem Mann gemeinsam aufgebaute Farm in Kenia
allein weiter. 1931 musste sie vor den Schwierigkeiten
kapitulieren und mit sechsundvierzig Jahren in
Dänemark von vorn anfangen.*

Karen Dinesen, die in Deutschland unter dem Schriftstellernamen Tania Blixen berühmt werden sollte, war das zweite Kind von Wilhelm und Ingeborg Dinesen. Sie wurde am 17. April 1885 auf Rungstedlund geboren, einem Gut, das 1879 vom Vater erworben worden war und sich zwischen Kopenhagen und Helsingør befand.

Vor dem Kauf hatte Wilhelm Dinesen vier Jahre im Ausland verbracht und war erst nach dem Tod seines Vaters 1876 nach Dänemark zurückgekehrt. Aus der Heimat weggegangen war der Offizier, weil er es nicht länger hatte ertragen können, dass sein Vater ihn verachtete. Erst hatte er sechzehn Monate lang als Nachbar von Chippewa-Indianern in einer Blockhütte in Wisconsin gehaust, dann während der Orientkrise 1877 in der türkischen Armee gekämpft. Nach deren Niederlage gegen die Russen war er nach Dänemark zurückgekehrt und hatte Rungstedlund gekauft.

Zwei Jahre später, am 17. Mai 1881, heiratete Wilhelm Dinesen die elf Jahre jüngere Ingeborg Westenholz. Deren Vater, Regnar Westenholz, war durch Getreideimporte zu Geld gekommen, hatte das feudale Anwesen Matrup in Jütland ersteigert und in zweiter Ehe Mary Lucinde Hansen geheiratet, die Tochter eines der reichsten Bürger Kopenhagens. Als er 1866 gestorben war, hatte er eine dreiunddreißigjährige Witwe und sieben Kinder hinterlassen. Ingeborg war eines davon.

Wilhelm und Ingeborg Dinesen bekamen nach ihren beiden ältesten Töchtern innerhalb von neun Jahren noch drei weitere Kinder. Drei Wochen vor Karens zehntem Geburtstag erhängte sich ihr Vater. Das Kind litt sehr darunter, wurde aufsässig und wehrte sich gegen die von der Mutter vorgelebte Frömmigkeit. »Ich glaube, es war für mich ein großes Unglück, in der Familie aufzuwachsen, zu dem Milieu, zu der Lebensanschauung zu gehören, in die ich hineingeboren bin«, schrieb sie später ihrem Bruder Thomas. »Ich kenne ja keine besseren, lieberen, netteren Menschen als die zu Hause, aber sie waren eben nicht die Richtigen für mich. Und ihre große, unbegrenzte Güte und Liebe, die ganze Reihe ihrer Wohltaten mir gegenüber bedeuteten für mich nur so mehr Unglück. Sie machten mir jede Opposition unmöglich.«[125]

Anders als ihre jüngeren Brüder ging Karen nicht zur Schule, sondern wurde von 1890 bis 1895 von der Mutter, ihrer unverheirateten, in der Nähe lebenden Tante Mary Bess Westenholz und einer Gouvernante unterrichtet. Ihre französischen Sprachkenntnisse verfeinerte Karen 1899 durch einen siebenmonatigen Aufenthalt in Lausanne. Mit sechzehn besuchte sie dann eine Hauswirtschaftsschule, 1902 nahm sie Zeichenunterricht in Kopenhagen, und von 1904 bis 1906 studierte sie an der Königlichen Akademie der bildenden Künste in Charlottenborg. Parallel dazu versuchte sie sich als Schriftstellerin. Bereits mit elf Jahren hatte sie mit ihren Geschwistern zusammen ihr Theaterstück »Hochmut kommt vor dem Fall« aufgeführt, und 1907 veröffentlichte sie unter dem Pseudonym »Osceola« – so hieß ein aufständischer Indianerhäuptling – ihre erste Erzählung.

Karen liebte es auch, die Welt zu erkunden: Von 1903 bis 1912 unternahm sie mit nur einer Ausnahme jedes Jahr eine Reise und begab sich nach Holland, England und Schottland, Schweden und Norwegen, Frankreich und Italien.

Im Alter von vierundzwanzig Jahren verliebte Karen sich in den ein Jahr jüngeren schwedischen Baron Hans von Blixen-Finecke, einen Cousin zweiten Grades, der ihre Gefühle jedoch nicht erwiderte.

Sein Zwillingsbruder Bror war als nichtsnutziger Schwerenöter verschrien. Da er sich keine Hoffnung auf das väterliche Gut Näsbyholm in der südschwedischen Provinz Schonen machen konnte, hatte er den Bauernhof Stjärneholm nördlich davon

Karen (»Tania«) Blixen, 1962

übernommen. Bror von Blixen-Finecke umwarb eine wesentlich jüngere Prinzessin, die ihn jedoch verschmähte und die Frau des Prinzen Axel von Dänemark wurde.

Eines Tages erzählte Graf Mogens Krag-Juel-Vind-Frijs begeistert von seiner Farm am Naivashasee in Britisch-Ostafrika. Damit brachte er seinen frustrierten Neffen Bror und Karen, seine Nichte zweiten Grades, auf die Idee, sich zusammenzutun und ebenfalls nach Ostafrika auszuwandern. Als zwei mit ihrer Situation unzufriedene Außenseiter wollten sich die beiden dort eine neue Existenz aufbauen. Daher verlobten sie sich am 23. Dezember 1912.

Ein Vierteljahr später machte sich Blixen auf den Weg. Mitte April 1913 traf er in Ostafrika ein und erwarb von seinem Landsmann Åke Sjögren zwanzig Kilometer westlich von Nairobi eine am Fuß der Ngong-Berge zweitausend Meter hoch gelegene Farm mit zweihundertfünfundsiebzig Hektar Land, die in der Sprache der Einheimischen M'bagathi hieß. Dabei handelte der mittellose schwedische Aristokrat im Auftrag eines eigens für diesen Zweck gegründeten, von Karens Onkel Aage Westenholz geleiteten Konsortiums, das ihm ein Gehalt bezahlte und Gratisaktien zugesagt hatte.

Karen verließ Dänemark erst am 2. Dezember 1913. Ihre Mutter Ingeborg und ihre jüngere Schwester Ellen begleiteten sie bis Neapel, wo sie sich am 28. Dezember einschiffte. Zwei Wochen dauerte die Fahrt durch den Suezkanal und das Rote Meer. Am 13. Januar 1914 empfing Blixen seine Verlobte im Hafen von Mombasa, und schon am nächsten Vormittag fand in der ostafrikanischen Stadt die Hochzeit statt. Als Karens Trauzeuge fungierte der deutsche Oberstleutnant Paul von Lettow-Vorbeck, der spätere General und Kommandeur der Schutztruppe in Deutsch-Ostafrika, mit dem sie sich während der Überfahrt angefreundet hatte.

Nach achtzehn Stunden Fahrt mit der Uganda Railway sah Karen Blixen zum ersten Mal die Farm, auf der in naher Zukunft tausend Afrikaner arbeiten sollten. Als Erstes mussten die zum Farmland gehörenden Wälder gerodet und Kaffeesträucher angepflanzt werden. Da mit einer Ernte frühestens in vier bis fünf Jahren zu rechnen war, konnte man vorerst nur das Holz der gefällten Bäume verkaufen.

Karen brachte Gemälde, Uhren und Lampen, Bücher, Porzellan und Silberbestecke aus Dänemark mit. Nachdem sie M'bagathi fertig eingerichtet hatte, wurde sie jedoch krank und konnte vier Wochen lang nicht aufstehen. Zunächst dachte sie, es handle sich um Malaria, aber ein Arzt aus Nairobi stellte fest, dass ihr Mann sie mit Syphilis infiziert hatte.

Sie lebte erst einige Monate in Afrika, als Blixen sie auf eine Safari mitnahm, ihr ein Gewehr mit Zielfernrohr schenkte und ihr zeigte, wie man damit umging. »Ich habe zwanzig verschiedene Wildarten geschossen«, prahlte Karen in einem Brief an ihren Bruder Thomas, »alle gewöhnlichen Hirscharten, Zebras, Gnus, Elen-Antilopen, Antilopen, Marabus, Schakale, Wildschweine, einen Löwen, einen Leoparden und eine Menge großer Vögel.«[126]

Unmittelbar nach der Safari, am 28. Juli 1914, brach der Erste Weltkrieg aus. Um das Misstrauen der britischen Kolonialherren gegen Skandinavier zu zerstreuen, aber auch aus Abenteuerlust übernahm Blixen die Aufgaben eines Meldegängers zwischen dem britischen Stab in Nairobi und den an der Grenze zu Deutsch-Ostafrika patrouillierenden Einheiten.

Als er im November nach M'bagathi zurückkam, stand das Unternehmen vor dem Ruin. Mit der Absicht, zusätzliches Geld zu beschaffen und ihre Syphilis auszukurieren, reiste Karen im April 1915 nach Dänemark. Sie blieb eineinhalb Jahre lang auf Rungstedlund, und während die Ärzte sie mit Salvarsan behandelten, ließ sie ihre Angehörigen glauben, sie leide an einer Tropenkrankheit. Im Herbst kam auch Bror nach Rungstedlund und überredete Aage Westenholz, ihn mit dem Kauf der an M'bagathi grenzenden zweitausend Hektar großen Farm M'bogani zu beauftragen. Mit neuer Hoffnung kehrte das Ehepaar im November 1916 nach Ostafrika zurück und zog im folgenden Frühjahr nach M'bogani um.

Bror von Blixen betrog Karen immer wieder mit anderen Frauen. Auf seinen Safaris, heißt es, habe er ein klappbares Doppelbett mitgenommen. Karen war zwar zurückhaltender mit Liebesaffären, aber im Februar 1918 unternahm sie mit dem Schweden Erik Baron von Otter eine zweiwöchige Safari, und im Dezember begleitete sie den englischen Viehzüchter Francis Wigley Greswolde-Williams auf einer Löwenjagd im Kedong Valley.

Blixens Begeisterung für die Farm ließ zunehmend nach, zumal er schließlich einsehen musste, dass das Klima in dieser Höhe für den Kaffeeanbau zu rau war. Um den Zusammenbruch der Plantage zu verhindern, verpachtete er sie im Mai 1919 und arbeitete elf Monate als Pflüger auf einer Farm weiter nördlich. Ab August 1919 hielt Karen sich erneut zur Erholung in Dänemark auf. Als sie Ende 1920 in Begleitung ihres Bruders Thomas nach Afrika zurückkehrte, war aus dem Protektorat Britisch-Ostafrika die Kronkolonie Kenia geworden.

Die Zweckehe, die Bror und Karen Blixen geschlossen hatten, um in Afrika ein neues Leben anzufangen, zerbrach nach genau sieben Jahren: Im Januar 1921 verließ der Baron seine Frau.[127] Daraufhin inspizierte Aage Westenholz die Farm von April bis Juni und ernannte seine Nichte anstelle ihres Ehemanns zur Managerin.

Obwohl die Farm nicht rentabel war, wollte Karen sie nicht aufgeben. »Unsere eigentliche Not war der Mangel an Kapital; es war in der Anfangszeit vertan worden, ehe ich die Leitung der Farm übernahm. Wir konnten keine grundlegenden Verbesserungen vornehmen und mussten von der Hand in den Mund leben«[128], klagte sie. »Es ist eine schwere Bürde, eine Farm allein auf seinen Schultern zu tragen. Meine schwarzen und sogar die weißen Angestellten überließen mir die ganze Angst und Sorge um ihr Geschick, und zuweilen schien mir's, dass auch die Ochsen der Farm und die Kaffeebäume das Gleiche taten. Es war, als wären sie miteinander übereingekommen, alle die redenden und stummen Geschöpfe, dass ich schuld war, wenn der Regen sich verspätete und die Nächte kalt waren.«[129]

In der Nacht vom 24. auf den 25. Januar 1923 zerstörte ein Feuer die Anlage zum Trocknen und Rösten der Kaffeebohnen. Am 2. März 1923 reiste Thomas Dinesen ab. Kurz danach erhielt Karen einen Brief ihres Onkels Aage, in dem sie las: »Deine bedauernswerte Mutter ist bald ausgesogen bis aufs Mark; sie und ich haben jetzt eine halbe Million Kronen nach Afrika geschickt, wo das Geld auf dieselbe Art und Weise zu versickern scheint wie das Wasser im Wüstensand.«[130] Es war nicht einfach für Karen Blixen, die noch immer an den Folgen der radikalen Syphilis-Therapie litt und nun alle Probleme allein bewältigen musste. Das blieb auch so, als Denys George Finch Hatton sich im August 1923 in M'bogani einquartierte.

Karen und der zwei Jahre jüngere, mit Bror Blixen befreundete englische Großwildjäger hatten sich bei einem Abendessen am 5. April 1918 im Muthaiga-Club in Nairobi kennengelernt. Der große, gut aussehende Aristokrat war in Eton zur Schule gegangen und hatte in Oxford Geschichte studiert, spielte Geige und Klavier, liebte Ballett, Oper und Theater, las viel, sprach nicht nur englisch, sondern auch französisch und italienisch und glänzte bei Konversationen durch seinen Esprit. Seine vermutlich bereits 1919 begonnene Liebesbeziehung mit Karen nahm er nach der Rückkehr von einem längeren Aufenthalt in England 1922 wieder auf. Angeblich erlitt Karen im Oktober 1922 und im Juni 1926 Fehlgeburten. Der Großwildjäger und Safariführer, der des Öfteren für einige Wochen verschwand und dann unvermittelt wieder auftauchte, hatte nicht nur mit Karen Blixen ein Verhältnis, sondern auch mit der in Kenia aufgewachsenen englischen Pferdetrainerin Beryl Purves, die fünfzehn Jahre jünger war als er.

Aufgrund der geringen Erträge der Farm dachte Karen darüber nach, in eine Hütte zu ziehen und das Haupthaus an Touristen zu vermieten. Um ihr beizustehen, kam ihre Mutter, die bereits von November 1924 bis Januar 1925 in M'bogani gewesen war, von Januar bis März 1927 ein zweites Mal zu Besuch.

Einen ganz besonderen Gast empfing Karen Blixen am 9. November 1928 in M'bogani zum Dinner: den Prinzen von Wales, der nach Kenia gekommen war, um Löwen zu schießen. Mit am Tisch saßen Bror von Blixen-Finecke mit seiner zweiten Ehefrau Jacqueline (»Cockie«) Birkbeck, Denys Finch Hatton und Beryl Purves, die 1927 geheiratet hatte, seither Markham hieß und inzwischen schwanger war. Offenbar gefiel es Prinz Eduard in M'bogani, denn am 24. Februar 1930 besuchte er Karen erneut.

Als Ingeborg Dinesen ernsthaft erkrankte, reiste Karen zu ihr und blieb vom 18. Mai bis Weihnachten 1929 auf Rungstedlund. In ihrem Gepäck hatte sie das Fell eines von ihr erlegten Löwen. Das ließ sie präparieren und später dem dänischen König Christian X. als Geschenk überbringen. Durch Auflegen des Dankesschreibens will Karen in Afrika Kranke geheilt haben. Deshalb sei es befleckt und zerknittert, behauptete sie, aber das war eine der für sie charakteristischen Phantasie- und Lügengeschichten, denn das königliche Handschreiben wurde 1969 unbeschädigt in ihrem Nachlass gefunden.

Am 16. Januar 1930 traf Karen wieder in M'bogani ein. Kurz darauf trennte sich Finch Hatton von ihr und zog nach Nairobi, wo auch Beryl Markham wohnte. Mit seiner erst kurz zuvor entdeckten Leidenschaft fürs Fliegen steckte er die Freundin an, die daraufhin als erste Frau in Ostafrika die Berufspiloten-Prüfung ablegte und 1936 für Aufsehen sorgte, als sie den ersten Alleinflug über den Atlantik in Ost-West-Richtung unternahm.

Ein Jahr nach dem Scheitern ihrer Beziehung mit Finch Hatton stand Karen vor dem Nichts: Aage Westenholz teilte ihr im März 1931 mit, dass keiner der Teilhaber bereit sei, zusätzliches Geld in M'bogani zu investieren. Es blieb ihr nichts anderes übrig, als die Farm einem Auktionator zu überlassen.[131] Weil die Farm nach dem Verkauf nicht mehr bewirtschaftet werden sollte, konnten die hundertdreiundfünfzig noch in M'bogani lebenden Squatter-Familien nicht länger bleiben. Dabei hatten sie die ganze Zeit geglaubt, das Land gehöre ihnen. »Viele von ihnen waren auf der Farm geboren, andere waren als kleine Kinder mit ihren Eltern hergezogen.«[132] Eine Lösung erwarteten sie von der Farmerin. Tatsächlich erhielt Karen die Zusage der zuständigen Behörden, man werde die Kikuju[133] in ein Reservat umsiedeln. – Bis zum Schluss wollte sie nicht wahrhaben, dass ihr Leben in Afrika nach achtzehn Jahren zu Ende war: »So war ich von allen die Letzte, die begriff, dass ich fort musste.«[134]

Bevor Karen nach Europa aufbrach, erhielt sie die Nachricht von Finch Hattons Tod: Er hatte sich im Sommer 1930 einen Doppeldecker gekauft und war damit am 14. Mai 1931, drei Wochen nach seinem vierundvierzigsten Geburtstag, abgestürzt. Obwohl er sich von ihr getrennt hatte, organisierte Karen die Bestattung. Im Beisein von Freunden wurde Denys Finch Hatton in den Ngong Hills beerdigt.

Vom 31. August 1931 an lebte Karen Blixen wieder auf Rungstedlund. Die Sechsundvierzigjährige hatte alles verloren und war finanziell auf ihre Familie angewiesen. Das belastete sie sehr, zumal sie aufgrund ihrer Erfahrungen in Afrika noch weniger als in ihrer Jugend in dieses Umfeld passte. »Während der ersten Monate nach meiner Rückkehr aus Afrika nach Dänemark hatte ich die größte Mühe, überhaupt noch irgendetwas als Wirklichkeit anzusehen.«[135] Sie soll sogar mit dem Gedanken gespielt haben, kochen zu lernen, um sich dann in Paris eine Stelle in einem Hotel oder Restaurant suchen zu können. Stattdessen begann sie zu schreiben. »Ich [...] musste aus Selbsterhaltungstrieb meine Kräfte auf etwas konzentrieren.«[136]

In Kenia hatte sie sich ans Englische gewöhnt. Diese Sprache wählte sie auch für ihre Erzählungen, weil sie sich davon eine höhere Auflage versprach. Ihr Bruder Thomas setzte sich mit Dorothy Canfield Fisher in Verbindung, einer amerikanischen Schriftstellerin, die mit Mary Bess Westenholz, einer Tante, befreundet war. Das Manuskript gefiel ihr, und sie gewann einen Verlag in New York dafür, »Seven Gothic Tales« zu veröffentlichen. Britische, schwedische und dänische Übersetzungen folgten der amerikanischen Erstausgabe vom 9. April 1934. Als Pseudonym hatte Karen Blixen »Isak Dinesen« gewählt. In Deutschland erschien dagegen 1937 eine Auswahl von fünf Erzählungen[137] unter dem Autorennamen »Tania Blixen«.

Die Anfrage einer schwedischen Zeitung, ob sie einen Beitrag über Afrika schreiben wolle, brachte sie auf die Idee, ihre Erinnerungen an die Jahre in Kenia zu Papier zu bringen. Dänische, britische und amerikanische Ausgaben des autobiografischen Buches »Den afrikanske Farm« beziehungsweise »Out of Africa« erschienen zwischen Oktober 1937 und Februar 1938. In Deutschland bevorzugte man 1938 den Titel »Afrika, dunkel lockende Welt«. Heute lautet der deutsche Titel sowohl des Buches als auch der Verfilmung durch Sydney Pollack »Jenseits von Afrika«.

Der Erfolg als Schriftstellerin befreite Karen Blixen von ihrer Abhängigkeit. Zum achtzigsten Geburtstag ihrer Mutter am 5. Mai 1936 kaufte sie ein gebrauchtes Auto und versprach, sie damit regelmäßig spazieren zu fahren. Außerdem setzte sie sich in den Kopf, aus Alfred Petersen, dem zweiundsiebzigjährigen Kutscher der Familie, einen Chauffeur zu machen. In diesen Jahren, in denen sie endlich keine finanziellen Sorgen mehr hatte, erbte sie nach dem Tod ihrer Mutter 1939 auch noch einen Teil des Familienbesitzes.

Obwohl sich Karen Blixen als Atheistin verstand, träumte sie von einer Mekka-Reise. 1939 bemühte sie sich in London um ein Visum und einen Vertrag mit der »Saturday Evening Post« über eine entsprechende Reportage. Weil am 1. September der Zweite Weltkrieg begann, ließ sich der Plan jedoch nicht mehr verwirklichen. Immerhin konnte Karen Blixen als Sonderkorrespondentin der dänischen Zeitung »Politiken« im März 1940 für knapp vier Wochen nach Berlin reisen. Der »Völkische Beobachter« veröffentlichte am 5. April 1940 ein Interview mit ihr, in dem sie weder die Judenverfolgung in Deutschland noch den deutschen Überfall auf Polen kritisierte. Vielmehr lobte sie: »Ich sehe mit Bewunderung Ihrem Experiment zu. Und ich kann es kaum fassen, was Sie während weniger sieben Jahre geschaffen haben!«[138] – Vier Tage später fiel die Wehrmacht in Dänemark ein.

Trotz der Grenzkontrollen gelang es Karen, das englischsprachige Manuskript ihrer »Wintergeschichten« über Stockholm nach London zu schmuggeln. So war es möglich, dass 1942 außer der dänischen auch eine britische und eine amerikanische Erstausgabe erschienen. Über die Honorare der Verlage in London und New York konnte Karen Blixen allerdings wegen der Abriegelung Dänemarks durch die Deutschen zunächst nicht verfügen.

Frauenrechtlerinnen versuchten, Karen Blixen zu vereinnahmen, aber sie meinte, die Frauenbewegung sei »eine Materie [...], von der ich nichts verstehe und mit der ich mich niemals aus eigenem Antrieb beschäftigt habe«[139].

Im Frühjahr 1946 erfuhr Karen, dass Bror von Blixen-Finecke, der zuletzt in einer alten Pförtnerkate auf dem Familiengut Näsbyholm gehaust hatte, bei einem Autounfall auf eisglatter Straße ums Leben gekommen war.

Zu den Spätfolgen der Syphilis-Therapie zählten Magenkrämpfe, die mitunter so heftig waren, dass Karen sich vor Schmerzen auf dem Fußboden krümmte. In der Hoffnung auf Besserung unterzog sie sich im Februar 1946 einer Sympathektomie und im August 1955 einer Chordotomie[140]. Im Januar 1956 resezierte man ihr außerdem einen Teil des Magens. Gesund wurde sie nicht mehr. Sie magerte ab und konnte häufig das Bett nicht verlassen. Statt selbst zu schreiben, diktierte sie ihre Erzählungen im Liegen ihrer Sekretärin Clara Selborn – die sie 1944 zunächst als Köchin eingestellt hatte.

Trotzdem reiste sie nach dem Zweiten Weltkrieg wieder viel, und am 2. Januar 1959 flog sie sogar nach New York. Sie hielt Reden in New York, Washington, D. C., und Cambridge, Massachusetts, folgte Einladungen zu Talkshows im Fernsehen, zeigte sich auf Empfängen und traf Prominente, darunter Schriftstellerkollegen wie Pearl S. Buck, Edward Estlin Cummings und Truman Capote, der sie im Jahr zuvor auf Rungstedlund besucht hatte und »die außerordentliche, die ungewöhnliche Persönlichkeit«[141] bewunderte. Beim Dinner nach einer Rede vor The American Academy and National Institute of Arts and Letters am 28. Januar hörte Arthur Miller, wie Karen am Nebentisch den Wunsch äußerte, Marilyn Monroe kennenzulernen. Der Dramatiker, der damals mit dem Filmstar verheiratet war, arrangierte ein entsprechendes Treffen im Haus einer gemeinsamen Freundin, der Schriftstellerin Carson McCullers.

Die Strapazen waren für Karen zu groß: Sie brach zusammen. Ohne sich um die Bedenken der Ärzte zu kümmern, diktierte sie weiterhin Artikel, telefonierte und empfing Besucher. Nach zehn Tagen hatte sie sich soweit erholt, dass sie wieder Einladungen annehmen konnte. Zwei Monate blieb Karen in den USA. Am 18. April traf sie wieder auf Rungstedlund ein.

Wegen der umfangreichen Renovierungsarbeiten, die nun in dem zum Teil zweihundertachtzig Jahre alten Gemäuer begannen, in dem das heiße Badewasser mit Eimern über die Treppe hinaufgeschleppt werden musste, wurde Karen in eine Fischerkate in Dragør umquartiert, die Clara Selborn gehörte. Im August 1960 erlitt sie dort einen zweiten Kollaps und lag bis Oktober im Krankenhaus.

Vom 25. Juni bis 9. Juli 1961 hielt Karen Blixen sich noch einmal in Paris auf. Es war ihre letzte Reise. Am 7. September 1962 starb sie im Alter von siebenundsiebzig Jahren auf Rungstedlund.

Anita Berber

(1899–1928)

»Tänze des Lasters, des Grauens
und der Ekstase«

*Otto Dix porträtierte die Tänzerin als Sinnbild des Lasters.
Die exaltierte Avantgarde-Künstlerin galt als verrucht,
weil sie nackt auftrat, Cognac trank, Kokain schnupfte,
Skandale provozierte und hemmungslos lebte – bis sie
im Alter von neunundzwanzig Jahren starb.*

Anita Berbers Großvater hatte sich vor den Augen seines dreizehnjährigen Sohnes erschossen, nachdem er von seiner Ehefrau
verlassen worden war. Felix Berber wuchs daraufhin bei einem
Onkel auf und entwickelte sich zu einem gefeierten Konzertgei-
ger. Bei einem Gastspiel in London begann der Achtzehnjährige
eine Affäre mit einer acht Jahre älteren Britin. Als sie schwanger war, heiratete er sie, aber das Kind starb bald nach der Geburt, und das Ehepaar ließ sich scheiden. Auch mit der Kabarett-
sängerin Lucie Thiem vermählte sich Felix Berber, bevor sie am
10. Juni 1899 in Leipzig ein Kind von ihm bekam. Diese Ehe war
ebenso wenig von Dauer wie die erste, und wurde Ende 1902 geschieden.

Weil sich Lucie Berber aufgrund ihrer Engagements nicht um
ihr Töchterchen kümmern konnte, kam Anita zu ihrer Großmutter Luise Thiem nach Dresden. Nach Abschluss der Höheren
Töchterschule und der Konfirmation im April 1914 besuchte sie
noch einige Monate ein Töchterbildungsinstitut in Weimar. Dann
zog sie nach Berlin, wo Lucie Berber seit 1907 im »Chat Noir«
Unter den Linden auftrat und mittlerweile mit ihrer Mutter Luise
und ihren beiden unverheirateten Schwestern Else und Marga-
rete zusammen in der Zähringer Straße wohnte.

Anita hatte die künstlerischen Gene ihrer Eltern geerbt. Von
1915 bis 1917 nahm sie Schauspielunterricht bei Maria Moissi
und ließ sich zugleich von der renommierten impressionistischen

Anita Berber, 1925

Ausdruckstänzerin Rita Sacchetto ausbilden. Am 24. Februar 1916 stand das rothaarige Mädchen zum ersten Mal auf der Bühne und tanzte vor Publikum. Danach fuhr Anita mit Sacchettos Compagnie nach Hannover, Leipzig, Hamburg und Frankfurt am Main. »Das Merkwürdige war, dass sie unter so vielen recht hübschen Mädchen noch irgendwie auffiel«, erinnerte sich später die Schriftstellerin Dinah Nelken. »Sie hatte eine starke Ausstrahlung.«[142]

Ihr erster Solo-Abend fand am 6. März 1917 im Theatersaal der Hochschule für Musik in Berlin statt. Sie bewarb sich um weitere Engagements, tanzte als Solistin in Varietés – so zum Beispiel im »Wintergarten« –, trat in den legendären Revuen von Rudolf Nelson auf und avancierte zum Berliner Bühnenstar. 1918 reiste sie zu Gastspielen in die Schweiz und nach Österreich; das Kriegsende erlebte sie in Budapest.

Der Bildhauer Constantin Holzer-Defanti gestaltete 1918 für das Rosenthal-Werk in Selb zwei Porzellantänzerinnen nach Anita Berbers Abbild. Lotte Pritzel zeichnete die Bühnenkünstlerin 1919 mit einem die Brüste frei lassenden Dekolleté und fertigte nach dieser Vorlage eine ihrer berühmten Puppen an. Im selben Jahr stellte Charlotte Berend-Corinth Anita Berber auf acht Lithografien in lasziven, wenn nicht pornografischen Szenen dar. Und mit dreiundzwanzig posierte Anita für Aktaufnahmen der österreichischen Mode- und Porträtfotografin Dora Kallmus (»Madame d'Ora«). Auf diesen Bildern sehen wir eine schlanke junge Frau mit kleinen Brüsten und langen, wohlgeformten Beinen in harmonischer Körperhaltung.

Der Regisseur, Drehbuchautor und Produzent Richard Oswald entdeckte sie fürs Kino. Anita debütierte 1918 in »Das Dreimäderlhaus« und übernahm im Jahr darauf auch Rollen in umstrittenen Filmen über Homosexualität, wie etwa »Anders als die Andern«, und Prostitution, beispielsweise »Das gelbe Haus«. Mit diesen Produktionen begründete Richard Oswald das Genre des Aufklärungsfilms. Insgesamt war Anita in rund fünfundzwanzig Filmen zu sehen.

Um der Enge der Wohnung in der Zähringer Straße zu entkommen und nicht mehr auf Großmutter, Mutter und zwei Tanten Rücksicht nehmen zu müssen, heiratete Anita 1919 Eberhard von Nathusius, den vier Jahre älteren Sohn einer wohlhabenden

Familie. Sie war jedoch alles andere als eine fügsame Ehefrau und trennte sich nach drei Jahren von ihrem Mann, der offenbar ohnehin keine große Rolle in ihrem Leben gespielt hatte. Anita zog zu ihrer lesbischen Freundin Susi Wanowsky, der geschiedenen Ehefrau eines höheren Berliner Polizeibeamten, die in Berlin die Frauenbar »La Garçonne« betrieb.

1920 trat Anita in dem legendären Berliner Kabarett »Schall und Rauch« auf. Und im Sommer tanzte sie in der von Celly de Rheidt in Hamburg gegründeten Revue zusammen mit Willy Knobloch, dem homosexuellen Sohn einer Hamburger Patrizierfamilie, der gerade unter dem Künstlernamen Sebastian Droste eine Karriere als expressionistischer Tänzer, Lyriker und Maler begonnen hatte.

Das amerikanische Magazin »Vanity Fair« veröffentlichte 1921 Fotos von Anita Berber: Man hatte also sogar in den USA von ihr gehört. In Berlin führte sie inzwischen Hüte und Kleider vor. Privat – wenn es so etwas für sie überhaupt gab – trug sie mitunter ein mit Rotfuchsfell umsäumtes Hermelin-Cape auf der nackten Haut, oder ein Äffchen klammerte sich von innen an den tiefen Ausschnitt ihres Kleides. Mit ihrer knabenhaften Figur sah sie auch im Herrenanzug elegant aus. Damit kreierte sie einen Stil, der als »à la Berber« in die Modegeschichte einging und von Marlene Dietrich aufgegriffen wurde.

»Anita Berber hatte ein tolles Temperament, war großartig gewachsen, dabei blitzgescheit und voll ausgefüllt mit ihrem Leben«, erzählte die Schauspielerin Maria Merlott. »Sie war immer schneeweiß gepudert, sodass die roten Lippen einen starken Kontrast zum Gesicht bildeten. – Ich erinnere mich an einen gemeinsamen Besuch in der ›Königin-Bar‹ am Kurfürstendamm, die dem Schwiegersohn Scheidemanns[143] gehörte. Mehrere junge Offiziere führten am Tresen ein lautes Gespräch, um ihr zu imponieren. Da sagte Anita mit ihrer tiefen und rauen Stimme: ›Seid ruhig. Ich schlafe ja doch mit jedem von euch!‹«[144]

Im Hamburger Amüsierviertel St. Pauli trat Anita Berber als erste Nackttänzerin auf. Bis dahin hatten die Behörden entblößte Brüste auf der Bühne nur bei »lebenden Bildern« geduldet, also in bewegungslosen Tableaus. Ein siebzehnjähriger Fotografenlehrling schwärmte von ihrem Auftritt 1921 im »Alkazar«: »Aus dem dunklen Hintergrund kam Anita Berber vollständig mit einem zarten, etwas durchsichtigen blauen Schleier bedeckt, mit schönen rhythmischen Schritten [...] Vor uns stehend nahm Anita mit beiden Händen den Schleier nach oben [...] Anita stand vollständig nackt vor uns [...] Anitas Achselhöhlen waren sorgfältig enthaart, und ihre schönen Titten waren um die Warzen herum fleischfarbig geschminkt. Unten [...] befand sich ein fleischfarbenes Dreieck, welches mit ganz flachen Bändern um die Hüften lief, fast nicht zu sehen.«[145]

Leni Riefenstahl meinte bewundernd: »Ihr Körper war so vollkommen, dass ihre Nacktheit nie obszön wirkte.«[146] Anita Berber entblößte sich nicht, um das Publikum zu erregen, sondern Nacktheit war ein Bestandteil ihrer Bühnenkunst. Weil ihr der Ausdruckstanz ein echtes künstlerisches Anliegen war, reagierte Anita ungehalten auf störende Zurufe, und mitunter beließ sie es nicht bei Beschimpfungen, sondern sprang von der Bühne und schlug auf den Zuschauer ein, der ihr unangenehm aufgefallen war. Als Fred Hildenbrandt, Feuilletonchef des »Berliner Tageblatts«, einmal zu ihr in die Garderobe ging, beschwerte sie sich: »Wir tanzen den Tod, die Krankheit, die Schwangerschaft, die Syphilis, den Wahnsinn, das Sterben, das Siechtum, den Selbstmord, und kein Mensch nimmt uns ernst. Sie glotzen nur auf unsere Schleier, ob sie nicht darunter etwas sehen können, die Schweine.« Fred Hildenbrandt war verblüfft: »Also diese Nackttänzerin tanzte ein ernstes Programm über die fürchterlichsten Themen [...] und verlangte, dass ein Publikum, das sich erotisch amüsieren wollte, das kapierte.«[147] Er behauptete, die Tänzerin habe sich in der Garderobe unbefangen vor ihm aus- und umgezogen. »Ohne Wandschirm«[148], betonte er.

Siegfried Geyer schrieb in »Die Bühne«: »Anita Berber gehörte zu jenen pflanzenhaften Geschöpfen, die nicht wissen, was sie tun, die den Steuerexekutor nackt in der Badewanne sitzend empfangen und daran gar nichts finden, die einen Besuch beim Advokaten machen und in der Kanzlei plötzlich entdecken, dass sie unter dem Mantel nichts anhaben, weil sie ganz vergessen haben, dass man sich für einen Besuch eigentlich anziehen muss. In solchen Fällen sagte Anita Berber nicht: ›Ich habe vergessen, mich anzuziehen, entschuldigen Sie!‹, sondern nur: ›Geben Sie mir eine Zigarette, ich habe meine Tabatiere liegen lassen!‹«[149]

»Sie lebte wirklich von einem Tag zum anderen oder, noch

kürzer, von einer halben Stunde zur anderen«, heißt es in dem Artikel von Siegfried Geyer weiter. »Geld bedeutete für sie nichts, Besitz war ihr egal, etwas wie Bankkonto eine unbekannte Sprache, sie gab im nächsten Moment aus, was sie kaum erst in der Tasche hatte. Ihre Verschwendungssucht war so organisch wie ihr ganzes Exzentrikdasein.«[150]

Als Anita 1922 zum zweiten Mal für Dreharbeiten nach Wien kam, nutzte Leonie von Puttkamer die Gelegenheit, sie im Schlosscafé anzusprechen. Die mit dem Präsidenten der Österreichischen Landwirtschafts-AG verheiratete Deutsche schwärmte schon seit einiger Zeit für die Tänzerin, und Susi Wanowsky, die ihre Geliebte nach Wien begleitet hatte, konnte nicht verhindern, dass Anita und Leonie eine kurze Affäre hatten.

Sebastian Droste folgte Anita Berber nach Wien und erarbeitete mit ihr »Tänze des Lasters, des Grauens und der Ekstase«. Dazu gehörten Nummern, bei denen schon die Titel schockierten: »Die Leiche am Seziertisch«, »Haus der Irren«, »Morphium«, »Mord, Weib und Gehenkter«. Die Aufführung war für den 14. November 1922 geplant. Fünf Wochen vorher wies ein Gericht den drogenabhängigen Künstler zwar wegen Betrugs und Urkundenfälschung aus, aber sein Rechtsanwalt erreichte, dass der Beschluss vorerst nicht vollstreckt wurde und das Tanzpaar weiter proben konnte.

Inzwischen war Anita ebenso drogenabhängig wie ihr Partner. Der Tänzer Leopold (»Poldi«) Tamara erzählte, sie habe in einem Café ein Spritzbesteck aus ihrer Handtasche geholt und sich ohne Scheu vor den anderen Gästen Kokain in den Oberschenkel injiziert.

Dass Anita Berber heiter und witzig sein konnte, beweist ein von Karl Kraus in der »Fackel« veröffentlichter Brief, den sie im Oktober 1922 an das »Neue Wiener Journal« geschrieben hatte: »Glauben Sie, dass ich verrückt bin? Sagen Sie es mir offen und ehrlich! Sie müssen es doch wissen – denn Ihr Journal weiß doch alles. – Da – nun hören Sie zu, verehrter Herr Redakteur: Alle Leute sagen, ich wäre verrückt geworden und säße tobend, eingesperrt in Steinhof[151]! Ist das nicht schrecklich? – Und dabei liege ich ganz vergnügt im Sanatorium Dr. Loew, sogar in der Frauenabteilung (aber natürlich nicht das, was sie nun wieder denken werden), und erhole mich nur von einer kleinen Bauchfellentzündung! Und die habe ich mir beim Filmen geholt, draußen im Schönbrunner Park! Und nun behaupten die Leute, ich wäre verrückt geworden!!! – Darum, lieber Herr Redakteur, berichten Sie den vorlauten Leuten, dass alles gar nicht wahr ist.«[152]

Am 15. November, einen Tag nach der skandalösen Tanzdarbietung im Großen Konzerthaussaal in Wien, wurde Sebastian Droste festgenommen. Inzwischen beschuldigte man ihn auch noch, zwei Gräfinnen bestohlen zu haben. Weil Anita für ihn bürgte, wurde er aber aus der Haft entlassen. Die beiden schlossen dann nicht nur mit dem »Ronacher« Verträge für Dezember ab, sondern auch noch mit zwei weiteren Nachtlokalen, dem »Apollo« und dem »Tabarin«. Es wäre unmöglich gewesen, diese Verpflichtungen gleichzeitig zu erfüllen, weshalb das zuständige Bezirksgericht Anita Berber und Sebastian Droste wegen Betrugs zu einer zehntägigen Arreststrafe verurteilte. Um ihr zu entgehen, versprachen die Künstler, in keinem anderen Varieté als dem »Ronacher« aufzutreten – und tanzten kurz darauf in den Kammerspielen. Auf diese Weise sorgten sie laufend für Schlagzeilen – dementsprechend gut besucht waren ihre umstrittenen Veranstaltungen.

Sebastian Droste wurde Anfang Januar 1923 erneut verhaftet und diesmal tatsächlich über die Grenze nach Ungarn abgeschoben. Einige Tage später versuchte Anita offenbar, Kleidungsstücke und Wertsachen aus dem »Tabarin« zu schmuggeln. Als sie vom Pförtner angehalten wurde, versetzte sie ihm einen Faustschlag in Gesicht. Daraufhin beschlossen die Ordnungshüter, auch sie auszuweisen: Am 13. Januar nahmen zwei Polizisten sie im Hotel fest. Es half auch nichts, dass sie tobte und die Verfügung zerriss.

Anita Berber und Sebastian Droste heirateten angeblich 1923 in Budapest, aber dafür gibt es keine Belege. Wie dem auch sei: Noch im selben Jahr bestahl der Drogensüchtige seine Partnerin in Berlin und setzte sich nach New York ab.

Einige Monate später kam der amerikanische Tänzer Henri Châtin-Hofmann, der Sohn eines Pastors der Ziongemeinde in Baltimore, nach Berlin. Beim Debüt des Dreiundzwanzigjährigen am 12. Oktober 1923 im Blüthnersaal saß Anita im Publikum. Die beiden lernten sich kennen, verlobten sich, und am 10. September 1924 heirateten sie.

Im selben Jahr begegnete der noch junge Klaus Mann der Tänzerin in Berlin. Sie, ihr Begleiter und der angehende Schriftsteller tranken Sekt. Anita Berber erzählte von den unglaublichsten Abenteuern, erinnerte Klaus Mann sich später, »von Tieren, die sie hypnotisiert [hatte], von Mördern, denen sie geschickt ausgewichen [war]«. Um zwei Uhr nachts habe sie ihn und den anderen Kavalier mit in ihr Hotelzimmer genommen. »Anita Berber war schon eine Legende. Sie war erst seit zwei oder drei Jahren berühmt, aber schon ein Symbol geworden«, schrieb Klaus Mann in seinem Nachruf auf Anita Berber 1930 in »Die Bühne«. »Verderbte Bürgermädchen kopierten die Berber, jede bessere Kokotte wollte möglichst genau wie sie aussehen. Nachkriegserotik, Kokain, Salomé, letzte Perversität: solche Begriffe bildeten den Strahlenkranz ihrer Glorie.«[153]

Die Tänzerin sorgte nicht nur durch ihre Lebensgier, sondern auch durch cholerische Prügeleien fortwährend für Skandale und Schlagzeilen. »Sie war die wildeste Frau der Weimarer Republik.«[154] Anita Berber galt als verrucht, weil sie Cognac trank, Kokain schnupfte und keine Hemmungen kannte. Einige Zeitgenossen vermuteten sogar, sie habe sich prostituiert, wenn sie Geld benötigte.

Der Gynäkologe Ludwig Levy-Lenz behauptete, Anita Berber sei frigide gewesen und habe ihm von der Absicht erzählt, einen »Club der eisigen Frauen« zu gründen: »Diese so außergewöhnlich sinnlich wirkende Frau, die man für einen Ausbund der Unmoral hielt, war in Wirklichkeit sexuell kalt und unempfindlich, aber – vielleicht deshalb – ständig auf der Suche nach neuen Sensationen.«[155]

Von Otto Dix ließ sie sich 1925 in seinem Atelier in Düsseldorf malen. Dabei entstand »Das Bildnis der Tänzerin Anita Berber«, in dem der Künstler die Sechsundzwanzigjährige als Sinnbild des Lasters darstellte: ausgezehrt, mit weißem Gesicht, dunkel ummalten Augen und grellrot geschminkten Lippen in einem obszön eng anliegenden, unvorteilhaft den Bauch betonenden roten Kleid. Die Stadt Nürnberg erwarb das schockierende Bild 1928. Fünf Jahre später klassifizierten es die Nationalsozialisten als »entartet« und entfernten es aus der Städtischen Kunstsammlung.[156]

1925 gingen Henri – als Künstler verwendete er nur den Vornamen – und Anita Berber mit dem Dirigenten Nico Dostal und einem fünfunddreißigköpfigen Orchester auf Tournee. Als Anita hörte, dass Nico Dostal die Auszahlung der Gage verweigert wurde, weil er während einiger Vorstellungen im Krankenhaus gelegen hatte, setzte sie sich auf der Stelle für den vier Jahre älteren Musiker ein. »Sie schleppte mich die Treppe hinauf wieder ins Direktionsbüro, trat dort, die Sekretärin beiseite schupsend, ein: ›Sie wollen dem armen Kerl von Kapellmeister keine Gage zahlen, Sie Geizhals!?‹ Und schon hob sie die am Tisch stehende Schreibmaschine hoch und schmetterte sie zu Boden, dass die Typen davonsprangen. Des Direktors Protest nicht achtend, hob sie die Schreibtischkante hoch, kippte den Tisch mit allem, was drauf stand, um, sodass der etwas klein geratene Direktor mit seinem Stuhl nach rückwärts fiel und hinter seinem Schreibtisch eingeklemmt war. Er schrie Zeter und Mordio, während Anita die Gardinen samt den Stangen herunterriss.«[157]

Beim Berliner Polizeipräsidium ging 1926 eine Beschwerde über die »unsittlichen« Darbietungen Anita Berbers im »Metropol« ein: »Sie ist fast nackt und vollführt durch Reiben und Streichen an ihren nackten Brustwarzen sinnlich aufreizende Posen.«[158] Ein Polizeibeamter überprüfte die Angaben am 7. August und schrieb in seinem Bericht: »An den Geschlechtsteilen sind die Schamhaare scheinbar abrasiert. Sie sind deutlich sichtbar und von dem Band zwischen den Schenkeln nur so unvollkommen bedeckt, dass die Schamlippen rechts und links von dem Band hervorquellen […] Beim Tanz bewegen sich die Brüste der Berber und werden durch Vibrieren des Körpers in dauernder Bewegung gehalten.«[159] Der Polizeipräsident leitete daraufhin gegen Anita, Henri und Salomon Weber, den Leiter des »Metropol«, ein Strafverfahren ein. Außerdem verlangte er, ab sofort auf »eine einwandfreie Bekleidung« aller Bühnenkünstler zu achten. Ein Berliner beschwerte sich dann aber in einem anonymen Brief an den Polizeipräsidenten, dass »sogar die Revue-Mädel Nachthemden tragen« sollten: »Lassen Sie die hüpfenden Busen der Revue-Schönen ruhig unbedeckt, die Berliner Sittlichkeit leidet bestimmt dadurch nicht!«[160]

»Tänze der Erotik und Ekstase« führten Henri und Anita Berber 1926 in Hamburg vor und traten auch in Stockholm, Amsterdam und Osteuropa auf. Jeden Theaterleiter trieb Anita mit ihrer Unpünktlichkeit zur Verzweiflung, und bevor sie nicht eine Flasche Cognac geleert hatte, kam sie nicht aus der Garderobe.

Henri wurde im März 1926 in einer Bar in Prag zusammengeschlagen. Es heißt, Anita habe einem frivolen Gast, von dem sie zum Ausziehen aufgefordert worden war, ins Gesicht gespuckt und so den Tumult ausgelöst. Einige Monate später wurde die Tänzerin in Zagreb wegen Beleidigung des serbischen Königs festgenommen. Als amerikanischer Staatsangehöriger erreichte Henri Châtin-Hofmann nach sechs Wochen die Freilassung seiner Ehefrau. Das Paar wurde jedoch abgeschoben.

Im Juli 1927 entdeckte Anita Berber in München ein Plakat, auf dem ein Violinabend mit Felix Berber – ihrem Vater – angekündigt wurde. Kurz entschlossen besuchte sie das Konzert und ging anschließend zu ihm in die Garderobe. Leo Lania schilderte die Szene in seiner Romanbiografie »Der Tanz ins Dunkel«: »Sie traf einen sehr beschäftigten, sehr abweisenden Künstler. Als sie ihren Namen nannte, wandte der Herr sich ab, kehrte ihr den Rücken. Er sei nicht zu sprechen, er bitte das Fräulein, das Zimmer zu verlassen. Eine Sekunde lang stand Anita starr mit weit aufgerissenen Augen. Dann senkte sie den Kopf. Ihre Sicherheit, ihre freche Überlegenheit – alles weg.«[161]

Während einer Tournee im Nahen Osten mit Henri brach Anita am 13. Juni 1928 in Damaskus auf der Bühne zusammen. Die Ärzte diagnostizierten eine Tuberkulose-Erkrankung. Daraufhin wollte das Paar so schnell wie möglich nach Berlin zurück, doch wegen des schlechten Gesundheitszustands der Patientin musste die Reise mehrmals unterbrochen werden, weswegen sie mehrere Monate dauerte. In Prag waren die beiden nicht mehr zahlungsfähig. Erst als Berliner Künstler für sie sammelten und Geld schickten, konnten sie Fahrkarten nach Berlin kaufen und die letzte Etappe der Rückreise antreten.

Im Bethanien-Krankenhaus in Berlin-Kreuzberg machte die Abgemagerte noch Zukunftspläne und sorgte sich um die Schönheit ihrer Beine. Als es keine Hoffnung mehr für sie gab, verlangte sie nach Johannes Kessler, dem Pfarrer der Lukaskirche in Dresden, der sie konfirmiert hatte, aber Kessler befand sich auf einer Auslandsreise.

Am Abend des 10. November 1928 starb Anita Berber im Alter von nur neunundzwanzig Jahren.

Marieluise Fleißer

(1901–1974)

»Die Liebe haben wir ausgelassen.«

Marieluise Fleißer ahnte zunächst nicht, welche Spreng-
ladung Bertolt Brecht bei seiner Inszenierung ihrer
Komödie »Pioniere in Ingolstadt« zünden würde. Die
Aufführung 1929 in Berlin löste einen Theaterskandal aus:
Die Autorin wurde dadurch zwar berühmt, aber von den
Militaristen angefeindet, von den Konservativen im
»Ur- und Affenwald« verortet und in ihrer Heimatstadt
als Nestbeschmutzerin verfemt.

Nach dem Abitur immatrikulierte sich Marieluise Fleißer für das
Wintersemester 1920/21 an der Philosophischen Fakultät der
Ludwig-Maximilians-Universität in München. Ihr Vater glaubte,
sie wolle Lehrerin werden, und ahnte nichts von ihrer Absicht,
Theaterwissenschaft zu studieren. Er brachte sie in einer Pension
der Englischen Fräulein in Nymphenburg unter, aber die Neunzehnjährige, die sich von Freunden jetzt Lu statt Luis nennen ließ
und von einer Karriere als Literatin träumte, zog es in das Künstlerviertel Schwabing, wo sie ab Februar 1921 ein möbliertes Zimmer mietete.

In dieser Zeit lernte sie Alexander (»Jappes«) Weicker kennen.
Er wurde ihr erster Freund. Obwohl der acht Jahre ältere Luxem-
burger in München Staatswissenschaften studierte, hielt er sich für
einen außergewöhnlichen Dichter. Der Verlag Georg Müller veröffentlichte 1921 seinen ersten Roman unter dem Titel »Fetzen.
Aus der abenteuerlichen Chronika eines Überflüssigen«. Alexander Weicker habe »Kraft für sieben auf einmal« gehabt, erzählte
Marieluise Fleißer später. »Ich habe seitdem keinen Menschen gesehen, der im Vitalen so groß angelegt war [...] Mit einer wilden
Gewalttätigkeit und plötzlichen Bösartigkeit verband er in sich die
feinfühligste Zartheit und eine kindliche Freude am Leben.«[162]
Die Fleißer-Biografin Hiltrud Häntzschel meint dazu: »Er eröff-

Marieluise Fleißer, 1973

net die Reihe auffällig exzentrischer, starker, gewaltsamer, gewalttätiger [...] Männer, auf die sie sich kühn und lustvoll einlässt. Die Spielart von Sexualität, in der Lust und Gewalt untrennbar sind – wie wir es aus ihrem Werk kennen –, die hat sie möglicherweise bei Weicker zum ersten Mal erlebt [...] Mit Alexander Weicker ist sie in der Tat an einen Vulkan geraten.«[163]

Auf einem Künstlerfest im Fasching begegnete Marieluise Fleißer 1922 dem Schriftsteller Bruno Frank. »Und der Bruno Frank, der hat mich auf seinen Schultern im Reitsitz durch den Saal getragen und hat mich dann zum Lion [Feuchtwanger] hingetragen und hat gesagt: Lion, hier stell ich dir eine Frau vor, die hat den – wie hat er gesagt? – die hat den schönsten Busen von Mitteleuropa [...] Und der Lion hat dann schnell angesprungen, nicht, und dann blieb ich eigentlich beim Lion hängen, nicht beim Bruno Frank.«[164] Alexander Weicker verließ München im September 1922 und zog nach Paris.

Lion Feuchtwanger war zwar verheiratet, wurde aber für die angehende Schriftstellerin aus Ingolstadt mehr als ein Freund und Förderer. »Praktisch habe ich aber dann den Lion immer allein gesehen da in der Wohnung, die Marta war immer in einem anderen Zimmer, die Marta war immer nicht da. Und der Lion, der hatte es ziemlich dick hinter den Ohren.«[165] Er riet ihr, ihren Vornamen als Autorin nicht abzukürzen, sich also nicht Lu zu nennen, aber auch nicht Luise Marie, wie sie eigentlich hieß, sondern Marieluise Fleißer. Und er las ihre Gedichte. »Da hat der Lion gesagt, das ist ja lauter Expressionismus, das ist so verkrampft [...], aber so schreibt man nicht heute, man schreibt neue Sachlichkeit.«[166] Aufgrund der Kritik warf Marieluise Fleißer angeblich alles ins Feuer, was sie bis dahin geschrieben hatte.

Durch Feuchtwangers Vermittlung konnte Marieluise Fleißer am 3. März 1923 ihre Erzählung »Meine Zwillingsschwester Olga«[167] in der von Stefan Großmann in Berlin herausgegebenen Wochenschrift »Das Tage-Buch« veröffentlichen. »Dergleichen hat man noch nicht gelesen«, kommentiert Hiltrud Häntzschel. »Was eine übliche Erzählung ausmacht, die Einführung der Protagonisten und eine Klärung ihres Verhältnisses zueinander, die Vorbereitung auf einen Plot, auf einen Konflikt – nichts dergleichen. Der erste Lektüreeindruck: chaotisch, diffus, die Sprache unscharf, manchmal unbeholfen. Es knistert nur so von pubertär-sexueller Erregung und Gewalt [...] Sexualität als [...] unbekannte, erst recht unbegreifliche Körpererfahrung, für die die Protagonisten, Jugendliche in der Provinz, in der der Teufel noch drohend mächtig ist, noch keine Sprache besitzen, keine Artikulationsmöglichkeit kennen jenseits von Körpergesten und Gewalt.«[168]

Marieluise Fleißer verehrte Feuchtwangers Freund Bertolt Brecht seit dem Besuch einer Aufführung seines Dramas »Trommeln in der Nacht« in den Münchner Kammerspielen als Genie, brauchte jedoch zwei Jahre, um an ihn heranzukommen. Angeblich auf seinen Rat hin brach sie Anfang Mai 1924 ihr Studium ab und begann stattdessen an einem Theaterstück zu arbeiten. Ihr Schauspiel »Die Fußwaschung« gab Marieluise Fleißer 1924 zuerst Feuchtwanger zu lesen, der es an Brecht weiterreichte. Dann verschwand es erst einmal in der Schublade.

Ende 1924 kehrte Marieluise nach Ingolstadt zurück. Ihr Vater, der ihr als einzige seiner Töchter ein Hochschulstudium ermöglicht hatte, war entsetzt über ihre Entscheidung, die Universität zu verlassen und sich als Dramatikerin zu versuchen.

Heinrich Fleißer, ein Ingolstädter Werkzeugschmied und Eisenwarenhändler, und seine erste Ehefrau Anna hatten sechs Kinder, aber von dem zwei Jahre vor Marieluise geborenen Zwillingspärchen lebte nur noch das Mädchen. Der Junge war bereits an Rachitis gestorben, als Marieluise auf die Welt kam – nicht am 22. November 1901, wie der Standesbeamte irrtümlich in die Geburtsurkunde eintrug, sondern am Tag darauf. Die Familie wohnte in einem von Heinrich Fleißers Vater geerbten Haus in der Kupferstraße in Ingolstadt über dem Laden und der Werkstatt.

Über ihre Kindheit in der Kupferstraße schrieb Marieluise Fleißer später: »Ich konnte zum Hafner Bleimeier hinauflaufen, den Gesellen zuschaun, wie auf der Drehscheibe die weichen Lehmtöpfe wuchsen. Ich konnte im Bäckerhof drüben aufpassen, was der Bäcker mit seinem Teig machte. Wir hatten einen Schlosser, einen Schreiner, einen Schuster, einen Sattler in der Straße, einen Metzger [...] überall konnte man stillschweigend hineinschlüpfen und eine Zeit lang zuschaun, wenn man dem Fleißer gehörte, bis man dann doch im Weg herumstand und auf sanfte Art hinausgeschafft wurde.«[169]

Heinrich Fleißer war nicht nur ein gut ausgebildeter, selbstbewusster Handwerker, sondern auch kulturell interessiert. Als junger Mensch soll er für Oscar Wilde geschwärmt haben. »Mein Vater Heinrich [...] nannte sich einen Philosophen«, erzählte Marieluise Fleißer später. Sie beschrieb ihn als einen geselligen Herrn: »Nachdem er seinen Vater beerbt hatte, wurde er ein leidenschaftlicher Münchenfahrer und war in München überall dort anzutreffen wo es einen guten Wein gab; ich war als junges Mädchen mehr wie einmal dabei, wenn er bei vorgerückter Stunde der Blumenfrau ihren ganzen Korb abkaufte und ihn an die anwesenden Damen verteilen ließ.«[170]

1907 wurde »die Luis« eingeschult, und vier Jahre später wechselte sie auf die Töchterschule des Klosters St. Johann im Gnadenthal. Weil es damals in Ingolstadt noch keine zum Abitur führende Schule für Mädchen gab – obwohl Frauen im Königreich Bayern seit 1903 zur Immatrikulation an den Universitäten zugelassen waren –, schickte Fleißer die Zwölfjährige 1914 in das mit einem Internat der Englischen Fräulein verbundene Mädchenrealgymnasium in Regensburg. Wegen des gerade begonnenen Krieges wurde ein Teil des Gebäudes als Lazarett verwendet, aber die Nonnen achteten streng darauf, dass ihre Zöglinge nicht vom Pausenhof zu den Fenstern der Soldaten hinaufsahen, geschweige denn in deren Nähe kamen. Gerüchten zufolge wurde eines der Mädchen der Schule verwiesen, weil es einer Mitschülerin den Inhalt der Kleist-Novelle »Die Marquise von O...« erzählt hatte.

Um Marieluises siebzehnten Geburtstag herum erkrankte ihre durch die kriegsbedingten Ernährungsmängel geschwächte Mutter an einer Lungenentzündung und starb am 14. Dezember 1918 im Alter von nur vierundvierzig Jahren. Der Witwer heiratete 1921 seine Hausangestellte Maria, die nur ein halbes Jahr älter als Marieluise war, und 1923 bekamen die fünf Kinder aus seiner ersten Ehe eine Stiefschwester.

Zu dieser Zeit studierte Marieluise bereits in München und hatte erste Erfahrungen als Schriftstellerin sammeln können.

Der »Berliner Börsen-Courier« veröffentlichte im Sommer 1925 drei Erzählungen von Marieluise Fleißer. Und im September stellte der Dramaturg, Regisseur und Theaterkritiker Herbert Ihering die Autorin in derselben Zeitung vor: »Von Marieluise Fleißer sind bisher nur einige kurze Novellen [...] erschienen, in

Buchform noch nichts. Alles andere, darunter ein Drama, ist Manuskript. Wer auch nur einen flüchtigen Einblick in einen Teil dieser Arbeiten gewonnen hat, empfindet sofort das Ungewöhnliche [...] Das literarische Talent steht nicht mehr zur Debatte [...] Marieluise Fleißer wohnt in Ingolstadt. Eine katholische Kleinstadt ist der Nährboden ihrer Phantasie. Es wird zur Realität nichts hinzugetan [...] Ohne Willen zur Phantastik, schreibt Marieluise Fleißer scheinbar sachliche, trockene Berichte, aber von dieser Berichterstattung geht eine seltene Suggestion aus. Das Wort selbst ist wieder Bild geworden. Nicht der Vergleich *hebt* die Darstellung. Die Darstellung ist das Gleichnis. Marieluise Fleißer hat die entscheidende Begabung der dichterischen Erzählerin: die Mitteilung sofort als Ausdruck zu geben [...] So erscheinen die Menschen und die Ereignisse gleichzeitig tragisch und humoristisch, nicht durch Kommentare oder durch Ironie, sondern durch die unheimliche Bannkraft des Blicks mit dem sie gesehen, und der Sprache, mit der sie gestaltet sind.«[171]

Von den Honoraren für drei Erzählungen konnte Marieluise Fleißer nicht lange zehren. Es scheint ihr nicht besonders gut gegangen zu sein, denn Lion Feuchtwanger versprach ihr im Januar 1926 in einem Brief, sich bei Verlagen für sie einzusetzen, und fügte hinzu: »Ich lege Dir ein bisschen Geld bei, übermäßig viel habe ich selber nicht. Beiß die Zähne zusammen. Es wäre schade um Dich, wenn Du Dich nicht oben hieltest.«[172]

Zwei Monate später wendete sich das Blatt. Brecht und Feuchtwanger machten Moriz Seeler auf Marieluise aufmerksam, einen Berliner Regisseur, der im Winter 1921/22 die »Junge Bühne« gegründet hatte, ein Theater ohne eigenes Haus und festes Ensemble. Seeler beschloss, Marieluise Fleißers Theaterstück »Die Fußwaschung« zu inszenieren, und sagte deshalb einem jungen Dramatiker ab, der sich daraufhin aus Verzweiflung in die Brust schoss, den Suizid-Versuch jedoch überlebte.

Unter dem Titel »Fegefeuer in Ingolstadt« wurde das Bühnenstück am 25. April 1926 in einer Matinee im Deutschen Theater in Berlin uraufgeführt. Die Dialoge waren nicht im oberbayrischen Dialekt, sondern in einer Mundart imitierenden Kunstsprache verfasst. Inhaltlich bewegten sich Marieluise Fleißers Stücke in einem »Magnetfeld von Sexualität, Gewalt, Begehren und Selbstbehauptung«[173] bzw. einem »Kräftefeld von Begehren, Gewalt und Unterwerfung«[174]. »Fegefeuer in Ingolstadt« veranschaulicht »die Ausweglosigkeit von Jugendlichen in dem beklemmend dumpfen Mief aus Kleinstadtenge, unkanalisierter Sexualität, verquerer Bigotterie«.[175] In den Kritiken hieß es, es fehle an Handlungsdynamik, weshalb »Fegefeuer in Ingolstadt« mehr ein Bilderbogen als eine Tragödie sei. Aber sogar der einflussreiche Kritiker Alfred Kerr lobte die Begabung der jungen Dramatikerin im »Berliner Tageblatt«. Stefan Großmann kommentierte: »Das Beste aber ist die Art, wie Marieluise Fleißer in ein paar Figuren die ganze bayerische Kleinstadt eingefangen hat, die Stickluft, die Enge, den Terrorismus der Nachbarschaft, die durch Sündenbewusstsein unheiter gewordenen Seelen, die bajuwarische Brutalität, die dicht neben der Religion daheim ist, der Zynismus, welcher die Kehrseite der Ekstase ist. Das ist nicht Naturalismus, das ist intuitives Seelenschauen. Diese Dichterin, weit entfernt (wenigstens vorläufig) von Bildungsbemühungen, ist aus einem Guss, nicht geschnitzt, sondern geboren. Ihr Stück ist zuweilen etwas langatmig, aber es ist von der ersten bis zur letzten Zeile selbsterlebt.«[176]

Marieluise war zur Uraufführung nach Berlin gekommen und hatte sich in der Wohnung der mit ihr befreundeten Schauspielerin Helene Weigel einquartiert, die wegen eines Gastspiels verreist war. Es ist nicht ausgeschlossen, dass sie in dieser Zeit eine Affäre mit Brecht hatte, der sich gerade von seiner Ehefrau Marianne scheiden ließ und Vater des 1924 von Helene Weigel geborenen Sohnes war.

Zurück in Ingolstadt, begann Marieluise Fleißer, die inzwischen einen Vertrag mit dem Ullstein-Verlag hatte, an einem Lustspiel mit dem Titel »Pioniere in Ingolstadt« zu arbeiten. Darüber diskutierte sie auch mit Brecht, der sich im Sommer 1926 wieder in Augsburg aufhielt, wo sie ihn mindestens einmal besuchte. Später sprach sie in diesem Zusammenhang von »ihre[r] schönste[n] Zeit mit Brecht«[177]. Anfang 1927 zog sie erneut nach Berlin und mietete ein Zimmer in der Nähe der Mansarde, die Helene Weigel Bertolt Brecht überlassen hatte. Im Juni reiste sie unvermittelt nach Kolberg an der Ostsee. Den Grund für diesen abrupten Ortswechsel kennen wir nicht. Wir wissen nur, dass sie im November von Kolberg nach Ingolstadt zurückkehrte und dort eine Liebschaft mit ihrem drei Jahre älteren Jugendfreund Josef (»Bepp«) Haindl begann.

Im Dezember 1926 hatten sich die Münchner Kammerspiele das Recht zur Uraufführung des neuen Stücks von Marieluise Fleißer gesichert. Im Jahr darauf wollte es der Schauspieler und Schriftsteller Hannes Küpper in Essen auf die Bühne bringen, aber dieses Vorhaben wurde ebenso wenig verwirklicht wie die Pläne in München.

Die Uraufführung fand erst am 25. März 1928 unter der Regie von Renato Mardo in der Komödie Dresden statt. Das junge Dienstmädchen Berta ist die wichtigste Figur in der sozialkritischen Komödie »Pioniere in Ingolstadt«, die veranschaulicht, wie der Stärkere dem Schwächeren seinen Willen aufzwingt. Zwar steigt der siebzehnjährige Fabian Unertl dem Dienstmädchen Berta nach, aber sie zieht ihm Korl Lettner vor, einen der Pioniere aus Küstrin, die nach Ingolstadt gekommen sind, um eine Brücke zu bauen. Korl, der nur an sexuellen Kontakten interessiert ist, defloriert Berta kurz vor der Fertigstellung der Brücke. Danach fragt sie enttäuscht: »War das alles?« – »Warum?«, fragt Korl. »Hat dir was gefehlt?« – »Wir haben was ausgelassen, was wichtig ist. Die Liebe haben wir ausgelassen.« – »Eine Liebe muss keine dabei sein.« – »Das ist mir jetzt ganz arg.« [...] »Berta, ich habe es dir bis jetzt nicht gesagt, für uns ist Abmarsch. Wir gehn diese Nacht noch zurück nach Küstrin.« [...] »Das geht doch nicht. Ich bin damit noch nicht fertig.« – »Das musst du abschneiden, Berta. Einfach abschneiden. Andere müssen es auch.« – »Aber ich kann so nicht leben.« – »Das wirst müssen.«[178]

Wegen der geringen Besucherzahl wurden die »Pioniere in Ingolstadt« nach wenigen Vorstellungen abgesetzt, und Marieluise reiste desillusioniert nach Hause. Von August bis Oktober lebte sie noch einmal in München, und mit Bepp Haindl, mit dem sie sich inzwischen verlobt hatte, verbrachte sie einen kurzen Urlaub in Pörtschach am Wörthersee.

Als im Theater am Schiffbauerdamm in Berlin die Satire »Giftgas über Berlin« von Martin Lampel sofort nach der Premiere am 5. März 1929 verboten wurde, weil es darin um Putschpläne der Reichswehr ging, empfahl Bertolt Brecht die »Pioniere in Ingolstadt« als Ersatz. Brecht, der die Fäden zog, auch wenn es offiziell hieß, sein Freund Jacob Geis führe Regie, bestand auf Änderungen. Marieluise Fleißer, die kurz vor der Uraufführung nach Berlin kam, musste während der Proben hektisch Passagen umschreiben und Dialoge zuspitzen. Als sie unter der Belastung zusammenbrach, machte Brecht ohne sie weiter, fügte eine Sexszene auf einem Friedhof hinzu und inszenierte die Defloration Bertas, die man in Dresden hinter den Kulissen angedeutet hatte, in einer auf der Bühne hin- und hergestoßenen Kiste.

Bei der Premiere der Neufassung der »Pioniere in Ingolstadt« im Theater am Schiffbauerdamm am 30. März 1929 – einem Ostersamstag – reagierten einige Zuschauer auf die provozierenden Szenen mit Pfiffen und Buhrufen. Am Ende klatschten viele gegen die Protestierenden im Publikum an, und die Autorin verbeugte sich unsicher mit den Darstellern auf der Bühne. Der Berliner Polizeipräsident Bernhard Weiß drohte mit einem Aufführungsverbot und verlangte Streichungen.

Die »Berliner Illustrierte Nachtausgabe« druckte den offenen Brief eines Kritikers an den Bürgermeister von Ingolstadt: »Ein junges Mädchen Ihrer Stadt, der die Kochschule nichts Interessantes bot, hat zu dichten begonnen [...] Pornodramatisches zwischen Kulissen [...] Verspottung der Provinz; Ingolstadt als idiotisches Nest; Soldaten als Schweinehunde [...] Rufen Sie doch die Dichterin zurück! Verheiraten Sie das Mädel, vielleicht gibt sie dann das Stückeschreiben, das eine Folge ungelöster Komplexe zu sein scheint, auf!«[179] Darauf antwortete Bürgermeister Friedrich Gruber: »Gegen das gemeine Machwerk der Schriftstellerin Marieluise Fleißer *Pioniere in Ingolstadt*, wodurch Ingolstadt und seine Einwohnerschaft und die ehemalige Pioniergarnison aufs schwerste beleidigt und verhöhnt wird, erheben wir feierlichst Protest. Ebenso protestieren wir gegen die weitere Aufführung dieses Schmähstückes.«[180] Gegen diese Verunglimpfung wehrte sich Marieluise im »Berliner Tageblatt«: »Sie haben gegen mein Stück *Pioniere in Ingolstadt* protestiert und es ein gemeines Machwerk, ein Schmähstück, ein Schandstück genannt. Warum denn gleich so hitzig? Sie haben ja die Aufführung nicht einmal gesehen, auch das Stück nicht gelesen, da es niemand zugänglich war.«[181] Die Dramatikerin strengte einen Beleidigungsprozess gegen den Bürgermeister an, der daraufhin 1931 in zweiter Instanz zu einer Geldstrafe verurteilt wurde.

Wie von Brecht beabsichtigt, löste seine Inszenierung der

»Pioniere in Ingolstadt« einen Theaterskandal aus. Gerade deshalb fand die Komödie große Beachtung und wurde in einer entschärften Version bis zum 8. Mai 1929 gespielt. Marieluise Fleißer, die nicht hatte ahnen können, welcher Sprengstoff in ihrem Stück steckte, wurde damit berühmt, in ihrer Heimatstadt jedoch als Nestbeschmutzerin verfemt, von den Militaristen angefeindet und von den Konservativen im »dicksten sexuellen Ur- und Affenwald«[182] verortet. »Nur weiter so«, drohte die »Deutsche Zeitung«. »Im Theater geht es jetzt los. Das Konzert hat angefangen. Auf der Straße wird es weitergehn. Bald kann die Treibjagd beginnen.«[183]

Aufgeschreckt und verstört durch die Hetze gegen sie, überwarf Marieluise sich mit Bertolt Brecht, dem sie die Schuld zuschob und der sie mit den Folgen des Skandals »wie mit einem Besenkammer-Balg«[184] allein ließ. »Nicht nur wegen dem Skandal« habe sie mit Brecht gebrochen, erklärte Marieluise Fleißer in einem Interview, »sondern weil ich das einfach nicht mehr ausgehalten hab', die vielen Frauen um ihn, die Weigel, die Elisabeth Hauptmann, die Carola Neher«[185].

Lediglich Bepp Haindl hielt zu ihr und verteidigte sie »mit der Bravour des sinnlos Verliebten«[186], wenn die Kameraden in seinem Schwimmverein über sie herzogen. Trotzdem beabsichtigte Marieluise, sich von ihm zu trennen, und lud ihn deshalb – einem Rat Lion Feuchtwangers folgend – nach Berlin ein. Als Bepp Haindl erfuhr, warum sie mit ihm reden wollte, soll er sie mit einem Messer bedroht haben.

Im Juni 1929 kündigte die siebenundzwanzigjährige Skandalautorin ihrem Vater an, sie wolle nach Ingolstadt kommen. Davon riet er ihr ab: »Ich würde an Deiner Stelle lieber als Zigarrenladnerin in Berlin leben oder sein, wie hier als Dichterin, denn noch oft genug kann ich über Dich abfällige Urteile hören, auch von ins Gesicht spucken u. dergleichen, so schnell sind die Wogen noch nicht glatt u. dann die Sache mit dem Haindl Josef wie leicht kann da aus dem Lustspiel eine Tragödie werden, u. wenn Dich der Mann umbringen will, wie Du mir schreibst, wenn Du das riskieren willst?«[187] Trotzdem fuhr Marieluise im Juli nach Ingolstadt, um die Beziehung mit Haindl zu beenden.

Während sie sich mit Brecht und Haindl überwarf, suchte sie Zuflucht bei dem drei Jahre jüngeren Zeitungsredakteur Hellmut

Draws-Tychsen, einem nationalistischen Brecht-Gegner, der seinen Mangel an inneren Werten mit exaltiertem Auftreten kompensierte. »Selber hält er sich für zweifelsfrei genial, verachtet umso mehr weibliche Intellektualität; schöpferische Begabungen spricht er den Frauen rundheraus ab.«[188] Auf einer Schwedenreise von Juli bis September 1929 verlobten sich die beiden. Ein paar Monate später zog Marieluise in ein möbliertes Zimmer bei Draws-Tychsens Vermieterin. Hiltrud Häntzschel deutet an, dass der Exzentriker im Gegensatz zu seiner Braut kein Interesse am Geschlechtsverkehr hatte, und spricht »von der zerstörerischen Gewalt in den sexuellen Spannungen dieses Paares, von gegensätzlichsten Bedürfnissen, unbefriedigten Wünschen, von masochistischer Lust an Bestrafung und Unterwerfung bis zu völliger Selbstaufgabe«.[189] Es könnte so gewesen sein, wie es Marieluise Fleißer in ihrem Stück »Der Tiefseefisch« schilderte: »Er immer offensiv, diktatorisch, Hörigkeit fordernd, bitter kränkend, sie ausschließlich in der Defensive; aber sie liefert sich ihm und seinem Terror freiwillig aus.«[190]

In der Erwartung, von den Einkünften seiner Verlobten profitieren zu können, entwickelte sich Draws-Tychsen zu einem »Zuhälter in litteris«[191]. Er wusste, dass der »Marktwert« Marieluise Fleißers durch den Skandal gestiegen war. Tatsächlich hatte der Ullstein-Verlag den bestehenden Vertrag im April 1929 verlängert und die monatlich überwiesenen Beträge erhöht. Unter dem Titel »Ein Pfund Orangen und 9 andere Erzählungen« veröffentlichte Ullstein das erste Buch von Marieluise Fleißer. Und in der ersten Jahreshälfte 1930 erkundigte sich der Arcadia-Verlag mehrmals nach dem neuen Stück der Autorin, »Der Tiefseefisch«. Aufgrund der fortwährenden Einmischung von Draws-Tychsen kündigte der Ullstein-Verlag die Zusammenarbeit mit Marieluise Fleißer am 2. Dezember 1930 auf, aber schon eine Woche später nahm der Gustav Kiepenheuer Verlag sie unter Vertrag. Ende 1931 brachte Kiepenheuer ihren einzigen Roman heraus: »Die Mehlreisende Frieda Geier«. Von ihren nicht besonders hohen Einnahmen lebte auch Draws-Tychsen. »Das ist die kaum zu fassende Tragödie in Fleißers Leben, dass sie sich diesem Mann in abgöttischer Liebe ausgeliefert hat, sich ökonomisch ausbeuten ließ, bis rein nichts mehr da war, und zugleich – und das ist noch ungleich katastrophaler –, dass sie ihre Begabung, ihren

Verstand, ihre Kunst, ihre Urteilsfähigkeit für ihn prostituiert hat.«[192]

Allein und mittellos kehrte Marieluise im Herbst 1932 nach Ingolstadt zurück. Mit der finanziellen Situation ihrer Familie stand es auch nicht zum Besten: Der Vater musste sich gegen neue Konkurrenz behaupten, und Marieluises Bruder, der Ingenieurwissenschaften studiert hatte, war arbeitslos. In dieser Situation wagte die Schriftstellerin es nicht, Schreibpapier zu kaufen oder nach Einbruch der Dunkelheit bei Lampenlicht zu lesen. Nun hätte sie das Geld gut gebrauchen können, mit dem sie Draws-Tychsen ausgehalten hatte. »Hemmungslos Deinen Wünschen und Bedürfnissen folgend, bereits vor der offiziellen Eheschließung ohne Scheu Deine finanziellen Sorgen auf mich abwälzend, ja durch den Verbrauch meiner Gelder die Möglichkeit der Eheschließung immer wieder hinausschiebend und sie verweigernd, hast Du mich stets aufs Neue eingekreist«, schrieb sie ihm 1933. »Im letzten Jahr in Berlin erkannte ich, dass der Weg neben Dir für mich kerzengerade ins Irrenhaus führt.«[193]

Dass die Nationalsozialisten inzwischen die Macht übernommen hatten, verbesserte die Lage der wegen ihrer Theaterstücke und ihrer früheren Zusammenarbeit mit Bertolt Brecht verschrienen Autorin nicht. Immerhin wurde ihr Aufnahmeantrag in die Reichsschrifttumskammer am 14. Dezember 1933 angenommen, nachdem sie sich sowohl von ihren früheren Werken und Anschauungen als auch von Brecht und der Linken opportunistisch distanziert hatte.[194]

Im Mai 1934 ließ Marieluise sich auf eine monatelange Affäre mit dem zwei Jahre jüngeren fränkischen Maler und Lehrer Georg (»Görgen«) Hetzelein ein, der mit ihrer Freundin Maria Hirscheider verlobt war. Er schickte Marieluise um die hundert mit erotischen, teilweise auch obszönen Zeichnungen versehene Briefe.

Hellmut Draws-Tychsen – den sie im Jahr zuvor noch einmal in Berlin besucht hatte – schrieb ihr im Juli 1934: »Merk Dir: eine Frau ist ohne den formenden Willen des Mannes nichts. Ohne mich wird Dein Werk keine Existenzberechtigung mehr haben [...] Mit einem ungeheuerlichen Vampirtum hast Du alle deine Männer verwüstet und obendrein literarisch gefleddert [...] Du hättest körperlich rechtzeitig und kräftig befriedigt werden müssen und alle musischen Extravaganzen wären spurlos vorübergegangen.«[195]

Marieluise trennte sich im Winter 1934/35 sowohl von Hetzelein als auch endgültig von Draws-Tychsen, und im September 1935 heiratete sie trotz ihrer Bedenken Bepp Haindl. »Man vermutete, wohl mit Recht, dass sie nur versorgt sein wollte. Bepp galt als äußerst schwach, gutmütig bis zum Törichten. Marieluise war ihm intellektuell himmelhoch überlegen, sie hatten sich nichts zu sagen [...] Aber er liebt sie abgöttisch, ist ihr wider alle Vernunft in Hörigkeit ergeben.«[196] Der Preis, den Marieluise Fleißer für die Absicherung bezahlte, war hoch: Sie musste nicht nur den Haushalt führen, sondern auch die Kunden in dem Tabakladen bedienen, den Haindl seit sieben Jahren in Ingolstadt betrieb. Fürs Schreiben blieb nicht viel Zeit. Bis August 1938 ertrug Marieluise diese deprimierende Situation, dann musste sie sich drei Monate lang in der Heil- und Pflegeanstalt für Gemütskranke in München-Neufriedenheim behandeln lassen.

Im Januar 1943 wurde sie in einer Munitionsfabrik dienstverpflichtet. Haindl gelang es allerdings, sie nach kurzer Zeit wieder freizubekommen. Als er im Frühjahr 1945 noch in den Krieg musste, blieb ihr nichts anderes übrig, als den Tabakladen ohne ihn zu führen. Die Amerikaner beschuldigten sie im Juni, zwei Stangen Zigaretten nicht deklariert zu haben, und sperrten sie ein, bis ihr Mann zurückkam und sie mit der Beteuerung, dass seine Frau psychisch krank sei, aus dem Gefängnis holte.

Während des Kriegs hatte Marieluise Fleißer mehrere Fassungen des Theaterstücks »Karl Stuart« geschrieben. Der Verlag Kurt Desch druckte es 1946, aber es fand sich keine Bühne dafür.

Im September 1948 nahm sie wieder Kontakt mit Bertolt Brecht auf. Zwei Jahre später trafen sie sich in den Kammerspielen, wo Brecht mit Therese Giehse als Hauptdarstellerin sein Drama »Mutter Courage und ihre Kinder« probte und Marieluise die Uraufführung ihres Volksstücks »Der starke Stamm« am 7. November 1950 vorbereitete.

Mit »Der starke Stamm« stieß Marieluise Fleißer auf Ablehnung. »Ich bin immer noch ziemlich verstört von meiner Münchener Aufführung«, schrieb sie Helene Weigel, »und bin, obwohl die Presse im ganzen wohlwollend war, rein aus dem heraus, was ich spürte, jetzt davon überzeugt, dass ich nicht fürs

Theater schreiben kann, nie bringe ich eine tragfähige Handlung her, und die Handlung ist fast das Einzige, was auf der Bühne wirklich kommt, alles andere ist für die Katz.«[197]

»So lebe ich hoffnungslos, angefeindet, trostlos und immer bedroht«[198], klagte Marieluise am 28. Dezember 1954 in einem Brief an den Schriftsteller Max Stefl. Ein dreiviertel Jahr später drängte sie Brecht in Berlin und Feuchtwanger in Los Angeles, ihr einen Verlagsvertrag mit einem garantierten Mindesteinkommen zu vermitteln, denn sie hielt es mit Bepp Haindl nicht mehr aus und wollte sich von ihm trennen. Auf einem Schriftstellerkongress in Berlin Anfang 1956 wurde Marieluise von Brecht zur Zusammenarbeit in Ostberlin eingeladen, aber sie zog es nun doch vor, in Ingolstadt zu bleiben. Allerdings weigerte sie sich fortan, im Geschäft mitzuhelfen, und versorgte auch nur mehr halbtags den Haushalt, um wieder Zeit fürs Schreiben zu haben.

Bepp Haindl starb am 15. Januar 1958. Marieluise erlitt noch in derselben Nacht einen Herzinfarkt und musste für drei Monate ins Krankenhaus. Im Jahr darauf verkaufte sie den Tabakladen, und 1962 zog sie in eine kleine Eigentumswohnung in Ingolstadt.

Unter dem Titel »Avantgarde« publizierte der Carl Hanser Verlag 1963 einen Band mit Erzählungen von Marieluise Fleißer. Neu war allerdings nur die Erzählung, die den Titel des Buches lieferte. Sie handelt von der Studentin Cilly Ostermeier, die in den Zwanzigerjahren aus der Provinz nach Berlin kommt und als Dichterin zur Avantgarde gehören möchte, die sich jedoch von einem Genie verbiegen lässt und dadurch beinahe zugrunde geht. Ob Marieluise Fleißer damit auf ihre Beziehung mit Bertolt Brecht anspielte, ist umstritten. Therese Giehse soll allerdings gesagt haben, es gebe kein gültigeres Porträt von ihm.

Weil sozialkritische, antimilitaristische Theaterstücke in der zweiten Hälfte der Sechzigerjahre wieder dem Zeitgeist entsprachen, beabsichtigte Helene Weigel, es noch einmal mit »Pioniere in Ingolstadt« zu versuchen. Marieluise Fleißer wollte das Stück jedoch vor der Neuinszenierung überarbeiten. Während sie damit beschäftigt war, las sie am 15. Februar 1968 in der Zeitung von einer in drei Tagen geplanten Aufführung im Action-Theater in München: Unter dem Titel »Zum Beispiel Ingolstadt« wollte der Regisseur Rainer Werner Fassbinder mit Hanna Schygulla,

Irm Hermann, Franz Xaver Kroetz und anderen Schauspielern eine szenische Collage aus »Pioniere in Ingolstadt« auf die Bühne bringen. Die Urheberin erwirkte zunächst ein Verbot, um ihre Rechte zu wahren, ließ sich dann jedoch überreden, es zurückzuziehen. Eine gute Entscheidung, denn Fassbinder, Kroetz und Martin Sperr leiteten eine Renaissance ihrer Werke ein; sie schätzten es, dass Marieluise Fleißer das Genre des Volksstücks vom Kitsch befreit und für Gesellschaftskritik erschlossen hatte.

Marieluise Fleißers Neufassung der »Pioniere in Ingolstadt« wurde am 1. März 1970 unter der Regie von Niels-Peter Rudolph im Münchner Residenztheater uraufgeführt. Der Kritiker Joachim Kaiser kommentierte: »Der Berliner Skandal wiederholt sich. Mords-Buhs ertönen gleichermaßen gegen den Regisseur und die Autorin [...] Ein Abend, der eine Versöhnung zwischen einer bayerischen Autorin und einem bayerischen Theaterpublikum darstellen sollte, endete schroff dissonant.«[199]

Marieluise Fleißer kam wieder ins Gespräch. Anfang 1972 erfuhr sie vom Verleger Siegfried Unseld, dass er eine Gesamtausgabe ihrer Werke plane. Die Autorin arbeitete hoch motiviert mit dem Herausgeber Günther Rühle zusammen, und Ende November hielt sie die drei Bände des Suhrkamp Verlags in Händen. Ein vierter Band mit dem Nachlass erschien nach ihrem Tod 1989.

Marieluise Fleißer beabsichtigte noch, das Theaterstück »Tiefseefisch« umzuarbeiten und endlich auf die Bühne zu bringen. Das Werk war 1930 im Berliner »Börsen-Courier« unter dem Titel »Jonnys Dichtfabrik« auszugsweise veröffentlicht, aber auf Betreiben Brechts, der sich darin wiedererkannt haben wollte, nie aufgeführt worden.

Ihr Vorhaben konnte Marieluise Fleißer jedoch nicht mehr verwirklichen, denn nach einer kurzen Schweizreise musste sie am 21. Januar 1974 ins Krankenhaus, und am 2. Februar starb sie im Alter von zweiundsiebzig Jahren.

Erika Mann

(1905–1969)

»Es wird an uns sein, die Köpfe und Herzen der Deutschen mit neuen Ideen, Hoffnungen zu füllen.«

Die bis dahin unpolitische Schauspielerin Erika Mann gründete Anfang 1933 in München das legendäre Kabarett »Die Pfeffermühle«. Kurz darauf emigrierte sie in die Schweiz und führte es dort unter demselben Namen weiter. Von 1936 bis 1952 lebte sie in den USA, arbeitete als Kriegsberichterstatterin und unternahm Vortragsreisen. Glücklich war Erika Mann selten. Ihren über alles geliebten Bruder Klaus konnte sie nicht vom Selbstmord abhalten, und in keiner ihrer bisexuellen Beziehungen scheint sie Erfüllung gefunden zu haben.

Als der Lübecker Senator und Getreidekaufmann Heinrich Mann am 13. Oktober 1891 starb, stellte sich heraus, dass von seinem einstigen Vermögen nicht mehr viel übrig war. Die aus Brasilien stammende Witwe Julia, eine geborene da Silva-Bruhns, zog daraufhin mit ihren drei jüngeren Kindern Julia, Carla und Viktor nach München. Die beiden älteren Söhne Heinrich und Thomas folgten ihnen nach dem Schulabschluss und entschieden sich dann dafür, Schriftsteller zu werden: Thomas Mann machte sich mit »Buddenbrooks« (1901) einen Namen, und mit »Professor Unrat oder Das Ende eines Tyrannen« (1905) gelang Heinrich Mann der Durchbruch.

1904 verliebte sich Thomas Mann in die einundzwanzigjährige Studentin Katharina (»Katia«) Pringsheim, die mit ihren Eltern, dem Münchner Mathematikprofessor Alfred Pringsheim und der früheren Berliner Schauspielerin Hedwig Dohm, sowie vier Brüdern in einem 1500 Quadratmeter großen Palais in der Arcisstraße wohnte. »Die Pringsheims waren unter den Ersten, die sich in München ein Telefon und elektrisches Licht zulegten.

Ihr Haus wurde bald zu einem Zentrum der intellektuellen und mondänen Welt.«[200] Obwohl Pringsheim zuerst skeptisch war, weil Thomas Mann in »Buddenbrooks« den »Verfall einer Familie« dargestellt hatte, akzeptierte er ihn schließlich als Schwiegersohn und richtete dem jungen Paar nach der Hochzeit am 11. Februar 1905 in der Nähe seines Palais eine Siebenzimmerwohnung mit Bad ein.

Dort wurde Katia Mann am 9. November 1905 von ihrer Tochter Erika entbunden. »Die Geburt war wider Erwarten ganz schrecklich schwer«, teilte Thomas Mann seinem Bruder Heinrich mit, »und meine arme Katia hat so grausam leiden müssen, dass es ein Gräuel war und kaum auszustehen.«[201] – Es folgten die Kinder Klaus (1906), Golo (1909), Monika (1910), Elisabeth (1918) und Michael (1919).

Während Thomas Mann sich jeden Vormittag in sein Arbeitszimmer zurückzog, wo ihn niemand beim Schreiben stören durfte, kümmerte sich Katia um die Kinder, den Haushalt und die Korrespondenz ihres Mannes.

Als Erika Mann zweieinhalb Jahre alt war, mietete der Vater oberhalb von Bad Tölz ein Ferienhaus, und weil es der Familie dort gefiel, erwarb er in der Nähe ein Grundstück, auf dem er ein eigenes Landhaus errichten ließ – das »Tölzhaus« –, in dem die Manns ab 1909 die Sommermonate und mitunter auch einige Zeit im Winter verbrachten, bis sie es 1917 verkauften. In München richtete sich die Familie 1910 in zwei miteinander verbundenen Vierzimmerwohnungen im Herzogpark ein.

Dass Erika nicht nur Geschichten erfand, sondern auch fortwährend log, machte der Mutter Kopfzerbrechen, und Thomas Mann redete der Kleinen ins Gewissen. »Und plötzlich, zu meinem Erstaunen und auch gewissermaßen Entsetzen [...] wurde ich in sein Arbeitszimmer gerufen. Von ihm. Persönlich. Und da sprach er zu mir ungefähr wie folgt: ›Eri, du bist ja jetzt schon sieben. Du bist ja kein kleines Kind mehr. Und du weißt ja im Grunde, was du tust. Jetzt lügst du die ganze Zeit. Schau! Stell dir bitte einmal vor, was passieren würde, wenn wir alle immerzu lögen. Wir könnten uns ja gegenseitig gar nichts mehr glauben!‹«[202]

Als der Erste Weltkrieg ausbrach, wechselten Erika und Klaus, die zunächst ein Jahr zu Hause unterrichtet worden waren und

Erika Mann, 1927

dann zwei Jahre lang eine Privatschule in Schwabing besucht hatten, auf eine staatliche Schule. Die Familie Mann, die seit Anfang 1914 mit einer Gouvernante und zwei Hausangestellten in der für sie gebauten Villa in der Poschingerstraße wohnte, litt zwar nicht einmal im »Kohlrübenwinter« 1916/17 Not, musste sich jedoch einschränken.

In der Schule langweilte sich Erika, die über eine rasche Auffassungsgabe und ein erstaunliches Gedächtnis verfügte. Von ihren Mitschülerinnen wurde sie rasch als Anführerin akzeptiert, zumal sie »wie zwei Buben turnen und raufen«[203] konnte. Aus Solidarität mit der Mitschülerin Lili Burger, die gehänselt wurde, weil sich ihre Eltern keine Schuhe für sie leisten konnten, lief auch Erika bis in den Herbst hinein barfuß und kreierte damit eine »Mode«.

Erika, die als Einzige in der Familie bayrisch sprach, brachte selbst den »Zauberer« – so nannte sie den Vater – zum Lachen, wenn sie andere imitierte. »Sie war frühreif, frech und verspielt. Und sie hatte Humor. Mit Vorliebe spielte sie die Rolle des allgemein erheiternden Hausclowns. Für den Vater, die ganze Familie und den Freundeskreis. Sie konnte wunderbar die diversen Freunde und Besucher ihres Vaters nachahmen. Sie war eine hochbegabte Mimin und hat die oft recht spießigen Freunde und Besucher Thomas Manns erbarmungslos verulkt. Thomas Mann hat das alles sehr genossen.«[204]

Zu den engsten Freunden von Erika und Klaus Mann zählten Lotte und Marguerite (»Gretel«) Walter, die Töchter des Generalmusikdirektors Bruno Walter, und Richard (»Ricki«) Hallgarten, der Sohn des Juristen und Germanisten Robert Hallgarten und der Frauenrechtlerin Constanze Hallgarten. Am 1. Januar 1919 gründeten sie mit weiteren Freunden den »Laienbund deutscher Mimiker« und führten bereits zwölf Tage später »Die Gouvernante« von Theodor Körner im Haus der Familie Mann auf. Thomas Mann verfasste persönlich eine launige Theaterkritik: »Die Gouvernante wurde von Fräulein Titi [Erika] mit verständiger Distinktion verkörpert. Nur dem großen Monolog erwies sich die Gestaltungskraft der achtbaren Künstlerin, welche übrigens die in ihrer Rolle enthaltenen französischen Redewendungen mit Exaktheit zu Gehör brachte, als noch nicht völlig gewachsen.«[205] – Im Verlauf von drei Jahren studierte die Theatergruppe acht verschiedene Stücke ein.

Nicht alle Unternehmungen der Kinder waren so kultiviert. Einmal grüßten Erika und Gretel eine Referendarin mit einem Knicks und gefalteten Händen – und danach feixten sie über das verblüffte Gesicht der jungen Lehrerin. Erika, deren wieherndes Lachen besonders laut zu hören war, dachte sich immer wieder neue Streiche aus. Besonders gern legte sie Leute am Telefon herein. Beispielsweise rief sie den Schauspieler Albert Fischel an, stellte sich mit dem Phantasienamen Friedl Rucktascherer vor und behauptete, in ihn verliebt zu sein: »Sie gefallen mir halt gar so gut, Herr Fischel! […] Ihr G'schau, und die schlanken Füß'.«[206] Zum Rendezvous erschien sie dann mit der gesamten »Herzogpark-Bande«. In »Der Wendepunkt« erinnerte sich Klaus Mann an einen weiteren Jux seiner Schwester: »Wie drollig war es doch, Frau Sanitätsrat Meyer anzurufen und ihr weiszumachen, man sei das Stubenmädchen von Frau Doktor Ruderer. ›Meine Frau Doktor würden sich sehr freuen, wenn die Frau Sanitätsrat mit dem Herrn Sanitätsrat am nächsten Donnerstag zum Nachtmahl zu uns kommen könnten.‹ Frau Sanitätsrat versprach, pünktlich zur Stelle zu sein […] Erika verstand sich auf das Nachahmen aller möglichen Stimmen. Sie war wie einer jener Kobolde, die sich nach Belieben verwandeln und mit fremden Zungen reden können.«[207]

Als Erika und Klaus Mann jedoch über die Stränge schlugen, indem sie ihren Mut durch Ladendiebstähle bewiesen, schickten die Eltern sie im März 1922 in die reformpädagogische Bergschule Hochwaldhausen bei Fulda. Dort hielt es die widerspenstige Sechzehnjährige allerdings nur vier Monate aus. Zurück in München, bereitete sie sich auf das Abitur vor.

Nach dem »Sau Sau Sau Sau-Kotz-Abitur«[208] im März 1924 und einem Kurzurlaub mit der Familie auf Hiddensee mietete sie ein Zimmer in Berlin, um sich dort von Max Reinhardt und dem Stimmbildner Oskar Daniel zur Schauspielerin ausbilden zu lassen. Im Frühjahr 1925 bekam sie ein erstes Theaterengagement in Bremen. Auch wenn sie mitunter an ihren schauspielerischen Fähigkeiten zweifelte, stand sie gern im Rampenlicht: »Erika war ein sehr extrovertierter Mensch. Kein Grübler wie Klaus […] Sie genoss es, im Mittelpunkt zu stehen«[209], meinte ihre Schwester Elisabeth später einmal.

Im Herbst 1925 lernten Erika und Klaus in Hamburg den

Schauspieler Gustaf Gründgens kennen. »Gustaf war brillant, witzig, blasiert, mondän«, erinnerte Klaus Mann sich später. »Er litt an seiner Eitelkeit wie an einer Wunde. Es war diese fieberhafte, passionierte Gefallsucht, die seinem Wesen den Schwung, den Auftrieb gab.«[210] Mit Gustaf Gründgens als Regisseur und Schauspieler studierten sie Klaus Manns Bühnenstück »Anja und Esther« ein. Die vierte Hauptrolle übernahm Pamela Wedekind, die »grell manierierte«[211] Tochter des verstorbenen Dramatikers Frank Wedekind, die mit Klaus trotz seiner Homosexualität verlobt war und mit Erika ein enges, vielleicht auch lesbisches Verhältnis hatte. Das am 22. Oktober 1925 an den Hamburger Kammerspielen uraufgeführte »romantische Stück in sieben Bildern« galt als skandalös, weil es von gleichgeschlechtlicher Liebe handelte. Eine Aufführung am 4. November in Darmstadt zog sogar eine Debatte im hessischen Landtag nach sich.

Bei der Theaterarbeit kamen sich Erika Mann und Gustaf Gründgens näher. Obwohl sie am Sinn einer Eheschließung zweifelten, heirateten sie am 24. Juli 1926 in München. Thomas Mann und Katias Zwillingsbruder Klaus Pringsheim fungierten als Trauzeugen. In der gemeinsamen Wohnung in Hamburg weigerte sich Erika, hausfrauliche Pflichten zu übernehmen, und verärgerte ihren Mann außerdem durch unbekümmertes Geldausgeben.

Ein paar Monate später zog Klaus bei seiner Schwester und seinem Schwager ein. Trotz des gespannten Verhältnisses bereiteten die Geschwister mit Gustaf Gründgens und Pamela Wedekind die Aufführung eines weiteren Stücks von Klaus Mann vor, in dem wieder zwei Paare die Hauptrolle spielten: »Revue zu Vieren«. Die Regie überließ Gründgens diesmal Pamela Wedekind. Die Musik schrieb Klaus Pringsheim, und das Bühnenbild stammte von Thea (»Mopsa«) Sternheim, der Tochter des Dramatikers Carl Sternheim. »Verfolgt von den Flüchen sächsischer Kritiker«[212] gingen Erika und Klaus Mann, Gustaf Gründgens und Pamela Wedekind nach der Premiere am 21. April 1927 im Alten Theater in Leipzig mit dem umstrittenen Stück auf Tournee.

Während eines Engagements im August 1927 an den Kammerspielen in München wohnte Erika mit ihrem Bruder Klaus in einem Hotel am Starnberger See. Dort kam ihnen die Idee, eine

Reise nach Amerika zu unternehmen. Gustaf Gründgens und Pamela Wedekind waren kein Hinderungsgrund: Erikas Ehe stand vor dem Aus, und Pamela beabsichtigte inzwischen, statt Klaus den achtundzwanzig Jahre älteren Dramatiker Carl Sternheim zu heiraten – was sie 1930 dann auch tat.

Am 7. Oktober 1927 gingen die unzertrennlichen Geschwister in Rotterdam an Bord eines Dampfers nach New York, wo sie Ricki Hallgarten besuchten, der sich dort seit einem Jahr mit Gelegenheitsarbeiten durchschlug. Obwohl ihre Ersparnisse gerade für die Schiffspassage über den Atlantik gereicht hatten, reisten sie weiter nach Kalifornien, Honolulu, Japan, Korea, China und Russland. Unterwegs fanden sie Gönner, die einen Teil der Reisekosten übernahmen. Die letzten Schulden beglich übrigens ihr Vater aus den Mitteln des Nobelpreises 1929.

Erst im Sommer 1928 trafen sie wieder in Deutschland ein. Statt zu ihrem Ehemann nach Hamburg zu fahren, bezog Erika eine Dachkammer im Elternhaus in München-Bogenhausen. Ihr Bruder Klaus tat es ihr nach.

Weil sie von ihren Gagen nicht leben konnte, drängte ihr Bruder sie zum Schreiben: »Es ist der Familienfluch.«[213] Nach anfänglichem Zögern folgte sie seinem Rat und verfasste bis Januar 1933 neben ihrer Tätigkeit als Schauspielerin um die hundert Glossen, Reportagen, Rezensionen, Erzählungen und Gedichte für Zeitungen und Zeitschriften. Im Sommer 1929 schrieb sie ihr erstes Bühnenstück: »Hotels«.

Daneben gehörte sie zum Ensemble der Berliner Kammerspiele. Als dort die Spielzeit des im März 1930 unter der Regie von Gustaf Gründgens uraufgeführten Boulevardstücks »Die liebe Feindin« von André-Paul Antoine wegen des Erfolgs verlängert wurde, hätte sie sich also freuen müssen. Die Vierundzwanzigjährige zog es jedoch vor, mit ihrem Bruder nach Nordafrika zu fahren, und überließ ihre Rolle Marianne Hoppe. Durch diesen Affront überwarf sie sich endgültig mit Gründgens, der bis dahin trotz der Scheidung am 9. Januar 1929 immer noch zu ihren Freunden gezählt hatte.

Die begeisterte Autofahrerin ließ sich von einem Mechaniker gründlich instruieren und fuhr dann mit Klaus los. Während ihres dreiwöchigen Aufenthalts in Fez probierte sie erstmals Haschisch aus und erlebte einen grausigen Trip.[214] Über Sizilien und die Apenninhalbinsel kehrten die beiden später nach München zurück.

Am 24. Mai startete Erika Mann zu einer 10 000-Kilometer-Autorallye durch Europa. Ricki Hallgarten war ihr Beifahrer. Sie hatte ihren manisch-depressiven Freund zu dem Abenteuer überredet, um ihn von seinen Selbstmordgedanken abzulenken. »Wir wechseln die Länder weit öfter als die Kleider«[215], schrieb Erika aus Rom. Nach knapp zwei Wochen fuhren die beiden als Sieger in Berlin durchs Ziel.

Inzwischen versuchte sich Erika Mann auch im Rundfunk und beim Film. Bereits im Oktober 1926 hatte sie im Berliner Rundfunk aus dem Roman ihres Vaters »Der Zauberberg« gelesen. In dem Film »Mädchen in Uniform«, der im November 1931 ins Kino kam, spielte sie eine Erzieherin. Im folgenden Monat saß die Familie Mann vor dem Radioapparat, um eine Hörspielbearbeitung des Dramas »Torquato Tasso« zu verfolgen, in der Erika die Rolle der Leonore Sanvitale sprach.

Obwohl sie sich bei einer Nachtfahrt im offenen Cabriolet von Berlin nach München eine starke Erkältung zugezogen hatte, trat sie am 13. Januar 1932 bei einer pazifistischen Veranstaltung des Frauenweltbundes für Internationale Eintracht und des Weltfriedensbundes der Mütter und Erzieherinnen im Unions-Saal in München ans Rednerpult. SA-Männer störten ihren Vortrag, und drei Tage später hieß es im »Völkischen Beobachter« unter der Schlagzeile »Pazifistenskandal in München«: »Ein besonders widerliches Kapitel stellte das Auftreten Erika Manns dar, die als Schauspielerin, wie sie sagte, ihre ›Kunst‹ dem Heil des Friedens widmete. In Haltung und Gebärde ein blasierter Lebejüngling, brachte sie ihren blühenden Unsinn über die ›deutsche Zukunft‹ vor.«[216]

Rollenangebote erhielt Erika nun kaum noch, und der Verkehrsverein Weißenburg hob den mit ihr für die Freilichtbühne Bergwaldtheater geschlossenen Vertrag auf. Dagegen klagte sie, ließ sich dann aber auf einen Vergleich ein. Als die Stadt sich aber weigerte, die vereinbarte Summe zu bezahlen, beschlagnahmte ein Gerichtsvollzieher den Theaterfundus. Daraufhin warf die nationalsozialistische Presse Erika Mann vor, aus Geldgier eine deutsche Kultureinrichtung zu ruinieren.

Seit Herbst 1930 gehörte Annemarie (»Miro«) Schwarzenbach

zu Erikas engsten Freundinnen. Die drei Jahre jüngere drogen-
abhängige Schweizer Fabrikantentochter, die unter einer proble-
matischen Mutter-Tochter-Beziehung litt, hörte nicht auf, Erika
Mann leidenschaftlich zu umwerben. Eine lesbische Beziehung
lässt sich nicht ausschließen, die heftigen Gefühle der andro-
gynen Schönheit wurden jedoch nicht erwidert. Für Erika stellte
Miro Schwarzenbach eine Freundin dar, um die sie sich Sorgen
machte wie um Ricki Hallgarten und ihren Bruder Klaus. Am
6. Mai 1932 wollten sie alle zusammen nach Persien reisen, doch
am Tag davor erschoss sich Hallgarten. Erika litt sehr darunter,
dass sie ihn davor nicht hatte bewahren können.

Um über den Suizid des Freundes hinwegzukommen, stürzte
sich Erika mehr denn je in Arbeit. Schon im Dezember 1931 war
ihr Weihnachtsspiel »Jans Wunderhündchen« in Darmstadt uraufgeführt worden, im Herbst 1932 erschien ihr erstes Kinder-
buch »Stoffel fliegt über das Meer«. Danach bereitete sich die
Siebenundzwanzigjährige auf eine völlig neue Karriere vor: Sie
wurde Kabarettistin.

Am 1. Januar 1933 eröffnete sie in München zusammen mit
Klaus, dem Musiker Magnus Henning, ihrer sieben Jahre älteren
Freundin Therese Giehse und ein paar anderen Mitwirkenden
im Nachtlokal »Bonbonniere« gegenüber dem Hofbräuhaus am
Platzl das Kabarett »Die Pfeffermühle«. Den Namen hatte übrigens Thomas Mann vorgeschlagen. Bis zum Monatsende trugen die Kabarettisten Abend für Abend rund zwanzig Songs
und Sketche vor. Weil die »Bonbonniere« jedes Mal ausverkauft
war, mietete Erika schließlich den größeren Saal der Schwabinger
Gaststätte »Serenissimus«. Dort sollte am 1. April ein neues Programm präsentiert werden – aber dazu kam es aufgrund der politischen Ereignisse nicht mehr.

Am 30. Januar war Adolf Hitler zum Reichskanzler ernannt
worden. Mit unglaublicher Verve entmachteten die Nationalsozialisten ihre politischen Gegner und errichteten ein diktato-
risches Regime. Deshalb bestürmten Erika und Klaus ihre Eltern,
die sich seit 26. Februar in der Schweiz von einer Vortragsreise
erholten, Deutschland fernzubleiben. Die Geschwister kehrten
zwar am 10. März von einem eineinhalbwöchigen Skiurlaub in
der Schweiz nach München zurück, aber der Chauffeur der Familie riet ihnen, so rasch wie möglich wieder abzureisen. Daraufhin

packte Erika ihre Sachen sowie Manuskripte ihres Vaters zusammen und brach am 12. März zu den Eltern nach Arosa auf. Klaus setzte sich am nächsten Tag nach Paris ab.

Ihre jüdischen Großeltern Alfred und Hedwig Pringsheim, die in München blieben, wurden im August 1933 von den Nationalsozialisten gezwungen, ihr Palais weit unter Wert zu verkaufen.[217] Damit begannen die Demütigungen und Schikanen aber erst.

In der Schweiz fing Erika Mann unverzüglich an, die Wiedereröffnung der »Pfeffermühle« vorzubereiten, indem sie Räumlichkeiten suchte und Genehmigungen beantragte. Am 30. September 1933 war es so weit: Das Ensemble der »Pfeffermühle« trat im Tanzsaal des Zürcher Gasthofs »Zum Hirschen« auf die Bühne. Nach einer Reihe von erfolgreichen Abenden gastierte die »Pfeffermühle« Ende des Jahres in Basel, Bern, Schaffhausen, St. Gallen und Winterthur.

Thomas Mann, der mit Katia, Elisabeth und Michael seit 27. September in einem Haus wohnte, das Erika in Küsnacht am Zürichsee für sie gefunden hatte, wurde von seinem Verleger Gottfried Bermann Fischer gewarnt, die »deutschfeindlichen« Kabarettnummern seiner Tochter könnten unangenehme Folgen für ihn haben. Aber statt Erika Zurückhaltung anzuraten, besuchte Thomas Mann weiterhin mit großem Vergnügen Vorstellungen der »Pfeffermühle«. In einem Brief an seinen Freund Ernst Bertram schwärmte er am 9. Januar 1934: »Erika [...], ein Kind, für das meine Bewunderung und Liebe immer gewachsen ist [...], hat hier mit einem für Zürcher Verhältnisse ganz beispiellosen Erfolg ihr literarisches Cabaret, das ganz allein auf ihrer Energie und Phantasie, ihrer zart melancholischen und doch mutig angreifenden Geistigkeit steht, wieder eröffnet. Das kleine Lokal ›Zum Hirschen‹ [...] ist jeden Abend überfüllt, die Automobile der Zürcher Gesellschaft parken davor, das Publikum jubelt, die Presse ist einhellig entzückt.«[218]

Dass am 10. April 1934 eine Ausbürgerungsakte über sie angelegt wurde, erfuhr Erika wohl nicht, aber sie rechnete damit, dass ihr die Nationalsozialisten die deutsche Staatsangehörigkeit aberkennen wollten. Beirren ließ sie sich davon nicht: Nach einer Tournee in Holland und einem Gastspiel im Teatro San Materno auf dem Monte Verità in Ascona begann die »Pfeffermühle« am

3. Oktober 1934 in Basel mit ihrem dritten Schweizer Programm. Joseph Roth schrieb Erika: »Sie machen zehn Mal mehr gegen die Barbarei als wir alle Schriftsteller zusammen.«[219] Bei der Vorstellung am 16. November im Zürcher Kursaal kam es erstmals zu Krawallen, und die Polizei nahm vierundzwanzig Randalierer fest. Erika Mann, die vier Tage später bei der Polizei aussagte, verdächtigte Renée Schwarzenbach-Wille, die mit den Rechtsradikalen sympathisierende Mutter ihrer Freundin Miro, als Drahtzieherin.

Wie befürchtet, wurde Erika am 11. Juni 1935 ausgebürgert. Als Staatenlose drohte ihr die Abschiebung aus der Schweiz. Aber sie war darauf vorbereitet und fuhr bereits am nächsten Tag nach England, um sich einen britischen Pass zu beschaffen. Der homosexuelle englische Lyriker Wystan H. Auden hatte sich bereiterklärt, mit ihr eine Scheinehe zu schließen, ohne sie jemals gesehen zu haben. Über die erste Begegnung des Brautpaars gibt es verschiedene Versionen. Sybille Bedford zitiert einen angeblichen Augenzeugen: »Ein halbes Dutzend junger Engländer wartete [...] auf dem Bahnsteig. Erika rief ihnen entgegen: ›Wer von euch ist es?‹ Der Bräutigam trat vor. Worauf sie sich bei ihm einhakte und fröhlich rief: ›Fein, dann wollen wir mal heiraten.‹«[220] – Jedenfalls ließen sich die beiden am 15. Juni in Ledbury, Worcestershire, trauen. Erika reiste zwar am nächsten Tag wieder ab, aber sie und Auden wurden Freunde und nutzten jede Gelegenheit, sich zu sehen.

Bis zur Gründung der »Pfeffermühle« hatte sich Erika nicht weiter für Politik interessiert. Das war inzwischen anders. Ihr Zorn auf die Faschisten entlud sich nicht nur in Kabarettnummern, sondern richtete sich sogar gegen ihren Vater, wenn sie der Meinung war, er grenze sich nicht ausreichend vom NS-Regime ab: Nachdem in der Exilzeitschrift »Das Neue Tage-Buch« behauptet worden war, Gottfried Bermann Fischer beabsichtige, mit dem Reichspropagandaministerium zusammenzuarbeiten, veröffentlichten Thomas Mann, Hermann Hesse und Annette Kolb am 18. Januar 1936 in der »Neuen Zürcher Zeitung« eine Erklärung, in der sie ihrem Verleger das Vertrauen aussprachen. Erika protestierte in einem geharnischten Brief gegen diesen Schritt ihres Vaters, und es kam zu einem ernsten Streit zwischen ihnen. Erst als sich Thomas Mann am 3. Februar in einem offenen Brief unmissverständlich vom »Dritten Reich« distanzierte, versöhnte sich Erika mit ihm.

Seit die »Pfeffermühle« in der Schweiz auf Polizeischutz angewiesen war, gastierte sie häufiger in der Tschechoslowakei, in Holland, Belgien und Luxemburg. Die tausendste Vorstellung der »Pfeffermühle« fand am 26. April 1936 in Amsterdam statt. Aber das NS-Regime warf immer längere Schatten, und aus Furcht vor den neuen Machthabern in Berlin wurden die Texte der Sketche immer stärker zensiert, so beispielsweise in Prag. In dieser Atmosphäre hatte das politische Kabarett keine Zukunft. Kein Geringerer als Max Reinhardt inszenierte am 14. August auf Schloss Leopoldskron in Salzburg vor sechzehn geladenen Gästen – darunter Marlene Dietrich – die Abschiedsvorstellung der »Pfeffermühle«.

Nachdem Erika Mann im September 1936 mit ihrem Bruder Klaus nach New York emigriert war, bemühte sie sich sofort um eine Neugründung der »Pfeffermühle«. Sie ließ deutsche Texte ins Amerikanische übersetzen, schloss Verträge, mietete einen Saal und warb Sponsoren, darunter Vicki Baum, Alfred Knopf und Max Reinhardt. Therese Giehse, Magnus Henning und andere Mitglieder des Ensembles kamen nach. Am 5. Januar 1937 fand die Premiere der »Peppermill« in New York statt, aber die Kritiken fielen so vernichtend aus, dass Erika die geplante Tournee absagte. Über die Ursachen des Scheiterns meinte Klaus: »Die New-Yorker ›Pfeffermühle‹ mit ihrem zweisprachigen Repertoire und gemischten Ensemble war weder Fleisch noch Fisch: zu ›outlandish‹ für die Masse, nicht ›continental‹, nicht ›exotic‹ genug für die verwöhnten Snobs.«[221]

Der einundfünfzigjährige Bankier Maurice Wertheim, der Erika heiraten wollte, übernahm die auf der »Peppermill« lastenden Schulden. Obwohl Klaus sie drängte, den Antrag des wohlhabenden Bewerbers anzunehmen, schlug Erika ihn aus. Darüber war niemand mehr erleichtert als der emigrierte deutsche Arzt und Schriftsteller Martin Gumpert, ein weiterer Verehrer Erikas, der vermutlich der Vater des Kindes war, das Erika Mann im Frühjahr 1937 abtreiben ließ.

Trotz des Scheiterns der »Peppermill« blieb Erika nicht untätig. Am 15. März 1937 begann sie eine neue Karriere als Rednerin, und zwar mit einer Ansprache vor 23 000 Zuhörern auf der vom American Jewish Congress und Jewish Labor Committee organisierten »Peace and Democracy Rally« im Madison Square Garden in New York. Sie rief zum Boykott deutscher Erzeugnisse auf: »Das Nazireich braucht Stahl und Baumwolle, es hat im Überfluss gute Medizinen, schlechte Filme [...] Nur falls es loswird, was es produziert, kann es einführen, was es braucht: den Stahl und die Baumwolle [...] Jede Flasche Kölnisch Wasser, die Sie kaufen, gnädige Frau, weil es so erfrischend riecht (als ob Yardley das nicht auch täte), bedeutet ein Quäntchen Stahl für Hitler – ein Stückchen Flugzeug, das Bomben auf Ihre Kinder werfen wird [...]«[222]

Im Herbst 1937 brach Erika Mann zu ihrer ersten von einer New Yorker Agentur organisierten Lecture Tour auf. Fünf Monate lang reiste sie quer durch die USA und hielt jede Woche vier bis fünf Reden. Anschließend begleiteten sie und ihre Mutter Thomas Mann auf einer mehrwöchigen Vortragsreise.

Im Auftrag einer französischen Tageszeitung erkundeten Erika und Klaus Mann im Juni 1938 drei Wochen lang die Iberische Halbinsel und berichteten über den Spanischen Bürgerkrieg.

Obwohl Erika auch danach noch als Journalistin in Europa zu tun hatte, half sie ihren Eltern in Küsnacht beim Packen. Im September 1938 emigrierten Thomas und Katia Mann mit ihrer Tochter Elisabeth nach Princeton, New Jersey. Erika kehrte erst einen Monat später nach New York zurück.

Im Juni 1939 begleitete sie ihre Eltern auf einer Europareise. Sie überredete Klaus Manns Verleger Fritz Helmut Landshoff, sich ihnen anzuschließen, und hoffte, den Freund dadurch von seiner Drogensucht befreien und vom Selbstmord abhalten zu können. Nicht aus Liebe, sondern um ihm zu helfen, soll sie sogar bereit gewesen sein, mit ihm zusammenzuleben. Aber Landshoff blieb auf eigenen Wunsch in Amsterdam zurück, während Erika in die Schweiz fuhr, um einige Zeit mit Therese Giehse in Arosa zu verbringen. Dort erhielt sie die Nachricht, dass der Filmproduzent Robert Neppach am 21. August seine getrennt von ihm lebende Ehefrau Gretel Walter und dann sich selbst erschossen hatte. Bestürzt über den tragischen Tod ihrer Jugendfreundin, nahm Erika an der Trauerfeier in Zürich teil.

Die Rückreise nach Amerika verlief chaotisch: Erika verpasste am 26. August in Rotterdam ihren Dampfer. Dabei verlor sie ihr

Gepäck. Statt auf ein anderes Schiff zu warten, flog sie am 30. August nach Stockholm, wo sich ihre Eltern gerade aufhielten. Dort wurden sie vom Kriegsbeginn überrascht. Erst am 9. September bekamen sie einen Flug nach England, und zehn Tage später holte Martin Gumpert sie im Hafen von New York ab.

Inzwischen machten sich die Manns große Sorgen um Katias Eltern, die noch immer in München lebten. Alfred Pringsheim wurde am 2. September neunundachtzig Jahre alt, und Hedwig war nur fünf Jahre jünger. Erst durch die Intervention des mit Rudolf Heß[223] befreundeten Rektors der Münchner Universität und anderer Bekannter durfte das Ehepaar am 31. Oktober 1939 in die Schweiz ausreisen.

Zur gleichen Zeit begann Erika ihre dritte Lecture Tour. »Meine Ansprachen bleiben erfolgreich, – ekeln mich aber ein wenig«, schrieb sie ihrer Mutter im November. »Und das ›Weiter-Weiter‹, – die Idee des ›Abhaspelns um jeden Preis‹ ängstet mir zuweilen das Herz.«[224]

Seit ihrer Emigration nach Amerika reiste Erika jedes Jahr nach Europa. Von August bis Oktober 1940 hielt sie sich wieder dort auf. Neunmal sprach sie in dieser Zeit über die BBC zu den Deutschen und versuchte, ihnen den Wahnsinn des Kriegs vor Augen zu führen. Auf dem PEN-Kongress im September 1941 in London beendete sie ihre Rede mit den Worten: »Es wird an uns sein, die Köpfe und Herzen der Deutschen mit neuen Ideen, Hoffnungen und einem besseren Glauben zu füllen.«[225]

Als amerikanische Kriegsberichterstatterin mit britischem Pass reiste Erika Mann im Sommer 1943 nach Marokko, Algier, Kairo, Jerusalem, Tel Aviv, Teheran und Bagdad. Mit den alliierten Invasionstruppen kam sie im Juni 1944 in die Normandie, um ein halbes Jahr lang über den Vormarsch der Amerikaner und Briten an der Westfront zu berichten. Am 25. August 1944 stand sie unter den Zuschauern, die Charles de Gaulle zujubelten, als er an der Spitze seiner Truppen über die Champs-Élysées in Paris paradierte.

Zur Silvesterfeier ihrer Familie in der Villa in Pacific Palisades bei Los Angeles, die sich Thomas Mann inzwischen hatte bauen lassen, brachte Erika die Kriegsreporterin Betty Knox mit, mit der zusammen sie in Nordafrika und in der Normandie gewesen war.

Die Manns staunten, wie unbekümmert sich die Amerikanerin in der familiären Umgebung des Nobelpreisträgers bewegte, und es blieb ihnen nicht verborgen, dass die beiden Frauen ein Paar waren.

Seit einigen Jahren hatte Erika auch mit dem neunundzwanzig Jahre älteren Dirigenten Bruno Walter eine Liebesbeziehung, von der zunächst nur ihr Bruder Klaus wusste. Als Bruno Walters Ehefrau, die frühere Sopranistin Elsa Korneck, im März 1945 an den Folgen eines Schlaganfalls starb, machte sich Erika keine Illusionen: Der weltberühmte Musiker würde sich niemals mit ihr als Lebensgefährtin zeigen. Tatsächlich holte Bruno Walter im Herbst 1948 die Sängerin Delia Reinhardt nach Kalifornien, kaufte ihr ein Haus in seiner Nähe und beschränkte den Kontakt mit Erika nun wieder auf eine väterliche Freundschaft.

In der Uniform einer Korrespondentin der US-Army sah sich Erika im Sommer 1945 in München und anderen zerbombten deutschen Städten um. Dass die Deutschen so taten, als seien die Nationalsozialisten nur eine kleine Verbrecherbande außerhalb der Gesellschaft gewesen, empörte sie ungemein. Als einzige weibliche Journalistin erhielt sie im August 1945 Zugang zum Hotel »Palace« in Mondorf bei Merzig an der deutsch-luxemburgischen Grenze, wo Hermann Göring und andere Hauptkriegsverbrecher interniert waren. Allerdings durfte sie nicht mit ihnen reden. In München interviewte sie Ilse Heß. Danach entrüstete sie sich in einer englischen Zeitung darüber, dass die Ehefrau des »Stellvertreters des Führers«, der 1941 nach Schottland geflogen und seither dort interniert war, nichts von Konzentrationslagern, geschweige denn vom Holocaust gewusst haben wollte. Wie unversöhnlich Erika sein konnte, zeigte sich zu Beginn des Nürnberger Prozesses, wo sie ihren Jugendfreund Wilhelm Emanuel Süskind wiedersah. Als er auf sie zuging, um sie zu begrüßen, ließ sie ihn einfach stehen, denn er hatte sich mit den Nationalsozialisten arrangiert und war somit für sie eine Unperson.

Während Erika bei der Lecture Tour 1946/47 für zweiundneunzig Reden gebucht worden war, kam sie ein Jahr später nur noch auf zwanzig Veranstaltungen. Die Amerikaner boykottierten Erika Mann, weil sie ihr kommunistische Ansichten unterstellten. Bereits im Dezember 1938 hatte »The Monitor«, das offizielle Organ des Erzbischofs von San Francisco, Erika und Klaus

Mann nach einer gemeinsam gehaltenen Rede vorgeworfen, das Gastrecht zu missbrauchen, kommunistische Agitation zu betreiben und ihr Vaterland zu verunglimpfen. Durch einen Tagebucheintrag Thomas Manns vom 8. März 1941 wissen wir, dass seine Tochter Erika Drohbriefe erhielt. Und seit 1940 führte das FBI eine Akte über sie. Aufgrund ihrer Aussagen beim »Town Meeting of the Air« am 9. August 1948 in Stockton, Kalifornien, einer beliebten Podiumsdiskussion im Hörfunk, wurde Erika sogar als Stalinistin verdächtigt. Dabei hatte sie in der Diskussion nur die Meinung vertreten, dass die USA, das Vereinigte Königreich und Frankreich mit der Währungsreform in ihren Besatzungszonen und den Vorbereitungen zur Gründung eines westdeutschen Staates ebenso gegen das Potsdamer Abkommen verstießen wie die UdSSR mit der Berlin-Blockade.

Als Erika ihre Vortragsreisen aufgab, wurde sie von ihrem ihr Vater gebeten, ihm zu assistieren und sich auf die Betreuung seines Nachlasses vorzubereiten. Die neue Aufgabe kostete sie so viel Zeit, dass Klaus sich vernachlässigt fühlte.

Seit Jahren befürchtete Erika, ihr Bruder könne sich etwas antun. Nach mehreren fehlgeschlagenen Selbstmordversuchen starb Klaus Mann am 21. Mai 1949 in Cannes an einer Überdosis Schlaftabletten. Erika und die Eltern erhielten die Nachricht in Schweden. »Es ist entsetzlich viel mit ihm dahingegangen […] waren wir doch Teile voneinander – so sehr, dass ich ohne ihn im Grunde gar nicht zu denken bin«, klagte Erika in einem Brief an Pamela Wedekind.[226] Der Selbstmord ihres Bruders traf sie besonders schwer, denn die Geschwister waren so unzertrennlich gewesen, dass manche über eine inzestuöse Beziehung getuschelt hatten. Ihre Schwester Elisabeth Mann-Borgese tat das Gerede allerdings als Unsinn ab: »Sie war bisexuell. Mit Therese Giehse hatte sie beispielsweise lange ein Verhältnis. Klaus hingegen war nicht bisexuell, sondern schwul. Es kann also gar nicht stimmen, dass zwischen Erika und Klaus eine Beziehung bestanden haben soll.«[227]

Kurz nach dem Schicksalsschlag kam es erneut zu einer ernsten Auseinandersetzung zwischen Vater und Tochter, weil Thomas Mann die Einladungen annahm, anlässlich des 200. Geburtstags von Johann Wolfgang von Goethe Festvorträge in der Frankfurter Paulskirche und in Weimar zu halten. Erika bezichtigte jedoch alle Deutschen, Parteigänger oder zumindest Mitläufer der Nationalsozialisten gewesen zu sein.

Nachdem FBI-Agenten vierzehn Bekannte Erika Manns ausgehorcht hatten und sie selbst am 30. März 1950 von zwei Beamten der Einwanderungsbehörde befragt worden war, zog sie ihren Einbürgerungsantrag am 11. Dezember zurück. Inzwischen organisierte der amerikanische Senator Joseph R. McCarthy eine radikale Verfolgung potenzieller Kommunisten und ihrer Sympathisanten. Erika galt als verdächtig, nicht zuletzt, weil sie den Begriff »freie Welt« konsequent in Anführungszeichen setzte. »Die McCarthy-Hexenjagd machte sie [Erika Mann] so leidenschaftlich anti-amerikanisch, wie sie während des Krieges proamerikanisch gewesen war.«[228] Wegen der unerträglichen Atmosphäre verließen Thomas, Katia und Erika Mann im Juli 1952 die USA. Nach einem provisorischen Aufenthalt in Erlenbach bei Zürich kaufte Thomas Mann Anfang 1954 ein Haus in Kilchberg am Zürichsee.

Erika, die sich seit 1948 drei Unterleibsoperationen unterzogen hatte, versuchte wohl im Juni 1954, mit einer Schlafkur in einer Münchner Klinik von Zigaretten, Alkohol, Aufputsch- und Beruhigungsmitteln loszukommen. Dass sie sich hin und wieder Opium injizierte, hielt sie dagegen für kontrollierbar. Trotz ihrer Süchte verfügte sie über eine außergewöhnliche Arbeitskraft, die sie inzwischen ganz in den Dienst des Vaters und des toten Bruders stellte, dessen Urheberrechte sie geerbt hatte. »Erika Mann war der eigentliche Dreh- und Angelpunkt der Familie, der Motor, der die Firma Mann am Laufen hielt.«[229] Elisabeth Mann-Borgese bezeichnete ihre Schwester als »eine ungemein dominante und starke Persönlichkeit«[230].

Als damit begonnen wurde, Romane von Thomas Mann zu verfilmen, durfte nichts ohne ihre Einwilligung gedreht werden. So wirkte sie 1953 bei der Adaptation des Romans »Königliche Hoheit« (1909) als Beraterin mit und übernahm zudem die Rolle der Oberschwester Amalie. Auch bei »Bekenntnisse des Hochstaplers Felix Krull« (1957) und »Buddenbrooks« (1959) arbeitete Erika Mann an den Drehbüchern mit.

Anlässlich des 150. Todestages Friedrich von Schillers hielt Thomas Mann im Mai 1955 in Stuttgart und Weimar eine Rede. Diesmal protestierte Erika nicht gegen seine Auftritte in Deutschland. Im Gegenteil: Sie hatte mitgeholfen, den Entwurf von hundertzwanzig auf zwanzig Seiten zu kürzen und begleitete ihre Eltern.

Zwei Monate später flog Erika nach London, um Bertrand Russell und andere Geistesgrößen für ein Anliegen ihres Vaters zu gewinnen: einen gemeinsamen Friedensappell und ein Manifest über die ökologische Verantwortung der Menschheit. Thomas Mann starb jedoch am 12. August 1955, und das Vorhaben konnte nicht mehr verwirklicht werden.

Im Frühjahr 1958 verfing sich Erika auf der Treppe im Kilchberger Haus mit einem Fuß im Saum ihres Bademantels und stürzte. Dabei brach sie sich den linken Mittelfußknochen. Bei einem weiteren Sturz zweieinhalb Jahre später zog sie sich eine Oberschenkelhalsfraktur zu. Die Ärzte diagnostizierten progressive Atrophie[231]. Darüber hinaus litt sie unter Bronchitis sowie Magen- und Kreislaufbeschwerden.

Trotzdem arbeitete sie rastlos weiter und wählte beispielsweise aus rund zehntausend Briefen ihres Vaters knapp tausenddreihundert für eine Veröffentlichung in drei Bänden mit insgesamt zweitausend Seiten aus. Kritiker und Germanisten monierten, dass sie dabei nach eigenem Gutdünken Passagen strich und Briefe zurückhielt, um ihren Vater makellos erscheinen zu lassen.

Ärger gab es auch mit dem Roman »Mephisto« von Klaus Mann. Das Buch war 1936 im Querido Verlag in Amsterdam veröffentlicht worden, und 1956 hatte der Aufbau-Verlag in Ostberlin den Titel ins Programm genommen. Als die Nymphenburger Verlagshandlung die erste Ausgabe in der Bundesrepublik Deutschland ankündigte, klagte Peter Gorski 1964 dagegen, weil dadurch angeblich Persönlichkeitsrechte seines 1963 an einer Überdosis Schlaftabletten gestorbenen Adoptivvaters Gustaf Gründgens verletzt worden wären. Der Rechtsstreit zog sich bis 1971 hin und endete mit dem Verbot der Neuausgabe. Vergeblich hatte Erika Mann deshalb an Bundespräsident Gustav Heinemann geschrieben.

Seit einer Hüftoperation im Mai 1964 in Oxford konnte sie sich nicht mehr ohne Hilfsmittel fortbewegen. Trotzdem kaufte sie sich einen Sportwagen, und als der Literaturkritiker Marcel Reich-Ranicki die Einundsechzigjährige im April 1967 in Kilchberg besuchte, kam ihm eine selbstbewusste Frau mit versilberten Krücken entgegen. »Vom ersten Augenblick an spürte man eine ungewöhnliche Persönlichkeit. Dass die jetzt knapp über sechzig Jahre alte Erika Mann einst schön und herrisch gewesen war wie eine Amazonenkönigin – man sah es immer noch, man sah es sofort […] nach wie vor scharfsinnig und schlagfertig […], immer temperamentvoll und auch streitsüchtig […] Mitunter konnte man den Eindruck haben, dass aus Erika Mann, der Amazone, in ihren späteren Jahren eine Erinnye geworden war.«[232]

Klaus Pringsheim berichtete später über einen Besuch bei seiner Cousine Erika Mann in Kilchberg. Am Rand des Schwimmbeckens in ihrem Garten ließ sich die Zweiundsechzigjährige von ihm den Bademantel abnehmen. Darunter war sie nackt. »Ich habe nie im Leben eine Frau mit einem schöneren Körper gesehen […] Ihre Haut war sonnengebräunt, und als ich sie kurz berührte, fühlte ich, dass sie glatt und sanft wie Seide war. Erika wusste sehr wohl, wie sie mich damit berührte. Sie schaute kokett zu mir herauf, während sie ganz langsam in das Wasser stieg.«[233]

War Erika Mann mit ihrem Lebenswerk zufrieden? Immerhin blickte sie zurück auf erfolgreiche Karrieren als Schauspielerin, Kabarettistin, Rednerin, Journalistin, Buchautorin und tat viel für das Werk ihres Vaters und das ihres Bruders. Ihre Mutter hatte in einem Brief an Klaus geschrieben: »Ich glaube, im Grunde ist sie tief unbefriedigt von ihrer Existenz, die ja reich und angeregt, aber menschlich eben doch nicht das Richtige ist.«[234] Und ihre Schwester Elisabeth Mann-Borgese war überzeugt, dass Erika eine »selbstzerstörerische Ader« hatte: »Sie hat sich durch ihr Leben ruiniert.«[235]

Im März 1969 wurde bei Erika Mann ein Gehirntumor diagnostiziert. Von der Operation im April erholte sie sich nicht mehr: Sie starb am 27. August im Zürcher Kantonsspital. Drei Tage später wurde sie auf dem Friedhof in Kilchberg neben ihrem Vater bestattet.

Elly Beinhorn

(1907–2007)

»Neuer Wind unter meinen Flügeln!«

*Im Alter von dreiundzwanzig Jahren flog die Pilotin
allein nach Afrika – siebentausend Kilometer in einer oben
offenen Maschine aus Holz. Von Dezember 1931 bis Juli 1932
umrundete sie die Erde, wieder ohne Begleitung. Ihr Ehemann,
der Rennfahrer Bernd Rosemeyer, starb am 26. Oktober 1937 –
eineinhalb Jahre nach der Hochzeit und elf Wochen nach der
Geburt des Sohnes – bei einem Unfall mit vierhundertdreißig
Stundenkilometern. Seine Witwe überlebte ihn
um siebzig Jahre.*

Als Elly Beinhorn 1930 erfuhr, dass der österreichische Ethnologe Hugo Bernatzik mit seiner Ehefrau Emmy und dem Jenaer
Völkerkunde-Professor Bernhard Struck eine Expedition zu den
Bijagos-Inseln vor der westafrikanischen Küste plante und dafür
einen Sportflieger suchte, sah die dreiundzwanzigjährige Pilotin
eine Möglichkeit, ihren Traum von einem Langstreckenflug zu
verwirklichen. Sie flog nach Wien, um sich bei Bernatzik vorzustellen. Er konnte zwar nicht einmal ihre Unkosten übernehmen,
geschweige denn ein Honorar bezahlen, begleitete sie aber nach
Berlin und führte sie bei den Redaktionen einiger großer Zeitschriften ein. Die Herren interessierten sich durchaus für spektakuläre Fotos und Reportagen, lehnten es jedoch mit einer einzigen Ausnahme ab, Elly einen Vorschuss zu geben.

Gleichwohl verabredete sie sich für den 1. Februar 1931 mit
Bernhard Struck, Hugo und Emmy Bernatzik in Bissau, der
Hauptstadt von Portugiesisch-Guinea, und startete am 4. Januar 1931 in Berlin-Staaken zu einem Alleinflug nach Afrika.
Die Klemm L 25, die sie sich von der Luftfahrtindustrie geliehen hatte, war ein freitragender Tiefdecker in Holzbauweise mit
einem vierzig PS starken Sternmotor. Damit benötigte sie für die
fünfhundert Kilometer von Berlin nach Böblingen sieben Stunden. Weiter ging es über Basel, Lyon, Barcelona, Madrid nach

Elly Beinhorn, 1930

Sevilla. In Rabat landete Elly erstmals auf afrikanischem Boden. Dann steuerte sie Casablanca an und folgte der Küste bis Dakar. Von dort aus waren es nur noch dreihundertsechzig Kilometer bis Bissau, wo sie nach einem insgesamt siebentausend Kilometer langen Flug pünktlich am 1. Februar eintraf.

Zehn Tage später brach sie mit Hugo Bernatzik zu einem ersten Erkundungsflug über den Bijagos-Archipel auf. Viele aufregende Flüge folgten. Als sie einmal von einem Flug zurückkehrte, konnte sie den Landeplatz wegen eines Heuschreckenschwarms nicht sehen und musste – mit bangem Blick auf die Treibstoffanzeige – eine halbe Stunde kreisen, bis die gefräßigen Insekten weitergezogen waren. Ein anderes Mal deckte sie die Maschine mit Palmwedeln gegen die Sonne ab. Beim ersten Flug danach zwickte es sie fürchterlich an den Beinen, weil mit den Zweigen Wanderameisen ins Cockpit gelangt waren.

Für den Rückflug nach Casablanca wählte Elly eine Route über das Landesinnere, aber nach tausendfünfhundert Kilometern blieb der Propeller wegen einer gebrochenen Ölleitung stehen. Während sie in einem Überschwemmungsgebiet bei Timbuktu notlandete, bemerkte sie einen Afrikaner, der mit erhobenen Händen wegrannte. Nachdem sie aus der nur leicht beschädigten Maschine geklettert war, suchte sie ihn. Er hatte sich hinter einem Baum versteckt. Sie lachte ihn an, sprach beruhigend auf ihn ein und bot ihm eine Zigarette an, aber damit konnte er nichts anfangen: Offenbar hatte er noch nie einen Weißen gesehen. Nach einer Weile tauchten weitere Afrikaner auf. Wie Elly Beinhorn später erfuhr, handelte es sich um Nomaden vom Volk der Songhai, rechtlose Sklaven der Tuareg. Irgendwie gelang es ihr, den Einheimischen mit Händen und Füßen klarzumachen, dass sie einen Boten zur nächsten europäischen Station schicken sollten. Bei fünfundvierzig Grad Celsius im Schatten hielt Elly es nicht lange ohne etwas zu trinken aus, aber es gab nichts außer sumpfigem Wasser. Desinfizieren konnte sie es nur mit etwas Cognac, den sie als Universalmittel mitgenommen hatte (»Kälte, Hitze, Bauchweh, Desinfektion – alles!«[236]). Die Nacht verbrachte sie – von Moskitos geplagt – in einer der vier winzigen Hütten, die die Songhai aufgestellt hatten, und erst als es wieder hell wurde, merkte sie, dass die Bewohnerin an Lepra erkrankt war.

Endlich tauchte der ausgesandte Bote mit einem uniformierten

Afrikaner auf, der Elly in die fünfzig Kilometer entfernte Stadt Timbuktu führte. Weil es unmöglich war, das Flugzeug ohne Ersatzteile aus Europa zu reparieren oder durch die Sümpfe nach Timbuktu zu transportieren, musste die Fliegerin es zurücklassen. Eine Militärmaschine brachte sie nach Bamako, der südlich von Bissau gelegenen Hauptstadt des französischen Gouvernements Haut Senegal Niger. Von dort war sie zwei Wochen zuvor aufgebrochen.

Die Nachricht über ihre Notlandung in Afrika sorgte in Europa für Aufsehen und machte Elly Beinhorn erst richtig berühmt. Für den Heimflug stellte ihr eine Berliner Zeitung eine Ersatzmaschine zur Verfügung, die der Pour-le-Mérite-Flieger Theodor Osterkamp nach Afrika brachte. Mit der Rettung wurde »das Klischee der schwachen, schutzbedürftigen Frau inszeniert, deren Mut zwar bewundert wird, die aber ohne männliche Hilfe und Unterstützung nicht erfolgreich sein kann und somit Geschlechterstereotype nicht infrage stellt«[237]. – Elly fuhr mit dem Zug nach Dakar und ging dort an Bord eines Schiffes, das sie nach Casablanca brachte, wo Osterkamp sie am Kai erwartete. Am 29. April 1931 traf sie wieder in Berlin ein.

Elly war am 30. Mai 1907 in Hannover als einziges Kind des Kaufmanns Hans Beinhorn und dessen Ehefrau auf die Welt gekommen. In der Schule lernte sie schnell, aber sie wollte auf keinen Fall für eine Streberin gehalten werden. Von Fernweh und Abenteuerlust getrieben, schrieb sie mit sechzehn an die »Abteilung Tierfang-Expeditionen« des Tierparks Hagenbeck in Hamburg. »In meinem Backfischgehirn stellte ich mir vor, dass es dort eine solche Abteilung gäbe, die nur darauf wartete, mich auf ihre nächste große Reise mitnehmen zu dürfen.«[238] Auf eine Antwort wartete die Gymnasiastin vergebens.

In der letzten Klasse brach Elly die Schule ab. »Mir fiel alle paar Monate etwas Neues ein, womit ich mich eingehender beschäftigen könnte. Einmal war es die Musik, ein andermal wollte ich Schwimm- und Sportlehrerin werden. Dann interessierte mich die Medizin oder ich wollte später unser Geschäft übernehmen und es zu einer unvorstellbaren Blüte bringen – ich spürte, wie ich vor mir selbst davonlief. Aber ich fand keinen rechten Ausweg aus meiner Ziellosigkeit.«[239]

Im Herbst 1928 hielt der vierzigjährige Flieger Hermann Köhl in der Stadthalle von Hannover einen Vortrag über die erste Atlantiküberquerung in Ost-West-Richtung, die ihm am 12. April zusammen mit Ehrenfried Günther Freiherr von Hünefeld und James C. Fitzmaurice in einer Junkers W 33 geglückt war. Und da wusste Elly schlagartig, was sie werden wollte: Fliegerin.

Gleich am nächsten Tag sprach die Einundzwanzigjährige mit dem Präsidenten des Aeroklubs in Hannover. Der versuchte ihr die Flausen auszureden. Keine Fluggesellschaft sei bereit, eine Fliegerin einzustellen, gab er zu bedenken, und mit Kunstflügen könne sie kaum ihre Kosten decken, selbst wenn sie sich gegen die männliche Konkurrenz durchsetzte. Elly ließ sich nicht beirren. Dass ihr Vater an ihrem Verstand zweifelte und ihre Mutter weinte, brachte sie nicht mehr von ihrem Vorsatz ab: Sie fuhr nach Berlin, mietete ein möbliertes Zimmer in Spandau und begann bei einer Fliegerschule am Lützowufer ihre Ausbildung.

Am 2. November 1928 kletterte sie auf dem Flughafen in Berlin-Staaken mit ihrem Fluglehrer Otto Thomsen zum ersten Mal in ein Flugzeug. Das Chassis des Zweisitzers mit zwanzig PS, in dem der Kopf und die Schultern der Insassen im Freien blieben, war von den Klemm Leichtflugzeugwerken aus Holz und Eisen angefertigt worden. »Der Flugdienst bestand in der Hauptsache aus Warten darauf, dass eine unserer beiden altersschwachen Maschinen zwischendurch mal für eine Weile flugklar war«, erzählte Elly später. »Dann kämpfte jeder gegen jeden, bis er schnell seine als tägliche Leistung vorgesehenen vier bis sechs Schulflüge erledigen konnte, ehe die Maschine wieder mit irgendeiner Panne in die Halle rollte.«[240]

An Weihnachten war Elly zurück in Hannover bei ihren Eltern. Sie besaß nun einen Flugschein, der ihr allerdings vorerst nichts nützte. Um durch die Beteiligung an Flugtagen etwas Geld verdienen zu können, war ein Kunstflugschein erforderlich. Den machte sie im Frühjahr 1929 bei der von Robert Ritter von Greim geleiteten Fliegerschule in Würzburg.

Bald darauf übernahm Elly den Auftrag, ein von der Fliegervereinigung in Königsberg gekauftes Flugzeug von Berlin nach Ostpreußen zu überführen. Die Empfänger schlugen ihr vor, zum Großflugtag im Sommer wiederzukommen und beim Kunstflugprogramm mitzumachen. Dafür benötigte sie jedoch ein Flugzeug. Also besorgte Elly sich bei den Bayerischen Flugzeugwerken in Augsburg – der späteren Messerschmitt AG – einen frei-tragenden Tiefdecker. Damit zeigte sie in Königsberg, was sie gelernt hatte, und am Abend tanzte sie mit dem elf Jahre älteren Fliegerass Ernst Udet, der zwar ihre Kunstflugfiguren ironisch kommentierte, aber auch eine Karte mit unterschrieb, die sie ihren Eltern nach Hannover schickte.

Im folgenden Jahr sollte Elly Beinhorn von Berlin nach Rom fliegen und einem skandinavischen Großindustriellen den Frack bringen, den dieser für einen unerwarteten Empfang des italieni-schen Außenministers benötigte. Nach der Zollabfertigung bei einer Zwischenlandung in Dresden flog Elly weiter nach Wien. Als sie am nächsten Tag Venedig ansteuerte, orientierte sie sich zunächst an Bahngleisen, die jedoch plötzlich in einem Berg ver-schwanden, und es dauerte eine Weile, bis sie sich wieder zurecht-fand. An Alpentunnels hatte sie nicht gedacht. Dann setzte auch noch einer der fünf Zylinder ihres Motors aus. Deshalb musste sie auf einem Hochplateau bei Tarvisio notlanden und die ver-ölten Zündkerzen putzen, bevor sie wieder aufsteigen konnte. Endlich erreichte sie den Flugplatz auf dem Lido di Venezia. Ob-wohl man ihr in Deutschland zugesichert hatte, dass sie keinen Zollpassierschein, ein sogenanntes Triptik, benötigen würde, hiel-ten die italienischen Behörden ihre Maschine fest. Elly musste in ein Linienflugzeug umsteigen – und traf erst am Tag nach dem Empfang in Rom ein. Der Industrielle begrüßte sie jedoch gut ge-launt, denn er rechnete damit, die Genehmigung für den Bau einer Fabrik zu bekommen, und dass er am Vorabend keinen Frack angehabt hatte, war ihm nicht verübelt worden.

Im Juni 1930 nahm Elly an der ersten deutschen Damenkunst-flugmeisterschaft in Bonn-Hangelar teil. Weil sie das Reglement nicht richtig gelesen hatte und deshalb gegen Vorschriften ver-stieß, blieb sie chancenlos, obwohl nur vier Teilnehmerinnen antraten. Den Titel holte sich die Kölner Fliegerin Elisabeth (»Liesel«) Bach, die erst seit zwei Monaten einen Kunstflugschein besaß.

Gegen Bezahlung führte Elly Reklameflüge für eine Braue-rei durch. Als sie nach einem Rundflug über Saarbrücken die Gäste des Flughafenrestaurants mit einer rasanten Landung be-eindrucken wollte, verlor sie die Kontrolle über das Flugzeug. »Brille weg!«, schrie sie ihrem Fluggast zu. »Dann krachte es auch schon. Mein Passagier konnte direkt nach vorn aussteigen – gottlob, er konnte es noch –, denn der Motor war weg und lag ein gutes Stück weiter.«[241] Die Pilotin und ihr Gast kamen mit Rissen in der Kleidung, Prellungen und einem Biss in die Zunge davon. In einem Telegramm an Ernst Udet, der sie wegen ihres Übermuts vor einem Crash gewarnt hatte, schrieb Elly: »Vorausgesagter Bruch hat planmäßig stattgefunden.«[242]

1931 stand sie – wie Hermann Köhl drei Jahre zuvor – am Rednerpult in der Stadthalle von Hannover und berichtete über ihren abenteuerlichen Afrikaflug. Mit den Honoraren für Vorträge, Fotos und Zeitungsartikel trug sie ihre Schulden ab. »Die blonde, schlanke Elly Beinhorn wurde [...] zum Medienliebling, während weniger attraktive Fliegerinnen [...] deutlich weniger Popularität errangen.«[243] Ein Journalist, der sie interviewte, war erstaunt, nicht wie erwartet ein »emanzipiertes Mannweib« vorzufinden,[244] und ein anderer schwärmte: »Sie beweist, dass eine echte Frau die merkwürdigsten und anscheinend unweiblichsten Dinge tun kann – und trotzdem eine Frau zu bleiben vermag.«[245]

Am 4. Dezember 1931 startete Elly Beinhorn in Berlin zu einer Weltreise, wieder in einem einmotorigen Flugzeug mit einer Sperrholzbeplankung, die sich unter dem Einfluss von Sonne und Regen verzog. Über ein Funkgerät verfügte sie noch immer nicht, und fürs Navigieren standen ihr nur Uhr, Kompass und Karten zur Verfügung.

Über Budapest, Sofia, Istanbul, Konia und Aleppo gelangte die Vierundzwanzigjährige nach Bagdad. Bei Bandar Dilam, einem Dorf mit dreihundert Einwohnern hundertfünfzig Kilometer nördlich von Buschehr am Persischen Golf, musste sie wegen eines Motorschadens notlanden. Zwar gab es im Ort eine Telegrafenstation, aber mit lateinischen Buchstaben konnten die Angestellten nichts anfangen. Es war also unmöglich, Hilfe herbeizurufen. Die Fliegerin bat deshalb darum, mit dem Postbus nach Buschehr gebracht zu werden. Am nächsten Morgen beluden Männer ein schrottreifes Fahrzeug. »Und [...] sie quetschten mich auch noch mit ans Kinn gezogenen Knien irgendwie hinein.«[246] Dreizehn Stunden dauerte die Fahrt über Straßen, die nur aus Schlaglöchern zu bestehen schienen.

In Buschehr traf Elly den gleichaltrigen amerikanischen Flieger Moye Wicks Stephens, der mit dem Abenteurer und Reiseschriftsteller Richard Halliburton in einer auf den Namen »Flying Carpet« getauften Maschine um die Erde reiste. Das Einverständnis seines Auftraggebers voraussetzend, flog Stephens sogleich mit der deutschen Pilotin nach Bandar Dilam und half ihr, den Motor in viertägiger Arbeit zu reparieren.

Erstmals verbrachte Elly Weihnachten nicht mit ihren Eltern. An Silvester erreichte sie Kalkutta, und von dort flog sie nach Gangtok, in die Hauptstadt des Königreichs Sikkim im südlichen Himalaja. Um den Mount Everest sehen zu können, schraubte sie sich mit ihrem Sportflugzeug durch eine geschlossene Wolkendecke bis in eine Höhe von über dreitausend Metern hinauf. Dicht über den Wolken fliegend, genoss sie das Panorama der in der Sonne gleißenden Berggipfel.

Auf Timur ließ sie ihre Maschine stehen und fuhr mit einem Dampfer zur westlich davon gelegenen Insel Bali. Von Bali hatte sie geträumt, seit sie in einem Magazin ein Foto gesehen hatte: »Ein Mädchen mit nacktem Oberkörper, braun wie Milchschokolade, mit riesengroßen schwarzen Augen und auf dem Kopf eine seltene Orchidee.«[247] Die Wirklichkeit war weniger idyllisch: Um sechs Uhr morgens stand Elly Beinhorn frierend an Deck und blickte auf die von dicken Regenwolken verhangene Küste. Doch als das Wetter schöner wurde, kam sie sich wie verzaubert vor. »Während ich sonst immer präzise vorausplante, geriet ich hier in eine seltsame Passivität, die mich aber alles um mich her mit hellwachen Sinnen aufnehmen ließ.«[248]

Der deutsche Maler und Musiker Walter Spies, der seit 1927 auf Bali lebte, kam mit seinem Cousin und Lebensgefährten Konrad (»Kosja«) Spies eigens zu ihr ins Hotel und lud sie zu sich ein. Sein Haus galt als kulturelles Zentrum von Bali. Zu seinen Gästen gehörten Charlie Chaplin, Vicky Baum, Margaret Mead, Leopold Stokowski, Barbara Hutton und andere Prominente. Gemeinsam fuhren Elly Beinhorn, Walter und Konrad Spies zum Baden an den Strand von Lebih im Süden der Insel. »Gibt es hier Haie?«, fragte Elly. »Viele«, scherzte Konrad Spies, tauchte und packte sie am Bein. Einige Zeit später schwammen sie zum Strand zurück. Elly war noch bis zu den Hüften im Wasser, als Konrad Spies hinter ihr gellend schrie. Ein Barrakuda zerfleischte ihm den rechten Oberschenkel und die Hände. Walter und Elly brachten ihn ins Hospital von Denpasar, aber der Blutverlust war so groß, dass er nicht mehr gerettet werden konnte.

Wegen der japanischen Angriffe gegen China wagte sich Elly nicht in die beiden Länder. Stattdessen landete sie am 22. März 1932 in Darwin, der nördlichsten Großstadt von Australien. Zwei Tage später flog sie weiter nach Sydney. Dort hielt sie Vorträge, um das für die Weiterreise benötigte Geld zu verdienen. Weil eine Pazifiküberquerung mit dem kleinen Holzflugzeug nicht möglich gewesen wäre, ließ Elly es zerlegen, verpacken und auf einen Dampfer verladen, der sie nach Panama brachte.

Von dort wollte sie an der Pazifikküste entlang nach Süden fliegen. Um ausreichend Treibstoff für die elfstündigen Etappen aufnehmen zu können, war es erforderlich, in der wieder zusammengebauten Maschine unter dem zweiten Sitz einen sechsten Tank einzubauen. Um Platz dafür zu schaffen, musste sie zwei Koffer und das Reisegrammofon vorausschicken.

Dass sie nach jeder Landung von Reportern umlagert wurde, sich bei Pressekonferenzen ausfragen und bei Empfängen bestaunen lassen musste, fand Elly lästig. In Lima wurde sie von Präsident Sanchez Cerro in seinen Palast gerufen. Sie unterhielten sich auf Französisch, und erst nach fast drei Stunden ließ er sie gehen: Der einsame, seines Amtes offenbar überdrüssige Mann hätte sich am liebsten zu ihr ins Flugzeug gesetzt und aus dem Land bringen lassen.

In Santiago de Chile gab Elly das restliche Gepäck nach Buenos Aires auf, denn wegen der gefährlichen Fallböen über den Bergen musste sie mit ihrer kleinen Achtzig-PS-Maschine eine Höhe von fünftausend Metern erreichen, um heil über die Anden zu kommen. In Buenos Aires ließ sie ihr Flugzeug am 1. Juli 1932 erneut zerlegen und auf einen Dampfer verladen. Drei Wochen später erreichte sie Bremerhaven, und am 26. Juli landete sie wieder in Berlin.

Inzwischen hatte sie sechzehntausend Reichsmark Schulden – umgerechnet über fünfzigtausend Euro. Glücklicherweise waren ihre Vorträge, Fotos und Reiseberichte gefragt. Außerdem griff ihr der Reichsverband der Deutschen Flugzeugindustrie finanziell unter die Arme, und für ihre fliegerischen Leistungen bekam sie den mit zehntausend Mark dotierten Hindenburg-Pokal, die höchste sportfliegerische Auszeichnung. Das Geld ermöglichte es ihr, an die Verwirklichung neuer, kostspieliger Pläne zu denken.

Nach der Rückkehr von einer Amerikareise 1934, bei der sie die historischen Zentren der Maya-Kultur auf der Halbinsel Yucatan besichtigt hatte und – wiederum allein – von San José am Panamakanal über Los Angeles nach New York geflogen war, nahm Elly sich als Nächstes vor, an einem einzigen Tag von Deutschland nach Asien und zurück zu fliegen.

Um das Vorhaben durchführen zu können, überzeugte sie die Unternehmensleitung der Messerschmitt AG in Augsburg von der Werbewirksamkeit eines solchen Rekordflugs und erhielt eine dreihundert Stundenkilometer schnelle Bf 108 mit geschlossener Kabine und einziehbarem Fahrwerk, der sie den Namen »Taifun« gab. Damit startete sie am 13. August 1935 um 3.40 Uhr nachts in Gleiwitz. Nachdem sie eine Runde über dem asiatischen Teil von Istanbul gedreht hatte, landete sie um 9.34 Uhr in Yeşilköy auf der europäischen Seite, um zu tanken und sich den Reportern zu präsentieren, kletterte um 10.47 Uhr wieder in ihre Maschine und beendete den dreitausendvierhundertsiebzig Kilometer weiten Flug um 18.08 Uhr in Berlin-Tempelhof.

Bei einem Besuch des Autorennens auf dem Masaryk-Ring bei Brünn am 29. September 1935 lernte Elly den zwei Jahre jüngeren Rennfahrer Bernd Rosemeyer kennen, der hier seinen ersten Sieg feierte. Vor dem Haus in Berlin, in dem sie wohnte, stand bald regelmäßig das aufsehenerregende Horch-Cabriolet des Rennfahrers mit acht Zylindern, 4944 cm^3 Hubraum und hundert PS. Gegen eine Eheschließung sträubte sich Elly, denn sie wollte ihre Rekordflüge und Vortragsreisen nicht aufgeben. Bernd Rosemeyer brachte allerdings eines Tages seine Heiratspapiere mit und forderte sie auf, ihre Dokumente ebenfalls zusammenzusuchen. Am 13. Juli 1936, mitten in der Rennsaison, feierten sie Hochzeit.

Als Traumpaar wurden Elly Beinhorn und Bernd Rosemeyer bewundert und von den Nationalsozialisten hofiert. Später schrieb die Fliegerin, ihre erste Ehe sei trotz ihrer ursprünglichen Skepsis glücklich gewesen. »Das lag vielleicht daran: Wir gehörten beide zu den Naturen, die, wenn es nun einmal sein musste, mit einem gewaltigen Satz mitten in die Unternehmung hineinhüpften mit dem Willen, nun auch das Beste daraus zu machen. Was unsere Ehe anging, hatten wir es genauso gehalten. Von dem Augenblick an, als wir beide *Ja* sagten, habe ich alle Zweifel, ob es für mich überhaupt das Richtige sei, zu heiraten, über Bord geworfen und war einfach verheiratet. Und Bernd sowieso. Der kannte überhaupt kein Hin-und-her-Überlegen vor oder nach irgendeinem Entschluss – er handelte immer nur nach seinem glasklaren Instinkt.«[249]

Nachdem Bernd Rosemeyer am 26. Juli 1936 den »Großen Preis von Deutschland« gewonnen hatte, flog Elly mit einer neuen, am Tag nach der Hochzeit übernommenen »Taifun« in zwei Tagesetappen über Istanbul nach Damaskus. Dort startete sie am 6. August um zwei Uhr nachts zu einem neuen, dreitausendsiebenhundertfünfzig Kilometer langen Rekordflug über drei Kontinente an einem einzigen Tag: Damaskus (Asien) – Kairo (Afrika) – Berlin (Europa).

Ausnahmsweise erhielt Rosemeyer von seinem Rennstall, der Auto Union, die Erlaubnis, sich im Winter 1936/37 von seiner berühmten Frau zum Rennen um den »Großen Preis von Kapstadt« fliegen zu lassen, statt eine Linienmaschine zu nehmen. In acht Tagesetappen erreichten sie Südafrika. Nach dem Rennen, in dem Rosemeyer Zweiter geworden war, erhielt er bei Freunden in Windhuk ein Telegramm mit der Nachricht vom Tod seiner Mutter.

Obwohl ihn das schwer mitnahm, ließ er sich von der Begeisterung seiner Ehefrau fürs Fliegen anstecken, machte den Flugschein und kaufte eine Klemm Kl 35. Damit besaß das Ehepaar zwei Flugzeuge und drei Autos.

Am 12. November 1937 – sechzehn Monate nach der Hochzeit – gebar Elly Rosemeyer-Beinhorn in Berlin einen Sohn, der Bernd heißen sollte wie sein Vater. Dass dieser elf Wochen später tödlich verunglücken würde, konnte niemand ahnen.

Als erster Deutscher war Bernd Rosemeyer am 26. Oktober 1937 mit mehr als vierhundert Stundenkilometern über eine Autobahn gerast. Am frühen Morgen des 28. Januar 1938 jagte ihm jedoch Rudolf Caracciola den Rekord ab und beschleunigte auf der Reichsautobahn zwischen Frankfurt am Main und Darmstadt ein von der Daimler-Benz AG speziell dafür gebautes Auto auf 432,7 Stundenkilometer. Obwohl Rosemeyer vor Windböen gewarnt wurde, stieg er gleich darauf in einen Wagen der Auto Union mit fünfhundertsechzig PS. Um den Motor auf die optimale Betriebstemperatur zu erwärmen, fuhr der Achtundzwanzigjährige erst einmal mit über vierhundert Stundenkilometern von Frankfurt nach Darmstadt und zurück. Nach einer kurzen technischen Überprüfung des Fahrzeugs ging er gegen Mittag erneut auf die Strecke und versuchte, Caracciola zu übertreffen. Bei Langen-Mörfelden drückte eine Windböe das über vierhundertdreißig Stundenkilometer schnelle Fahrzeug in den Mittelstreifen der Autobahn. Bernd Rosemeyer überschlug sich mehrmals, wurde aus dem zerberstenden Wrack geschleudert und brach sich das Genick.

Die Witwe wurde mit Beileidsbekundungen überschüttet. Heinrich Himmler versicherte ihr, ein Motorsturm der SS werde »für immer« den Namen Rosemeyer tragen. Nachdem sie das Erinnerungsbuch »Mein Mann, der Rennfahrer. Der Lebensweg Bernd Rosemeyers« geschrieben hatte, wollte Elly auf andere Gedanken kommen und übernahm die Aufgabe, eine im Auftrag des rumänischen Hofes in Augsburg gebaute »Taifun« 1938 nach Bukarest zu überführen und dort den französisch sprechenden Piloten einzuweisen. Im Juni 1939 flog sie nach Kalkutta und über Bombay, Teheran und Bagdad zurück. Ihren kleinen Sohn brachte sie vor solchen Flügen zu seinem Großvater nach Lingen (Ems), oder ihr Hausmädchen Agnes passte in Berlin auf ihn auf.

Nach dem Beginn des Zweiten Weltkriegs am 1. September 1939 war an Auslandsflüge kaum noch zu denken. Elly flog jedoch einige Zeit lang reparierte Militärmaschinen an die Front. Weil sie auf dem Weg zur Flugzeugfabrik einen riesigen Fallschirm im Gepäck hatte, wurde sie im Zug von anderen Reisenden angestarrt, was sie als peinlich empfand.

Am 26. September 1941 heiratete Elly den drei Jahre älteren Industriekaufmann Karl Wittmann. Auf den Tag genau ein Jahr später wurde die Vierunddreißigjährige von ihrer Tochter Stefanie Elly Barbara entbunden, aber die Geburt verlief nicht so komplikationslos wie die erste, denn das Kind musste mit der Zange geholt werden. Wittmann, der mittlerweile an der Westfront Kriegsdienst leistete, durfte nur kurz nach Berlin kommen, dann musste er wieder nach Holland.

Wegen der Luftangriffe auf Berlin verbrachte Elly einige Wochen mit ihren Kindern in Garmisch-Partenkirchen, und im Sommer 1943 folgte sie der Einladung eines befreundeten Ehepaars, das in Ostpreußen lebte. Dort erfuhr sie im Februar 1944, dass ihr Haus in Berlin von Bomben zerstört worden war. Im August reiste sie mit Agnes und den Kindern von Ostpreußen nach Freiburg im Breisgau, wo ihre Eltern seit einigen Monaten in einem Seniorenheim lebten. Bei ihrer Mutter war eine Krebserkrankung diagnostiziert worden, und sie musste operiert werden. In Trossingen, sechzig Kilometer östlich von Freiburg, fand Elly ein neues Zuhause für sich und die Kinder. Über Weihnachten konnte Karl Wittmann seine Familie besuchen. An Silvester erhielt Elly die Nachricht, dass ihre Mutter im Sterben lag. Sie eilte ins Sanatorium Glotterbad im Glottertal, wo ihre Eltern nach der Bombardierung Freiburgs am 27. November Zuflucht gefunden hatten. Ihre Mutter starb am übernächsten Tag, ihr Vater dreißig Stunden später im selben Zimmer.

Nach dem Zweiten Weltkrieg entzog der Alliierte Kontrollrat allen deutschen Piloten die Lizenz. Das Flugverbot in Deutschland galt noch, als Elly Beinhorn 1951 ihren Flugschein in Bern erneuerte: »Neuer Wind unter meinen Flügeln!«[250], jubelte sie. Als Erstes flog sie im Auftrag einer Illustrierten von Colombier am Lac de Neuchâtel nach Mailand und nahm dort einen Reporter auf, der Luftaufnahmen von der in diesem Jahr besonders verheerenden Überschwemmung am Po machen wollte.

1954 richtete sich Elly mit ihren Kindern in einem Haus ein, das sie in Freiburg hatte bauen lassen. Ihre Ehe war einige Jahre zuvor zerbrochen.

In einer Hörfunksendung mit dem Titel »Kinder, wie die Zeit vergeht«, die der Westdeutsche Rundfunk 1956 in Köln aufnahm, kamen jeweils zwei Frauen aus der gleichen Berufsgruppe zu Wort. Ellys Partnerin war die zehn Jahre jüngere französische Fliegerin Jacqueline Auriol, deren Gesicht seit einem Flugzeugabsturz im Juli 1949 entstellt war, die jedoch weiterhin flog und im Sommer 1953 als erste Frau der Welt die Schallmauer durchbrochen hatte. Hans Otto Wesemann von der Deutschen Welle hörte die Sendung und lud Elly daraufhin ein, alle zwei Wochen nach Köln zu kommen und mit ihm die Autofahrer-Sendung »Der Zebrastreifen« zu moderieren. Das machte sie fünf Jahre lang.

Während sich Stefanie Wittmann auf ihr Abitur vorbereitete, legte ihr Bruder das Physikum ab. Bernd Rosemeyer jr. ließ sich schließlich als Arzt in München nieder. Stefanie hingegen brach das Medizinstudium nach zwei Semestern ab und zog es vor, Physiotherapeutin zu werden. 1968 vermählte sich Bernd Rosemeyer mit Michaela, der Tochter der Schauspielerin Luise Ullrich und des Flugkapitäns Wulf Diether Graf zu Castell-Rüdenhausen. Seine Schwester heiratete einige Jahre später.

Die acht Jahre jüngere australische Fliegerin Nancy Bird-Walton lud Elly Beinhorn ein, anlässlich des fünfunddreißigsten Jahrestags ihrer Landung in Sydney und ihres sechzigsten Geburtstag nach Australien zu kommen. Diesmal flog Elly nicht mit einer holzbeplankten Sportmaschine, in der sie Wind und Wetter ausgesetzt war, sondern ging am 20. Mai 1967 in Frankfurt am Main an Bord einer Boeing 707 der Fluggesellschaft Qantas und nahm in der ersten Klasse Platz. Ungeachtet des Komforts dachte sie wehmütig an die Zeit zurück, in der das Fliegen noch ein Abenteuer gewesen war und es weder Funk, noch Radar oder gar Autopiloten gegeben hatte.

1988 wurde sie mit dem Bayerischen Verdienstorden und drei Jahre später mit dem Bundesverdienstkreuz Erster Klasse geehrt.

Am 28. November 2007, ein halbes Jahr nach ihrem hundertsten Geburtstag, starb Elly Beinhorn in einem Seniorenheim in Ottobrunn östlich von München.

Rosa Parks

(1913–2005)

»Ich wusste nur, dass ich es leid war, herumgestoßen zu werden.«

*Als sich die Afroamerikanerin in einem städtischen Bus
weigerte, ihren Sitzplatz für einen Weißen freizumachen,
gab sie damit den Schwarzen in den USA ein Zeichen,
sich gewaltlos gegen die Rassendiskriminierung zu erheben.
Ihre Aktion sollte schließlich dazu beitragen, die
Rassentrennungsgesetze in den Südstaaten aufzuheben,
und sie wurde zu einer Ikone der Bürgerrechtsbewegung in den USA.*

Kurz nach ihrem achtzehnten Geburtstag lernte Rosa McCauley den zehn Jahre älteren Friseur Raymond Parks kennen, der zwar ebenfalls Afroamerikaner war, aber eine so helle Haut hatte, dass ihn manche für einen Weißen hielten. Raymond Parks engagierte sich in der National Association for the Advancement of Colored People (NAACP), die sich für die Aufhebung der Rassendiskriminierung einsetzte. Im Dezember 1932 heirateten die beiden in Pine Level, einer Gemeinde vierzig Kilometer südlich von Montgomery, Alabama. Mit der Unterstützung ihres Mannes holte Rosa Parks den Abschluss der High School nach. Da sie aber keine dieser Ausbildung entsprechende Arbeitsstelle fand, wurde sie Näherin.

Damals lebten weiße und schwarze Amerikaner in Alabama noch strikt voneinander getrennt. Schulbusse waren weißen Kindern vorbehalten, farbige mussten laufen. In Zügen unterschied man zwischen Abteilen für Weiße und Farbige, und nicht einmal die öffentlichen Trinkbrunnen waren von der Rassendiskriminierung ausgenommen. In den öffentlichen Bussen von Montgomery mit sechsunddreißig Sitzplätzen waren die vorderen vier Reihen für Weiße reserviert. Weil die meisten Weißen aber mit einem Taxi oder dem eigenen Wagen fuhren, blieben diese Plätze häufig un-

*Rosa Parks bei ihrer zweiten Festnahme
am 22. Februar 1956*

besetzt, während sich hinten die Fahrgäste drängten. In der Mitte durften sich Farbige zwar aufhalten, aber nur, bis eine weiße Person dort sitzen wollte. In diesem Fall mussten sie aufstehen und nicht nur den Sitzplatz, sondern die ganze Reihe freimachen. Saßen bereits Weiße im vorderen Teil eines Busses, mussten Afroamerikaner nach dem Lösen des Fahrscheins wieder aussteigen und zur hinteren Tür gehen. Dabei kam es nicht selten vor, dass der Fahrer weiterfuhr, bevor sie diese erreichten.

Nachdem Rosa Parks im November 1943 in einem Bus eine Fahrkarte gelöst hatte, ging sie innen durch, weil der hintere Teil bereits so überfüllt war, dass Leute auf den Türstufen standen. Der weiße Fahrer James F. Blake folgte ihr jedoch, packte sie am Mantelärmel und zerrte sie aus »seinem« Bus. Die Dreißigjährige musste daraufhin acht Kilometer zu Fuß nach Hause laufen.

Im folgenden Monat nahm Rosa als einzige Frau an einer offiziellen Jahresversammlung der National Association for the Advancement of Colored People teil und wurde Mitglied. Edgar D. Nixon, der hauptberuflich als Schlafwagenschaffner arbeitende Präsident der NAACP, stellte Rosa Parks sogleich als Sekretärin ein.

Rosa Louise McCauleys Leben hatte am 4. Februar 1913 in Tuskegee, vierzig Kilometer östlich von Montgomery, Alabama, begonnen. Als sie zweieinhalb Jahre alt war, verließ ihr Vater James, ein Zimmermann, die Familie und die Stadt. Leona McCauley, die erst im April 1912 geheiratet hatte und jetzt erneut schwanger war, suchte mit ihrer Tochter Zuflucht auf der Farm ihrer Eltern in Pine Level. Im September 1915 bekam Rosa einen kleinen Bruder namens Sylvester. Weil Leona McCauley bald darauf wieder als Lehrerin zu arbeiten anfing, wuchsen ihre Kinder weitgehend unter der Obhut der Großeltern auf.

Im Alter von fünf Jahren wurde Rosa in einer Schule für Afroamerikaner in Pine Level aufgenommen. Es gab nur einen einzigen Lehrer für alle Jahrgänge, und der Unterricht war auf fünf Monate – von Spätherbst bis Frühjahr – beschränkt, weil die meisten Schüler ihren Eltern in der Landwirtschaft helfen mussten. Rosa arbeitete vom sechsten oder siebten Lebensjahr an auf der Baumwollplantage von Moses Hudson, dem reichsten Grundbesitzer in Pine Level, um das Haushaltseinkommen ihrer Großeltern aufzubessern.

In die Stadt kam Rosa zum ersten Mal, als sie acht Jahre alt war. Ihre Mutter und sie ließen sich von einem schwarzen Autobesitzer nach Montgomery bringen, denn die öffentlichen Busse transportierten Afroamerikaner auf dem Dach, zusammen mit dem Gepäck.

Als ihr zwei Jahre später ein etwa gleichaltriger weißer Junge auf der Straße Prügel androhte, hob Rosa einen Stein auf und jagte ihn davon. Ihre Großmutter war entsetzt, als sie davon erfuhr, und versuchte, ihrer Enkelin klarzumachen, dass es gefährlich sei, sich Weißen zu widersetzen. »Meine Großmutter meinte, ich sei zu empfindlich und man werde mich – wenn ich mich nicht vorsichtiger verhielte – wahrscheinlich vor meinem zwanzigsten Lebensjahr lynchen.«[251]

1924 wurde die Zwergschule geschlossen, die Rosa bis dahin besucht hatte. Kurze Zeit ging sie in eine acht Meilen entfernte Schule, dann bat ihre Mutter Verwandte in Montgomery, Rosa aufzunehmen, und meldete sie in der Industrial School for Girls an. Die von zwei Missionarinnen gegründete Lehranstalt wurde ausschließlich von afroamerikanischen Schülerinnen besucht. Bei den Lehrerinnen handelte es sich jedoch um Weiße – die wegen ihrer Tätigkeit von den Rassisten in Montgomery ausgegrenzt wurden. 1928 endete auch hier der Schulbetrieb. Rosa wechselte zur Booker T. Washington Junior High School und schrieb sich im Jahr darauf am Alabama State Teachers College for Negroes in Montgomery ein.[252] Nach kurzer Zeit brach sie das Studium jedoch ab, da sie sich in Pine Level um ihre schwer erkrankte Großmutter kümmern musste. Rose Edwards starb einen Monat später, aber ihre Enkelin nahm den Schulbesuch nicht wieder auf, sondern begann, mit Putzen und Nähen Geld zu verdienen.

Ende 1945 kehrte Rosas Bruder Sylvester McCauley aus dem Krieg in Europa und im Pazifik zu seiner Ehefrau Daisy und den beiden Kindern zurück. Weil Afroamerikaner in den Südstaaten benachteiligt und nicht selten misshandelt oder gar ermordet wurden – selbst wenn es sich um Kriegsveteranen handelte –, zog er 1946 mit seiner Familie nach Detroit und fing bei Chrysler am Fließband an. Als Rosa ihn und seine Familie dort besuchte, war das ihre erste Reise über die Grenzen von Alabama hinaus.

Afroamerikanische Geschäftsleute in Montgomery protestierten am 23. Februar 1954 gegen den respektlosen Umgang mit dunkelhäutigen Fahrgästen in öffentlichen Bussen. Drei Monate später forderte die Lehrerin Jo Ann Robinson, die auch Präsidentin des Women's Political Council in Montgomery war, den Bürgermeister auf, die ständigen Übergriffe gegen schwarze Fahrgäste zu unterbinden. Und sie drohte mit einem Bus-Boykott.

Virginia Durr, die Ehefrau eines Anwalts, die sich – als Weiße – für die Rechte der Afroamerikaner einsetzte, freundete sich mit Rosa Parks an und bezahlte ihr die Reisekosten, damit sie im August 1955 an einem zehntägigen Workshop zum Thema »Racial Desegregation« an der Highlander Folk School in Monteagle, Tennessee, teilnehmen konnte. Als die zweiundvierzigjährige Schwarze von dem Seminar zurückkam, war sie entschlossen, ungebührliches Benehmen von Weißen nicht länger protestlos hinzunehmen.

Inzwischen arbeitete Rosa Parks als Näherin in einem Warenhaus im Zentrum von Montgomery. Von dort wollte sie am 1. Dezember 1955 gegen achtzehn Uhr nach Hause fahren. Sie stieg in einen Bus, in dem zufällig James F. Blake hinter dem Steuer saß, der Mann, mit dem sie zwölf Jahre zuvor aneinandergeraten war. An der Haltestelle vor dem Empire Theater stiegen Weiße ein, und einer von ihnen – Jim Crow – fand keinen Sitzplatz mehr. Also forderte der Fahrer die vier in der fünften Reihe sitzenden Afroamerikaner auf, ihre Plätze freizumachen: »Move y'all!« Ein Mann und zwei Frauen standen auf; Rosa Parks blieb sitzen. »Als ich mich weigerte, meinen Sitzplatz in diesem Bus in Montgomery aufzugeben«, erinnert sie sich später, »hatte ich keine Vorstellung davon, dass diese kleine Aktion dazu beitragen würde, die Rassentrennungsgesetze in den Südstaaten aufzuheben. Ich wusste nur, dass ich es leid war, herumgestoßen zu werden.«[253]

Blake holte zwei Polizisten herbei, die Rosa verhafteten und ins Rathaus von Montgomery brachten. Dort protokollierte man den Vorgang, fotografierte die Delinquentin und nahm ihre Fingerabdrücke. Dann sperrte man sie ins Stadtgefängnis. Als es ihr endlich erlaubt wurde, zu telefonieren, rief sie ihren Mann an. Raymond lieh sich von einem Freund ein Auto und eilte zu ihr. Edgar D. Nixon und der Rechtsanwalt Clifford Durr – Virginias Ehemann – waren bereits von einem Augenzeugen des Vorfalls alarmiert worden. Die beiden bekamen Rosa noch am selben

Abend gegen eine Kaution von hundert Dollar frei. Die Gerichtsverhandlung wurde für den 5. Dezember anberaumt.

Bei Rosa Parks handelte es sich nicht um die erste Afroamerikanerin, die sich in Montgomery gegen die für öffentliche Verkehrsmittel geltende Rassentrennung aufgelehnt hatte. Am 2. März 1955 war die fünfzehnjährige Schülerin Claudette Colvin in Handschellen abgeführt worden, weil sie sich geweigert hatte, in einem Bus für einen Weißen aufzustehen. Wegen eines ähnlichen Vorfalls am 18. Oktober hatte sich auch die achtzehnjährige Schulabbrecherin Mary Louise Smith vor Gericht verantworten müssen. Beide Vorfälle blieben jedoch ohne größere Resonanz, weil man bei der NAACP keines der Mädchen für eine passende Symbolfigur hielt: Claudette Colvin war von einem sehr viel älteren Mann schwanger, und Louise Smiths Vater galt irrtümlich als Alkoholiker.

Bei Rosa war das anders. Edgar Nixon wusste, dass die unbescholtene Näherin dem gewaltfreien Widerstand gegen die Rassendiskriminierung ein geeignetes Gesicht geben würde. Er fragte sie nach ihrer Entlassung aus dem Gefängnis, ob sie damit einverstanden wäre, ihren Fall publik zu machen. Rosa zögerte, weil sie wusste, dass sie damit nicht nur sich selbst, sondern auch ihre Angehörigen in Schwierigkeiten bringen würde, aber schließlich willigte sie ein.

Als Jo Ann Robinson von dem neuerlichen Vorfall hörte, schrieb sie sofort einen Handzettel, den sie noch in der Nacht im Alabama State College fünfunddreißigtausendmal kopierte: »Neger haben auch Rechte, denn wenn die Neger die Busse nicht benutzen würden, könnten sie nicht fahren. Dreiviertel der Fahrgäste sind Neger.«[254] Jo Ann Robinson rief die Afroamerikaner in Montgomery dazu auf, am 5. Dezember keine öffentlichen Busse zu benutzen.

»Negro Jailed Here for ›Overlooking‹ Bus Segregation«, lautete am nächsten Morgen die Schlagzeile im »Montgomery Advertiser«.[255] Übers Wochenende erfuhr man überall in der Stadt von dem Boykott-Aufruf, denn der »Montgomery Advertiser« berichtete darüber auf der Titelseite, und die afroamerikanischen Geistlichen mobilisierten ihre Gemeinden.

Obwohl es am 5. Dezember regnete, benutzte kaum einer der vierzigtausend afroamerikanischen Bewohner von Montgomery einen Bus. Stattdessen bildeten sie Fahrgemeinschaften, stellten sich als Anhalter an den Straßenrand oder nahmen Taxis mit schwarzen Fahrern. Aus Solidarität verlangten die von Afroamerikanern betriebenen Taxiunternehmen nur jeweils den Preis einer Busfahrkarte. Viele Farbige gingen zu Fuß, nicht selten singend und in Gruppen. Die an diesem Tag von Motorradstreifen der Polizei eskortierten Busse blieben so gut wie leer.

Rosa wurde an diesem Morgen in einer halbstündigen Gerichtsverhandlung zu zehn Dollar Geldstrafe verurteilt. Außerdem musste sie vier Dollar für Gerichtskosten entrichten.

Am Nachmittag gründeten die Organisatoren des Bus-Boykotts und andere Aktivisten der Bürgerrechtsbewegung die Montgomery Improvement Association (MIA). Zum Präsidenten wählten sie Martin Luther King jr., einen sechsundzwanzigjährigen Pastor, der seit gut einem Jahr mit seiner Ehefrau Coretta in Montgomery lebte und gerade Vater geworden war.

Eigentlich war der Boykott nur für einen Tag geplant gewesen, doch die Afroamerikaner führten ihn fort. Weil die Fahrgäste ausblieben, fuhren die Verkehrsbetriebe von Montgomery Tag für Tag Verluste ein, und die Geschäfte im Stadtzentrum klagten über Umsatzeinbußen. Aufgebrachte Weiße bedrohten die Organisatoren des Boykotts anonym am Telefon und beschimpften weiße Frauen, die nicht auf die Dienste ihrer farbigen Hausangestellten verzichten wollten und sie deshalb mit dem Auto abholten. Polizisten nahmen Taxifahrer fest, die von Afroamerikanern nicht den vollen Fahrpreis verlangten. Die Kirchen sammelten indessen Geld und organisierten mit dreihundert Freiwilligen zusätzliche Fahrdienste. Daraufhin wurden zwar die Versicherungen der dafür benutzten Fahrzeuge gekündigt, doch es gelang den Besitzern, von anderen Unternehmen neue Policen zu bekommen.

Martin Luther King und andere Vertreter der MIA verhandelten am 8. Dezember mit der Stadt und den Busunternehmen, aber es kam nicht ansatzweise zu einer Einigung.

Das Warenhaus schräg gegenüber dem Rathaus von Montgomery, in dem Rosa als Näherin beschäftigt war, schloss die Schneiderei. Am 7. Januar 1956 wurde sie entlassen. Eine Woche später kündigte Raymond Parks seine Stelle, weil der Besitzer des Friseursalons, in dem er angestellt war, keinen Hehl daraus

machte, dass er den Bus-Boykott sowie Rosas Verhalten missbilligte.

Die Polizei nahm Martin Luther King am 26. Januar fest, weil
er fünf Meilen pro Stunde zu schnell gefahren war. Als sich jedoch eine aufgebrachte Menschenmenge vor dem Gefängnis zu-
sammenrottete, ließ man ihn frei. Vier Tage später wurde auf sein
Haus ein Sprengstoffanschlag verübt. King, der sich zu diesem
Zeitpunkt in seiner Kirche aufhielt, eilte zu seiner Frau und seiner kleinen Tochter, die aber unverletzt geblieben waren. Am
nächsten Tag ging vor Edgar Nixons Haus eine Bombe hoch.
Zum Glück richtete auch diese Explosion nur Sachschaden an.

Unter den neunundachtzig Mitgliedern der Montgomery Improvement Association, die man wegen des Boykotts anklagte,
war auch Rosa, die deshalb am 22. Februar erneut festgenommen
wurde. Auch diesmal kam sie gegen Kaution frei. Der Prozess
fand am 19. März statt. Verurteilt wurde nur Martin Luther
King.[256]

Rosa Parks stieg im Mai 1956 erstmals in ein Flugzeug, da
Myles Horton, der Gründer der Highlander Folk School in Monteagle, sie nach New York eingeladen hatte. Dort hielt sie Vorträge über den Bus-Boykott in Montgomery und wurde Eleanor
Roosevelt[257] vorgestellt. Für die Näherin, die es nicht gewohnt
war, in der Öffentlichkeit zu stehen, war die psychische Belastung
gewaltig. Das zeigte sich, als ein rassistischer Journalist Rosa bei
einem Interview in San Francisco verbal attackierte und sie darüber die Nerven verlor. »Plötzlich hielt ich es nicht mehr aus. Ich
wurde hysterisch. Ich begann zu kreischen und zu weinen.«[258]

Als sie im Juni von der Reise zurückkehrte, für die sie zwar
Spesen, aber keine Rednerhonorare erhielt, erschrak sie, weil sie
zu Hause unbezahlte Rechnungen vorfand, und Raymond wegen
der Aufregungen mehr denn je trank. Virginia und Clifford Durr
halfen ihr fürs Erste mit sechshundert Dollar aus. Trotz ihrer
finanziellen Probleme unternahm Rosa auch in den folgenden
Monaten Reisen, um Spenden für den Bus-Boykott zu sammeln.

Das zuständige Bundesbezirksgericht erklärte die Gesetze des
Staates Alabama über die Rassentrennung in öffentlichen Ver-
kehrsmitteln am 19. Juni 1956 für verfassungswidrig. Gegen das
Urteil riefen Rassisten den Obersten Gerichtshof der Vereinigten Staaten an, doch am 13. November 1956 erfuhren Rosa Parks

und ihre Mitstreiter, dass der Supreme Court den Spruch des Gerichts in Alabama bestätigen werde. Eine Woche später traf das schriftliche Urteil ein: Die Rassentrennung in den Bussen von Montgomery musste aufgehoben werden.

Nach dreihundertzweiundachtzig Tagen beendeten die Aktivisten am 21. Dezember 1956 den Boykott der Busse. Martin Luther King, Edgar Nixon und andere Führer der Montgomery Improvement Association benutzten demonstrativ den ersten öffentlichen Bus in Montgomery ohne Rassentrennung. Reporter fragten sich zu Rosas Adresse durch und fotografierten sie in einem Bus, wobei sich einer der weißen Journalisten in die Reihe hinter ihr setzte.

Durch diesen Erfolg, über den die Medien weltweit berichteten, wurde Rosa Parks zu einer Ikone der Bürgerrechtsbewegung in den USA, zur »Mother of the Civil Rights Movement« – und Martin Luther King jr. entwickelte sich zu einem ihrer weltbekannten Führer. Der Bus-Boykott in Montgomery ermutigte die Afroamerikaner im ganzen Land zu weiteren gewaltfreien Aktionen.

Raymond Parks quälten die Morddrohungen, die er und seine Frau am Telefon erhielten. Seine Alkoholkrankheit hatte sich nochmals verschlimmert. Weil sowohl Rosa als auch er von den Weißen als Störenfriede angefeindet wurden, konnten sie nicht damit rechnen, in Montgomery Arbeit zu finden. Im Juli 1957 folgte Rosa deshalb der Anregung ihres Bruders, mit Raymond und ihrer Mutter nach Detroit zu ziehen. Im Haus von Daisy und Sylvester McCauley, die inzwischen dreizehn Kinder hatten, mussten sie allerdings einen Monat lang zu dritt in einem Zimmer schlafen, bis sie ein eigenes Apartment gefunden hatten.

Während eines Aufenthalts in Boston im Oktober 1957 lernte Rosa den Präsidenten einer traditionsreichen Bildungsanstalt für Afroamerikaner, des Virginia's Hampton Institute, kennen. Alonzo G. Moron bot ihr die Bewirtschaftung des Gästehauses an. Sie hätte die Chance gern ergriffen, aber ihr Mann wollte nicht noch einmal umziehen, sondern lieber in Detroit einen Friseursalon eröffnen. Rosa fand schließlich in der neuen Heimat eine Stelle als Näherin und trat weiterhin als Rednerin bei Veranstaltungen der Bürgerrechtsbewegung auf.

Als am 28. August 1963 schätzungsweise zweihunderttausend

Demonstranten nach Washington marschierten und Martin Luther King seine berühmte Rede hielt (»I have a dream!«), war auch Rosa Parks dabei.

Der mit dem Bus-Boykott in Montgomery begonnene gewaltfreie Widerstand gegen die Rassentrennung führte dazu, dass US-Präsident Lyndon B. Johnson am 2. Juli 1964 das Civil Rights Law unterzeichnete, das die Gleichberechtigung der Geschlechter, Rassen, ethnischen und religiösen Minderheiten endgültig vorschrieb.

Nachdem John Conyers, einer der führenden afroamerikanischen Bürgerrechtler, ins Repräsentantenhaus der USA gewählt worden war, beendete Rosa ihre Tätigkeit als Näherin und fing am 1. März 1965 als Sekretärin in seinem Büro in Detroit an.

Martin Luther King wurde am 4. April 1968 von einem weißen Fanatiker in Memphis, Tennessee, erschossen. Rosa eilte sofort zum Tatort, und von dort nahm Harry Belafonte sie im Privatflugzeug mit nach Atlanta, Georgia, wo die Trauerfeier stattfand.

Im Alter von vierundsiebzig Jahren erlag Raymond Parks 1977 einer langjährigen Krebserkrankung. Drei Monate später starb Rosas Bruder Sylvester ebenfalls an einem Karzinom. Die krebskranke Mutter Leona erlebte noch ihren einundneunzigsten Geburtstag, doch 1979 verlor Rosa auch sie.

Zehn Jahre nach dem Tod ihres Ehemanns gründete die Bürgerrechtlerin 1987 das Rosa and Raymond Parks Institute for Self-Development in Detroit. Das Programm der Einrichtung ermöglicht es Jugendlichen, sich auf einer Busreise durch die USA, den »Pathways to Freedom«, mit der Geschichte der Bürgerrechtsbewegung zu beschäftigen.

Erst mit fünfundsiebzig hielt Rosa die Zeit für gekommen, ihre Sekretärinnentätigkeit für John Conyers aufzugeben. Aber sie zog sich nicht ganz in den Ruhestand zurück, sondern besprach Tonbänder für ihre Autobiografie »My Story« und flog beispielsweise im Mai 1994 auf Einladung von Daisaku Ikeda, des Präsidenten der buddhistischen Religionsgemeinschaft »Soka Gakkai International«, nach Tokio.

Am 30. August 1994 hielt sich die Einundachtzigjährige im Obergeschoss ihres Hauses auf. Plötzlich hörte sie Geräusche und einen Mann rufen. Um nachzusehen, ging sie nach unten. Dort stand ein Afroamerikaner und behauptete, gerade einen Einbre-

cher ertappt und verjagt zu haben. Dafür wollte der afroamerikanische Kleinkriminelle Joseph Skipper nun ein paar Dollar.
Offenbar ahnte er nicht, wer die Bewohnerin war. Als Rosa nach
oben ins Schlafzimmer ging, um ihr Portemonnaie zu holen, folgte
er ihr, schlug sie ins Gesicht, warf sie aufs Bett und schüttelte sie.
Danach raubte er etwa hundert Dollar und lief davon. – Der
Überfall schockierte die Nation.[259]

Für ihr Engagement in der Bürgerrechtsbewegung war Rosa
Parks bereits 1983 in die Michigan Women's Hall of Fame aufgenommen worden. Nach verschiedenen weiteren Auszeichnungen erhielt sie im Mai 1999 von US-Präsident Bill Clinton die Gol-
dene Ehrenmedaille des Kongresses, und im selben Jahr zählte
das Magazin »Time« die Sechsundachtzigjährige zu den hundert
bedeutendsten Menschen des zwanzigsten Jahrhunderts.

Vom Ruhm Rosa Parks versuchten auch Geschäftsleute zu profitieren und verkauften beispielsweise Telefonkarten mit ihrem
Foto. Ungewollt wurde sie zur Figur in einer Filmkomödie. Weil
sie um ihren Ruf fürchtete, klagte Rosa im Frühjahr 1999 gegen
die Verwendung ihres Namens in einem Song-Titel. Ein Gericht
wies die Klage jedoch am 18. November ab. Die Auseinandersetzung zog sich jahrelang hin, bis sich die Parteien am 15. April
2005 außergerichtlich einigten.

Ein halbes Jahr später, am 24. Oktober 2005, starb Rosa Parks
im Alter von zweiundneunzig Jahren in Detroit.

Der Sarg mit der Toten wurde nach Montgomery geflogen, am
29. Oktober in einem feierlichen Leichenzug zur Kirche St. Paul
gebracht, der sie bis 1957 angehört hatte, und dort aufgebahrt.
Nach einer Trauerfeier am nächsten Tag transportierte man den
Sarg nach Washington, D.C. Dort fuhr man ihn in einem alten
Bus, ähnlich dem, den Rosa Parks am 1. Dezember 1955 in Montgomery benutzt hatte, zum Capitol, wo die Tote gemäß eines
Beschlusses der beiden Häuser des Kongresses noch einmal aufgebahrt wurde. Diese seltene Ehre, die in der Regel US-Präsidenten und Regierungsmitgliedern vorbehalten ist, war vor ihr erst
einem Afroamerikaner[260] und noch keiner Frau zuteil geworden. Fünfzigtausend Menschen zogen an ihrem Sarg im Capitol vorbei. Nach einer Trauerfeier in der Bundeshauptstadt am
31. Oktober bahrte man Rosa Parks auch in Detroit auf, bis sie
am 2. November 2005 zwischen ihrer Mutter und ihrem Ehe-

mann auf dem Woodlawn Friedhof beigesetzt wurde. US-Präsident George W. Bush hatte für diesen Tag Trauerbeflaggung angeordnet, und an den vorderen Sitzreihen der Busse in Detroit und Montgomery waren Trauerflore angebracht worden.

Der Bus, in dem Rosa Parks am 1. Dezember 1955 Geschichte geschrieben hatte, steht inzwischen im National Civil Rights Museum in Memphis. Die Cleveland Avenue in Montgomery, die dieser Bus damals befahren hatte, heißt heute Rosa Parks Boulevard.

Edith Piaf

(1915–1963)

»Non, je ne regrette rien«

*Sie wuchs in einem Bordell auf und schlug sich zunächst
als Straßensängerin in Paris durch. Als die Obdachlose
Mitte der Dreißigerjahre entdeckt und zum Star aufgebaut
wurde, musste sie erst zu mehr Körperpflege angehalten
werden. Nach zahlreichen Affären heiratete sie 1962 den
zwanzig Jahre jüngeren Griechen Theophanis Lamboukas.
Durch den jahrelangen Drogen- und Alkoholmissbrauch
zerstört, starb die einzigartige Chanson-Sängerin mit
siebenundvierzig Jahren.*

Anetta Maillard betrieb in Paris eine Reitbahn, doch weil die Einnahmen nicht zum Leben reichten, sang sie außerdem in Kneipen und auf der Straße. Mit sechzehn heiratete sie 1914 den doppelt so alten Zirkusakrobaten Louis Gassion. Am 19. Dezember 1915 kam sie in einem Hauseingang in der Rue de Belleville auf dem Regenumhang eines Streifenpolizisten mit einer Tochter nieder. Was sollte sie mit einem Kind anfangen? Ihr Mann war inzwischen im Krieg. Anetta brachte die kleine Edith zu ihrer kabylischen Mutter, die den Säugling ebenfalls als Belastung empfand und ihm deshalb Rotwein in die Milch mischte. Der Alkohol sollte das Baby nicht nur schläfrig machen, sondern zugleich Bazillen abtöten, denn die Großmutter hielt von anderen hygienischen Maßnahmen nicht viel. Als Louis Gassion 1917 Heimaturlaub bekam und sah, wie schmutzig seine Tochter war, brachte er sie zu seiner eigenen Mutter, die in Bernay in der Normandie ein Bordell führte.

Nachdem Edith Gassion in Bernay eingeschult worden war, fanden die Eltern ihrer Mitschülerinnen rasch heraus, wo sie lebte – und sorgten dafür, dass sie die Schule wieder verlassen musste. Der Pfarrer drängte den Vater, das Kind aus der sündigen Umgebung zu entfernen. Von da an begleitete Edith ihren Vater, der weiterhin mit einem Wanderzirkus umherzog, und assistierte

Edith Piaf in einer Szene des Films
»Étoile sans lumière«, 1945

ihm abends in der Manege. »Alle drei Monate eine neue Mutter: seine Geliebten, die mehr oder weniger nett zu mir waren.«[261] Zur Schule konnte sie nur gehen, wenn sie wenigstens ein paar Tage an einem Ort blieben.

Im Alter von fünfzehn Jahren lief Edith ihrem Vater nach einem heftigen Streit davon und schlug sich als Straßensängerin in Paris durch. Dabei freundete sie sich mit der ein paar Monate jüngeren Simone (»Momone«) Berteaut an, die ebenfalls obdachlos war und an Straßenecken sang.

Mit sechzehn begann Edith ein Verhältnis mit dem ein Jahr älteren Gelegenheitsarbeiter Louis Dupont und wurde schwanger. Sie arbeitete als Dienstmädchen, war jedoch nach ihren eigenen Worten »zu faul, zu unverschämt«[262] und zerbrach zu viel Geschirr. Auch in einer Holzschuhfabrik hielt sie es nicht lange aus. Am 11. Februar 1933 gebar sie eine Tochter, der sie den Namen Marcelle (»Cécelle«) gab. Mit ihr und Louis lebte sie in einem schäbigen kleinen Appartement. Nach einem Handgemenge mit Louis' Adoptivmutter, bei dem ihre mit einem Schürhaken bewaffnete Gegnerin zu Boden ging und sich die Stirn an einem Eimer blutig schlug, warf der Lebensgefährte sie hinaus. Zuflucht suchte Edith bei einem Legionär. Als Louis Dupont herausfand, dass Edith die gemeinsame Tochter mitnahm, wenn sie mit Simone Berteaut durch Straßen und Hinterhöfe zog, passte er sie ab und entriss ihr Marcelle. Edith sah ihr Kind nie wieder. Das kleine Mädchen starb im Alter von eineinhalb Jahren an einer Hirnhautentzündung.

Einige Zeit später schaffte Edith für einen Zuhälter namens Albert an, doch statt auf den Strich zu gehen, überließ sie ihm das beim Singen eingesammelte Geld. Albert sei anfangs damit einverstanden gewesen, behauptete Edith später, solange sie ihm zumindest ebenso viel einbrachte wie die Prostituierte Rosita, die auch für ihn arbeitete. Nach einer Weile verlangte er allerdings von Edith, dass sie Frauen für ihn ausspähte, die wertvollen Schmuck trugen. Die beraubte er dann. Als Edith sich von ihm trennte, schoss er angeblich in der Bar »Nouvelle Athènes« am Pigalle auf sie und verletzte sie am Hals.

Trotz dieser deprimierenden Erfahrungen behielt Edith ihren Glauben »an etwas Größeres, Stärkeres, Reineres als alles, was es hier auf Erden gibt«[263].

Zufällig hörte Louis Leplée, der Direktor des Cabarets »Gerny's«, die Straßensängerin. Daraufhin lud er sie zum Vorsingen ein. Obwohl Edith sich eine Stunde verspätete, wurde sie engagiert, und Louis Leplée gab ihr den Künstlernamen »Piaf«. Bei ihrem erfolgreichen Debüt im Oktober 1935 war auch Maurice Chevalier zugegen.

Louis Leplée fiel am 6. April 1936 einem Raubmord zum Opfer. Wenige Stunden vor der Tat hatte er in seinem Cabaret erzählt, er habe gerade ein Appartement gegen Bargeld verkauft. Die Polizei hielt Edith Piaf für verdächtig und nahm sie fest, aber die Zwanzigjährige musste bald wieder freigelassen werden; sie hatte mit dem Verbrechen nichts zu tun.

Simone Berteaut begleitete ihre Freundin zu Gastauftritten in Brest und Nizza. Zurück in Paris, wandte sich Edith an den vierzehn Jahre älteren Chanson-Texter Raymond Asso, den sie im Herbst 1935 durch Louis Leplée kennengelernt hatte. Er nahm sich ihrer an, erklärte ihr nicht nur, worauf es bei Chansons ankam, sondern hielt sie auch zu mehr Körperpflege an, riet ihr zu einer vorteilhafteren Frisur und brachte ihr die korrekte Aussprache des Französischen bei. Raymond Asso zeigte Edith Piaf, dass es »eine andere Welt gibt als die der Huren und Schweinehunde«[264]. Im Frühjahr 1937 überredete er Mitty Goldin, den Direktor des Théâtre de l'A.B.C, Edith Piaf eine Chance zu geben. Und die 1,47 Meter große Sängerin in einem schwarzen Kleid mit weißem Spitzenkragen überzeugte das Publikum.

Die Freundschaft mit Raymond Asso endete zu Beginn des Zweiten Weltkriegs. Am 4. August 1939, einen Tag bevor Edith Piaf in Deauville mit einer von ihm organisierten Tournee begann, musste sich Asso zum Militärdienst melden. Als er Edith nach einigen Monaten wiedersah, traf er sie mit dem Schauspieler Paul Meurisse in seinem Hotelappartement an. »Raymond Asso hatte mich ein anderes Leben ahnen lassen«, heißt es in Edith Piafs Autobiografie. »Aber ich betrog ihn: Er war nicht stark genug, um mich zu halten. Ehrlich gesagt, liebte ich ihn auch gar nicht, sondern bat ihn eher um Hilfe.«[265] – Asso habe aus Edith ein »gedrilltes Zirkuspferd«[266] gemacht, behauptete Paul Meurisse, der Sohn eines Bankdirektors, der die drei Jahre Jüngere nun in die gehobene Gesellschaft einführte und ihr zeigte, wie man sich in diesen Kreisen benimmt. Edith Piaf mietete ihre erste eigene Wohnung. Dort prügelte sie sich mit ihrem Geliebten, denn sobald sie befürchtete, eine Beziehung könne sie einengen, lehnte sie sich auf.

Andrée Bigard, die 1940 bis 1952 als Sekretärin für Edith Piaf arbeitete, soll ihr den ersten Büstenhalter gekauft haben. Ihre Chefin mochte das beengende Kleidungsstück jedoch nicht: Bevor sie sich auf der Bühne verbeugte, hakte sie den BH auf, und nach kurzer Zeit ließ sie ihn wieder ganz weg.

Von 1942 bis Kriegsende fanden Edith Piaf und Andrée Bigard Unterkunft im »L'Étoile de Kléber«, einem der bekanntesten Bordelle in Paris, das von Aline Soccodato (»Madame Billy«) geführt wurde.

Lou Barrier, der neue Impresario des »Moulin Rouge«, engagierte die zierliche Chansonsängerin im Sommer 1944 für zwei Wochen. Dabei lernte sie den sechs Jahre jüngeren Yves Montand kennen, der gerade erst aus Südfrankreich nach Paris gekommen war und am Anfang seiner Karriere als Sänger und Schauspieler stand. Sie förderte ihn und wurde seine Geliebte.

Die Affäre der beiden dauerte jedoch nicht lang, denn Edith kam von einer Tournee im Elsass mit Jean-Louis Jaubert zurück, einem der acht, später neun »Compagnons de la Chanson«. Zu dieser Zeit schrieb sie den Text des Chansons »La vie en rose«, und Louis Louiguy komponierte die Musik dazu. Mit diesem Lied wurde sie berühmt.

1947 reiste Edith Piaf erstmals in die USA. Das Publikum im New Yorker »Playhouse« applaudierte verhalten. Vielleicht lag es daran, dass die Amerikaner die Texte der französischen Chansons nicht verstanden und deshalb ein Conférencier jedes Lied kurz erklären musste. Der Misserfolg spornte Edith jedoch an: Prompt eroberte sie in dem berühmten New Yorker Nachtklub »Versailles« das Publikum und schaffte den Durchbruch. Fünf Monate blieb sie in den USA. Sogar Marlene Dietrich kam nach New York, um Edith Piaf zu erleben, und die beiden Stars wurden Freundinnen.

Bei einer Cocktailparty in New York lernte Edith Piaf den Boxer Marcel Cerdan kennen. Obwohl er in Casablanca verheiratet war und drei Kinder hatte, wurde er ihr Liebhaber. 1949 wollte Cerdan, der es inzwischen zum Weltmeister im Mittelgewicht gebracht hatte, von Paris nach New York fliegen, um sich dort mit ihr zu treffen. Weil sie es kaum erwarten konnte, drängte sie ihn, einen früheren Flug als geplant zu nehmen. Die Maschine, in der Marcel Cerdan saß, zerschellte am 28. Oktober auf den Azoren. Obwohl die Nachricht Edith niederschmetterte, trat sie am Abend im »Versailles« auf.

Der plötzliche Tod ihres Geliebten und die Vorwürfe, die sie sich machte, weil sie ihn gebeten hatte, seinen Flug umzubuchen, belasteten Edith Piaf sehr. Sie trank noch mehr, als sie es ohnehin schon getan hatte, und nahm abwechselnd Aufputsch- und Beruhigungsmittel. Morphiumsüchtig wurde sie, als sie sich bei einem Autounfall nahe Tarascon im Süden Frankreichs am 24. Juli 1950 den linken Arm und einige Rippen gebrochen hatte und eine Krankenschwester ihr die Droge als Schmerzmittel injizierte. Da ihre Mutter 1945 an einer Überdosis Morphium gestorben war, kannte sie die Gefahr. Es war ein Teufelskreis: Ohne Alkohol und Drogen konnte sie nicht auftreten, aber sie musste singen, um das Morphium bezahlen zu können. »Ich empfand eine Art übler Freude am Zerstören, am Zerstören meiner selbst und am Besudeln alles Schönen. Das war meine persönliche Art der Verzweiflung«[267], gestand Edith Piaf später. »Das Rauschgift verwandelte mein Leben vier Jahre lang in eine Hölle.«[268]

In der Zeit, als sie sich von den Folgen des Unfalls in ihrem Haus in Boulogne-sur-Seine erholte, kümmerte sich ein Radrennfahrer um sie. »Natürlich hatten wir ein regelrechtes Verhältnis. Aber diese neue Liebe dauerte nur ein Jahr und schenkte mir nicht viele wahre Freuden, denn mein Champion konnte sich nicht entscheiden. Er wagte seine Frau nicht zu kränken, mich aber wollte er auch nicht opfern.«[269]

»Stets ist die Liebe vor mir geflohen«, klagte Edith Piaf. »Nie konnte ich den, den ich liebte, lang in den Armen halten. Jedes Mal, wenn ich glaubte, den Mann meines Lebens gefunden zu haben, wurde alles zunichte, und ich war wieder allein. Vielleicht deshalb, weil ich nie das war, was man eine schöne Frau nennt [...] Aber vielleicht auch deshalb, weil ich nicht besonders treu bin oder mich so rasch enttäuschen lasse.«[270] Nach jedem Liebesabenteuer blieb sie noch einsamer und unglücklicher zurück.

Dem Sänger und angehenden Filmschauspieler Eddie Constantine verhalf sie 1951 zu einer Rolle in einem Bühnenstück von Marcel Achard. Sieben Monate lang wurde es gespielt. Genauso lang dauerte die Affäre von Edith Piaf und Eddie Constantine.

Am 29. Juli 1952 heiratete Edith Piaf den sechsundvierzigjährigen Sänger Jacques Pills (bürgerlich: René Ducos) auf einem Standesamt in Paris. Bei der kirchlichen Trauung in New York am 20. September fungierte Marlene Dietrich als Trauzeugin. »Er versuchte mir nicht die Flügel zu stutzen, sondern begriff, dass ich nicht im Käfig leben konnte, dass ich sofort davonlief und alles zerschlug, wenn ich mich eingesperrt fühlte.«[271] Pills zeigte viel Verständnis für seine Frau, aber das Zusammenleben wurde durch Ediths Alkoholkrankheit, Drogensucht und Exzentrik zur Qual. Sie stand nachts auf, »ging in Pantoffeln und umgehängtem Mantel auf die Straße und suchte eine offene Bar«[272]. Vor einem Auftritt im Casino von Royat hatte sie 1953 so viel getrunken, dass sie sich nicht mehr an den Text erinnern konnte und lallte. Erst als sie die Pfiffe aus dem Publikum wahrnahm, fand sie wieder zu sich. In ihrer Autobiografie schilderte sie, was geschehen konnte, wenn ihr in einem Restaurant das Gesicht eines Gastes nicht gefiel: »›Findest du nicht, dass dieser Kerl wie ein Verbrecher aussieht?‹ ›Doch, aber bitte, sei so lieb und sag es ihm nicht!‹ ›[...] ich will nicht lieb sein [...]‹›Edith, ich bitte dich!‹ ›Nein, sein Gesicht gefällt mir einfach nicht!‹ Und ich stand auf oder rief ihm vom Tisch aus zu: ›Sie sehen abscheulich aus!‹ Jacques lächelte der so beschimpften Person unerschütterlich zu, entschuldigte sich und versuchte schließlich, größeres Aufsehen zu vermeiden. Für eine Frau in meinem Alter benahm ich mich wirklich wie ein ungezogener Fratz, aber ich muss dazu sagen, dass ich nicht immer völlig normal war, besonders in den Perioden der Süchtigkeit.«[273] – 1956 reichte Jacques Pills die Scheidung ein.

Innerhalb von vier Jahren ließ sich Edith Piaf dreimal in einer Entzugsklinik behandeln. Erst beim dritten Versuch gelang es ihr, die Alkoholkrankheit und Drogenabhängigkeit für längere Zeit zu überwinden.

Trotz ihrer labilen Psyche schaffte sie es, als erste Varieté-Sängerin 1956/57 in der für ihre Akustik berühmten Carnegie Hall in New York aufzutreten, und 1958 sang sie drei Monate lang en suite im »Olympia« in Paris.

Nach einem Gastspiel im Hotel Waldorf Astoria in Manhattan wurde Edith Piaf im September 1959 mit einem Magendurchbruch in eine Klinik eingeliefert. Während sie wochenlang im Krankenbett lag, trennte sich ihr neunzehn Jahre jüngerer Geliebter Georges Moustaki rücksichtslos von ihr.

Der in Alexandria geborene Sohn eines jüdisch-griechischen Buchhändlers, der seit 1951 in Paris lebte und als Liedermacher reüssierte, war 1957 zu ihrer Entourage gestoßen und hatte für sie unter anderem den Text des Chansons »Milord« geschrieben. Edith Piaf sang das Lied mit herzzerreißender Stimme und machte es neben »Non, je ne regrette rien« zu einem ihrer erfolgreichsten Chansons.

»Nein, ich bedaure nichts«, versicherte Edith Piaf auch in einem Interview: »Ich bereue nichts von dem, was ich getan habe, von dem, was ich kennengelernt habe, und wenn ich noch einmal von vorne anfangen könnte, dann würde ich genau dasselbe tun.«[274]

Sie verdiente inzwischen viel Geld, konnte jedoch nicht damit umgehen. Von Sparsamkeit hielt sie ohnehin nichts und kaufte daher beispielsweise eine Villa in Boulogne-sur-Seine für siebzehn Millionen Francs, die sie von einem Pariser Innenarchitekten einrichten ließ. Als sie sich aber in den Räumen nicht mehr wohlfühlte, stieß sie das Anwesen drei Jahre später mit sieben Millionen Francs Verlust ab. Oder sie erwarb einen Bauernhof für fünfzehn Millionen Francs in der Nähe von Dreux und ließ für 2,5 Millionen eine Zentralheizung einbauen, die nie funktionierte. Selbstironisch berichtete sie später darüber: »Innerhalb von vier Jahren belief sich die Ernte auf zwei Kilo grüne Bohnen, ein Pfund Erdbeeren und einige Tomaten. Unsere Viehzucht bestand aus zwei Hühnern, einem Kaninchen … und sämtlichen Katzen der Umgebung.«[275]

»Man hält mich für stark und zynisch, für ein Wesen, das mit den Menschen spielt und sie wegwirft, wenn sie es nicht mehr interessieren, während ich doch im Innersten trotz meines Alters so etwas wie ein armes, allzu leichtgläubiges Mädchen geblieben bin, das unermüdlich immer demselben Traum nachjagt: Glücklichsein und Geliebtwerden.«[276]

Im Februar 1962 lernte die Sechsundvierzigjährige, die inzwischen erfahren hatte, dass sie unheilbar an Leberkrebs erkrankt war, den zwanzig Jahre jüngeren Griechen Theophanis Lamboukas kennen, dessen Eltern in La Frette-sur-Seine bei Paris einen Friseursalon betrieben. Er hatte sich an Edith Piaf gewandt, weil er Sänger werden wollte. Sie verliebte sich in ihn, kaufte ihm eine elektrische Eisenbahn, gab ihm den Künstlernamen Théo Sarapo und begann ihn aufzubauen. »Wenn ich diese Liebe analysiere«, schrieb sie, »entdecke ich übrigens nicht nur die Liebe einer Liebenden, sondern auch ein Gefühl, das mir bis dahin verwehrt war: die mütterliche Liebe.«[277]

Als er am 16. Juli 1962 mit ihr nach La Frette fuhr, um sie den Eltern und den beiden jüngeren Schwestern als seine Braut vorzustellen, geriet Edith in Panik: Was würden sie dazu sagen, dass er eine Frau heiraten wollte, die acht Monate älter als seine Mutter war? Doch sie wurde von der Familie herzlich aufgenommen. Scheinbar unbeeindruckt von hämischen Kommentaren im Kreis der Freunde und Bekannten vermählte sich das ungleiche Paar am 9. Oktober 1962 auf dem Standesamt und in einer griechisch-orthodoxen Kirche in Paris.

Bald darauf mietete Théo Sarapo eine Villa in Plascassier bei Grasse, um sich dort mit der Todkranken zurückzuziehen. Edith Piaf starb am 10. Oktober 1963 im Alter von siebenundvierzig Jahren. Vierzigtausend Menschen drängten sich auf dem Pariser Prominentenfriedhof Père Lachaise, als sie vier Tage später beerdigt wurde.

»Wenn ich tot bin, wird man schon so viel über mich geredet haben, dass schließlich niemand mehr weiß, wer ich wirklich war«[278], hatte Edith Piaf prophezeit. Tatsächlich sind Legende und Wirklichkeit kaum noch zu unterscheiden.

Sophie Scholl

(1921–1943)

»Beweist durch die Tat, dass ihr anders denkt!«

Der Hausmeister der Münchner Universität ertappte 1943 Sophie Scholl und ihren Bruder Hans beim Verteilen von Flugblättern mit einem Aufruf zum Widerstand gegen das NS-Regime. Dafür wurde die Einundzwanzigjährige zum Tod verurteilt und enthauptet.

Mit einem Koffer voll Flugblättern gingen die Geschwister Hans und Sophie Scholl am 18. Februar 1943 – dem selben Tag, an dem Joseph Goebbels im Berliner Sportpalast zum »totalen Krieg« aufrief – vormittags in die Ludwig-Maximilians-Universität in München. Die Blätter legten sie auf Treppenabsätzen und Fensterbänken aus. Als Sophie unvorsichtigerweise einige Exemplare vom zweiten Stock in den Lichthof warf, wurde sie vom Hausmeister Jakob Schmid dabei beobachtet. Er forderte die beiden Studenten auf, mit zum Kanzleisekretär zu kommen. Der suchte den Rektor, fand aber zunächst nur den Universitätssyndikus. Die Ausgänge wurden abgeriegelt. Dann kam die Gestapo und holte die Geschwister Scholl ab. Eine Augenzeugin erinnerte sich später: »Jeder, der ein Flugblatt an sich genommen hatte, musste es an den eigens dazu beauftragten Sammler abgeben. So standen wir zwei Stunden und warteten, bis schließlich Hans Scholl und seine Schwester mit gefesselten Händen an uns vorbeigeführt wurden.«[279]

Sophia (»Sophie«) Scholl wurde am 9. Mai 1921 in der württembergischen Stadt Forchtenberg westlich von Künzelsau geboren. Ihr Vater, Robert Scholl, hatte in einem Lazarett in Ludwigsburg, in dem er während des Ersten Weltkriegs als Sanitätssoldat eingesetzt gewesen war, die zehn Jahre ältere Diakonisse Magdalene Müller kennengelernt. Noch während des Krieges hatten sie geheiratet. Robert Scholl wurde später Bürgermeister von Forchtenberg, wo er sich für den technischen Fortschritt einsetzte und beispielsweise erreichte, dass der Ort einen Eisenbahnanschluss bekam. Nachdem er 1930 nicht mehr gewählt worden war, zog er mit seiner Familie zuerst nach Ludwigsburg und zwei Jahre später nach Ulm, wo er sich als Steuerberater und Wirtschaftsprüfer niederließ.

Sophie hatte drei ältere Geschwister – Inge, Hans, Elisabeth –, und 1922 kam noch ihr Bruder Werner dazu. Obwohl Robert Scholl seine Kinder nicht gern in der »Hitlerjugend« sah, hielt er sie nicht davon ab, in diesem Umfeld Erfahrungen zu sammeln. Inge Scholl schrieb darüber später: »Es waren die kompakten marschierenden Kolonnen der Jugend mit wehenden Fahnen, den vorwärtsgerichteten Augen und dem Trommelschlag und Gesang. War das nicht etwas Überwältigendes, diese Gemeinschaft? So war es kein Wunder, dass wir alle, Hans und Sophie und wir anderen, uns in die Hitlerjugend einreihten. Wir waren mit Leib und Seele dabei, und wir konnten nicht verstehen, wieso unser Vater nicht glücklich und stolz ja dazu sagte.«[280]

Nach Inge, Hans und Elisabeth trat Sophie im Januar 1934 in die nationalsozialistische Jugendorganisation ein, zuerst in den »Jungmädelbund«, später in den »Bund Deutscher Mädel«. Eine Zeit lang kam es vor, dass Fremde sie für einen Jungen hielten, denn sie trug ihr Haar kurz und beteiligte sich an Mutproben. Wie ihr Bruder Hans glaubte sie an das von den Nationalsozialisten propagierte Gemeinschaftsideal.

Gut eine Woche vor seinem achtzehnten Geburtstag durfte Hans beim Parteitag der NSDAP im September 1936 in Nürnberg die Fahne seines »Stammes« bei der Hitlerjugend tragen – eine besondere Auszeichnung. Doch Hans kam desillusioniert aus Nürnberg zurück und distanzierte sich ab diesem Zeitpunkt von den Nationalsozialisten.

Fortan engagierte er sich in der »Deutschen Jungenschaft vom 1.11.«. Die nach dem Gründungstag, dem 1. November 1929, benannte Jugendorganisation war bereits 1933 von den Nationalsozialisten verboten worden. Deshalb verhaftete die Gestapo Hans im Dezember 1937 in der Kavallerie-Kaserne in Bad Cannstatt, in der er seinen Wehrdienst leistete. Zugleich wurden seine Geschwister Inge, Sophie und Werner in Ulm festgenommen. Sophie durfte nach wenigen Stunden wieder gehen, ihre zwanzig-

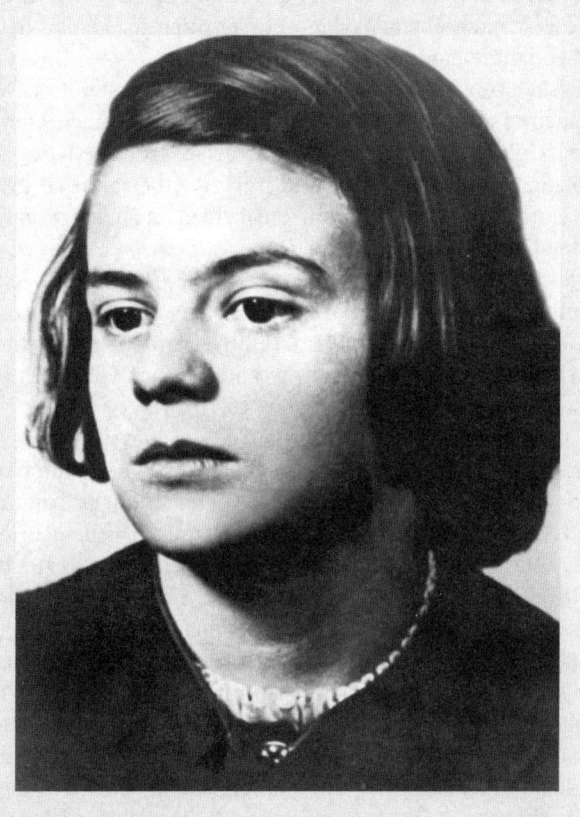

Sophie Scholl, Foto undatiert

jährige Schwester Inge und ihren erst fünfzehn Jahre alten Bruder Werner brachte man dagegen auf einem offenen Lastwagen mit anderen politischen Häftlingen nach Stuttgart, wo ihre Mutter sie erst nach einer Woche abholen konnte. Hans blieb fünf Wochen lang eingesperrt.

Im Alter von sechzehn Jahren lernte die Oberschülerin Sophie bei einem Tanzabend Fritz Hartnagel kennen, einen vier Jahre älteren Unternehmersohn aus Ulm, der gerade die Kriegsschule in Potsdam absolviert hatte und nun als Oberfähnrich in Augsburg stationiert war. Obwohl die beiden in vielen Fragen unterschiedlicher Meinung waren und es mehrere Male zu Missverständnissen zwischen ihnen kam, verliebten sie sich und schrieben einander Briefe, wenn sie sich nicht sehen konnten. Einen einzigen gemeinsamen Urlaub verbrachten sie im Sommer 1939 in Norddeutschland, wo Sophie sich vor allem für die Künstlerkolonie Worpswede interessierte.

»Zur Familie Scholl kam oft die Witwe eines jüdischen Arztes zu Besuch«, erzählte Fritz Hartnagel später. »Ihr Mann hatte als Offizier im Ersten Weltkrieg hohe Auszeichnungen bekommen. Zum Geburtstag erhielt er regelmäßig handschriftliche Briefe des Ulmer Oberbürgermeisters. Die Familie gehörte also zur Prominenz der Stadt. Die Frau hat überhaupt nicht begriffen, dass sie unter den neuen Machthabern nichts mehr war.«[281]

Sophie verabscheute die Judenverfolgung, die Konzentrationslager sowie den Totalitarismus und missbilligte den am 1. September 1939 von Hitler begonnenen Krieg. Hartnagel hielt zunächst an der Auffassung fest, er sei als Offizier verpflichtet, für Deutschland zu kämpfen, unabhängig davon, was er von der Regierung halte: »Auch dass Staat und Partei das Soldatentum zu einem ihrer Schlagworte erhoben haben und dabei aber jedem soldatischen Denken zuwiderhandeln, ist kein Grund, das Soldatische an sich zu verurteilen.«[282]

Ihre Gedanken hielt Sophie in einem Tagebuch fest. Sie schrieb gern, war aber vor allem musisch und künstlerisch begabt. Schon als Kind hatte sie viel gezeichnet. Zur Verwunderung ihrer Familienangehörigen wollte sie nach dem Abitur im März 1940 jedoch nicht eine Kunstakademie besuchen, sondern Biologie und Philosophie studieren.

In der Hoffnung, den obligatorischen Reichsarbeitsdienst

(RAD) umgehen zu können, ließ sie sich ab Mai 1940 beim Fröbel-Seminar in Ulm zur Kindergärtnerin ausbilden und absolvierte im August ein vierwöchiges Praktikum in einem Kinderheim in Bad Dürrheim. Susanne Hirzel, die ebenfalls das Seminar besuchte, charakterisierte Sophie folgendermaßen: »Sophie zeigte sich meistens zurückhaltend, war still und eher in sich gekehrt. Sie sprach leise und machte auf manche einen fast schüchternen Eindruck. Wer sie kannte, wusste aber, dass sie durchaus selbstbewusst war und sich auch mit Recht einigen anderen gegenüber überlegen fühlte, aber dies nie spüren ließ. Sie wahrte Distanz.«[283]

Anfang März 1941 bestand Sophie die Abschlussprüfung. Doch ihre Erwartung, jetzt mit dem Biologiestudium beginnen zu können, erfüllte sich nicht, denn das Fröbel-Seminar wurde nicht als Ersatz für den Reichsarbeitsdienst anerkannt, den sie dann in Krauchenwies bei Sigmaringen ableisten musste. Kurz bevor sie damit fertig war, erfuhr sie, dass aufgrund einer neuen Anordnung auch noch sechs Monate Kriegshilfsdienst von ihr verlangt wurden, ehe sie sich an einer Universität immatrikulieren durfte. Um die neue Auflage zu erfüllen, fing Sophie im Oktober 1941 als Kindergärtnerin in einem Hort in Blumberg am Südrand des Schwarzwaldes an.

Als Goebbels im August eine »Wollsammlungsaktion« vorgeschlagen hatte, war er noch von General Alfred Jodl ausgelacht worden: »Im Winter? Da sitzen wir in warmen Quartieren von Leningrad und Moskau.«[284] Am 5. Dezember ging jedoch die Rote Armee zum Gegenangriff über und schlug die Deutschen zurück. Hitler bestand darauf, dass sich die Truppen »in den Boden einkrallen«[285]. Und weil die Wehrmacht es nicht für erforderlich gehalten hatte, die Soldaten für den Winter auszurüsten, fehlten nun warme Kleidungsstücke. Hartnagel, der sich vorstellen konnte, wie die Soldaten an der Ostfront litten, war bestürzt, als Sophie sich weigerte, bei der Sammlung mitzumachen. Aber sie erklärte ihm unerbittlich: »Wir müssen den Krieg verlieren. Wenn wir jetzt Wollsachen spenden, tragen wir dazu bei, den Krieg zu verlängern.«[286]

Ende März 1942 kehrte Sophie aus Blumberg zurück, und am 9. Mai – ihrem 21. Geburtstag – fuhr sie mit der Bahn nach München, um sich dort endlich für ein Studium der Biologie und Philosophie einzuschreiben. Ihr Bruder Hans, der seit 1939 an der Ludwig-Maximilians-Universität Medizin studierte, holte sie vom Bahnhof ab, und sie feierten den Geburtstag mit seinen Freunden, darunter Alexander Schmorell, Christoph Probst und Willi Graf. Hans Scholl hatte im August 1941 Carl Muth kennengelernt, der die unlängst von den Nationalsozialisten verbotene literarisch-philosophische Zeitschrift »Hochland« herausgegeben hatte. Der Fünfundsiebzigjährige stellte Sophie fürs Erste ein Zimmer in seinem Haus in Solln zur Verfügung. Als Fritz Hartnagel sie Ende Mai in München besuchte, ahnte sie nicht, dass dies ihr letztes Treffen sein würde.

Zum Entsetzen seiner Freundin wurde er im Juni 1942 an die Ostfront abkommandiert. Von dort schrieb er ihr am 26. Juni in einem Feldpostbrief: »Es ist erschreckend, mit welcher zynischen Kaltschnäuzigkeit mein Kommandeur von der Abschlachtung sämtlicher Juden des besetzten Russland erzählt und dabei von der Gerechtigkeit dieser Handlungsweise vollkommen überzeugt ist.«[287] Der junge Offizier, der noch bis vor Kurzem von seinem Beruf begeistert gewesen war, kommentierte seine Beförderung zum Hauptmann Anfang August 1942 mit den Worten: »Nun bin ich wieder eine Stufe weiter in ein System gedrängt, dem ich am liebsten den Rücken kehren möchte.«[288]

Zu der Zeit, als Sophie ihr Studium in München begann, beschlossen Hans Scholl und sein ein Jahr älterer Kommilitone Alexander Schmorell, Flugblätter gegen das NS-Regime zu verteilen. Der Münchner Architekt Manfred Eickemeyer stellte ihnen sein Atelier zur Verfügung, und sie besorgten sich eine Schreibmaschine. Ob sie Sophie in ihr Vorhaben einweihten, wissen wir nicht. Dass sie Fritz Hartnagel bei dessen Besuch in München gefragt hatte, ob er einen Vervielfältigungsapparat besorgen könne, deutet darauf hin. Im Juni und Juli 1942 tippten Hans Scholl und Alexander Schmorell – möglicherweise zusammen mit Willi Graf und Christoph Probst – jeweils etwa hundert Exemplare der vier ersten »Flugblätter der Weißen Rose«. Diese legten sie dann aus oder verschickten sie ohne Absender an Ärzte, Rechtsanwälte und Lehrer. Der erste Handzettel[289] begann mit dem Satz: »Nichts ist eines Kulturvolkes unwürdiger, als sich ohne Widerstand von einer verantwortungslosen und dunklen Trieben ergebenen Herrscherclique ›regieren‹ zu lassen.« Die anonymen Autoren baten darum, »dieses Blatt mit möglichst vielen Durchschlägen abzuschreiben und weiterzuverteilen«.

In den Semesterferien musste Sophie acht Wochen in einer kriegswichtigen Schraubenfabrik in Ulm aushelfen. Da sie währenddessen bei ihren Eltern wohnte, erlebte sie mit, wie ihr Vater am 3. August 1942 von einem Sondergericht in Ulm wegen »Heimtücke« zu einer viermonatigen Haftstrafe verurteilt wurde, weil er Hitler vor seinen Angestellten unvorsichtigerweise als »Geißel Gottes« bezeichnet hatte. Am 24. August musste Robert Scholl ins Gefängnis. Die Kanzlei wurde während seiner Abwesenheit von dem mit einer Jüdin verheirateten Steuerberater Eugen Grimminger betreut. Robert Scholl durfte sie aber nach seiner Entlassung aufgrund eines gegen ihn verhängten Berufsverbots nicht mehr weiterführen.

Die Medizinstudenten Hans Scholl und Alexander Schmorell absolvierten vom 23. Juli bis 6. November 1942 ihre Front-Famulatur[290] in Russland. Wenige Wochen nach der Rückkehr ihres Bruders nach München bezog Sophie ein Zimmer neben seinem.

Hans und Sophie Scholl, Alexander Schmorell und Willi Graf verfassten ein fünftes Flugblatt, von dem sie mit Matrizen und einem Vervielfältigungsapparat sechstausend bis neuntausend Exemplare herstellten: »Der Krieg geht seinem sicheren Ende entgegen [...] Mit mathematischer Sicherheit führt Hitler das deutsche Volk in den Abgrund. Hitler kann den Krieg nicht gewinnen, nur noch verlängern! [...] Sollen wir auf ewig das von aller Welt gehasste und ausgestoßene Volk sein? Nein! Darum trennt euch von dem nationalsozialistischen Untermenschentum! Beweist durch die Tat, dass ihr anders denkt! Ein neuer Befreiungskrieg bricht an. Der bessere Teil des Volkes kämpft auf unserer Seite. Zerreißt den Mantel der Gleichgültigkeit [...] Ein einseitiger preußischer Militarismus darf nie mehr zur Macht gelangen. Nur in großzügiger Zusammenarbeit der europäischen Völker kann der Boden geschaffen werden, auf welchem ein neuer Aufbau möglich sein wird [...]«[291] Die Kopien wurden nicht nur in München verteilt, sondern auch in Stuttgart, Freiburg, Köln, Berlin, Hamburg, Chemnitz, Salzburg und Wien. Sophie, die es für notwendig hielt, sich aktiv am Widerstand zu beteiligen, »um selbst keine Schuld zu haben«[292], nahm am 25. Januar einen Zug nach Augsburg, um etwa zweihundertfünfzig Briefe mit dem fünften Flugblatt aufzugeben. Zwei Tage später fuhr sie nach Stuttgart und warf dort sechshundert bis siebenhundert Briefe ein.

Inge Aicher-Scholl erzählte, wie ihre Schwester Sophie einmal eines der Flugblätter der »Weißen Rose« mitgebracht hatte. »Sie legte es dem Vater vor und sah ihn mit gespannten Augen an. Sie dachte, er würde sich über ein Zeichen des Widerstandes freuen, und das tat er auch. Doch plötzlich fragte er: ›Sophie, ihr habt doch hoffentlich nichts damit zu tun?!‹ Da schaltete sie ganz schnell und reagierte entrüstet: ›Wie kannst du so etwas überhaupt vermuten? Bei uns in München brodelt es an allen Ecken. Aber bei solchen Dingen machen wir nicht mit.‹ Damit konnte sie ihn beruhigen.«[293]

Hauptmann Hartnagel schrieb am 17. Januar 1943 in Stalingrad, wo die 6. Armee am 22. November von der Roten Armee eingekesselt worden war: »Seit 8 Tagen sind wir bei 30° Kälte im Freien gelegen, ohne eine Möglichkeit uns aufzuwärmen. Mein Btl. ist vollkommen aufgerieben. Ich selbst habe beide Hände erfroren, davon 2 Finger mit Erfrierungen 3. Grades [...] Ich weiß nicht, wie nun alles weitergehen wird. Die Lage ist hier ziemlich hoffnungslos.«[294]

Von Ende Januar bis Anfang Februar 1943 besuchte Elisabeth Scholl ihre Geschwister Hans und Sophie in München. Obwohl sie in den Zimmern einen Frühjahrsputz durchführte, fiel ihr nichts Verdächtiges auf. Das zeigt, wie vorsichtig die Mitglieder der »Weißen Rose« waren. Eines Abends verließ Hans Scholl mit Alexander Schmorell das Haus, angeblich um Herta Probst, die Ehefrau ihres Freundes Christoph, die gerade ihr drittes Kind geboren hatte, im Krankenhaus zu besuchen. Als Elisabeth den Bruder und die Schwester am nächsten Tag zur Universität begleitete, stand dort mit über einen Meter großen Buchstaben das Wort »Freiheit« an einer Wand. »Mehrere Putzfrauen waren emsig bemüht, diese Anschrift abzuschrubben [...] Hans drängte darauf, dass wir weitergingen, indem er sagte: ›Wir wollen nicht auffallen.‹ Im Weggehen sagte Sophie leis zu mir: ›Da können sie lange schrubben, das ist Teerfarbe.‹«[295]

Das sechste Flugblatt wurde vom Psychologieprofessor und Volksliedforscher Kurt Huber entworfen, den die Mitglieder der »Weißen Rose« einige Wochen zuvor in ihre Aktionen eingeweiht hatten. Darin hieß es: »In einem Staat rücksichtsloser Knebelung jeder freien Meinungsäußerung sind wir aufgewachsen. HJ, SA und SS haben uns in den fruchtbarsten Bildungsjahren unseres Lebens zu uniformieren, zu revolutionieren, zu narkotisieren versucht. ›Weltanschauliche Schulung‹ hieß die verächtliche Methode, das aufkeimende Selbstdenken und Selbstwerten in einem Nebel leerer Phrasen zu ersticken. Eine Führerauslese, wie sie teuflischer und zugleich bornierter nicht gedacht werden kann, zieht ihre künftigen Parteibonzen auf Ordensburgen zu gottlosen, schamlosen und gewissenlosen Ausbeutern und Mordbuben heran, zur blinden, stupiden Führergefolgschaft.«[296]

Beim Verteilen dieser Flugblätter wurden die Geschwister Scholl am 18. Februar 1943 in der Münchner Universität ertappt. Die Gestapo brachte sie zur Staatspolizeileitstelle im Wittelsbacher Palais.

Sophie wurde von Kriminalobersekretär Robert Mohr verhört. Zunächst behauptete sie, die Flugblätter in der Universität entdeckt zu haben. Dass sie einen der Stapel in den Lichthof flattern ließ, sei nur ein schlechter Scherz gewesen. Ihr Bruder und sie hätten sich nie für Politik interessiert. Den leeren Koffer habe sie dabei gehabt, weil sie nach Ulm fahren und von dort frisch gewaschene Wäsche mitnehmen wollte.

Als sie erfuhr, dass die Polizei bei der Hausdurchsuchung mehrere hundert Achtpfennig-Briefmarken gefunden und Hans ein Geständnis abgelegt hatte, gab sie das Leugnen auf und setzte alles daran, die anderen Mitglieder der »Weißen Rose« nicht zu verraten, obwohl Mohr sie gezielt nach Schmorell, Probst und Graf fragte. »Es war unsere Überzeugung, dass der Krieg für Deutschland verloren ist, und dass jedes Menschenleben, das für diesen verlorenen Krieg geopfert wird, umsonst ist«, gab sie zu Protokoll. »Besonders die Opfer, die Stalingrad forderte, bewogen uns, etwas gegen dieses unserer Ansicht nach sinnlose Blutvergießen zu unternehmen.«[297] Mohr versuchte, ihr eine Brücke zu bauen, indem er suggestiv fragte: »Fräulein Scholl, wenn Sie das alles bedacht hätten, so hätten Sie sich doch nie zu derartigen Handlungen hinreißen lassen?« Mutig antwortete Sophie: »Sie täuschen sich. Ich würde alles genau noch einmal so machen, denn nicht ich, sondern Sie haben die falsche Weltanschauung.«[298] Am Ende der vier Tage dauernden Vernehmung sagte sie mit fester Stimme: »Ich bin nach wie vor der Meinung, das Beste getan zu haben, was ich gerade jetzt für mein Volk tun konnte. Ich bereue deshalb meine Handlungsweise nicht und will die Folgen, die mir aus meiner Handlungsweise erwachsen, auf mich nehmen.«[299]

Am 21. Februar erfuhr Sophie von ihrer Mitgefangenen Else Gebel, dass inzwischen auch Christoph Probst in der Staatspolizeileitstelle München war. Man hatte ihn am 19. Februar in Innsbruck verhaftet. Sophie Scholl bedauerte das sehr und bemitleidete seine Frau, die nun mit dem Neugeborenen allein war.

Als Otl Aicher seinen Freund Hans Scholl am 18. Februar mittags besuchen wollte, traf er in dessen Zimmer die Gestapo an, die gerade alles durchwühlte. Er wurde ebenfalls zur Gestapo-Zentrale gebracht und vernommen, aber am folgenden Tag, einem Freitag, freigelassen. Nachdem er von Carl Muth erfahren hatte, was geschehen war, unterrichtete er Robert und Magdalene Scholl. Das Wochenende verbrachten die Scholls voller Sorge um ihre Kinder. Am Montagmorgen brachen die Eltern der Inhaftierten nach München auf. Ihr zwanzigjähriger Sohn Werner, der zwei Tage vorher vom Kriegsdienst an der Ostfront beurlaubt heimgekommen war, begleitete sie. Als sie im Hauptbahnhof eintrafen, hatte die Gerichtsverhandlung gegen Christoph Probst und die Geschwister Scholl im Justizpalast bereits begonnen.

Roland Freisler, der Präsident des Volksgerichtshofes, war mit einer Sondermaschine von Berlin nach München geflogen, um die Verhandlung persönlich zu leiten. Man beschuldigte die Angeklagten »landesverräterischer Feindbegünstigung, Vorbereitung zum Hochverrat, Wehrkraftzersetzung«[300]. Plötzlich drängte sich ein Mann durch die Zuschauerreihen nach vorne zum Verteidiger. Als dieser ihn zurückwies, meldete er sich verzweifelt zu Wort. Es handelte sich um Robert Scholl. Seine Versuche, sich Gehör zu verschaffen, scheiterten jedoch, und Freisler ließ ihn und seine Frau, die ebenfalls im Gerichtssaal war, hinauswerfen. Auf dem Korridor erfuhren sie später, dass der Richter die Angeklagten nach fünfstündiger Verhandlung zum Tod verurteilt hatte. Der Gerichtsreferendar Leo Samberger nahm sich der verzweifelten Eltern an und führte sie ins Vorzimmer des Generalstaatsanwalts, wo die Sekretärin ein Gnadengesuch aufnahm.

Die Verurteilten wurden in das Vollstreckungsgefängnis München-Stadelheim gebracht. Überraschenderweise durften Robert und Magdalene Scholl ihre Kinder am Nachmittag kurz besuchen, zuerst Hans, dann Sophie. »Nun wirst du also gar nie mehr zur Türe hereinkommen«[301], schluchzte die Mutter, als sie ihrer Tochter gegenüberstand.

Während Werner in München blieb, fuhren die Eltern noch am selben Tag nach Ulm zurück. Sie berichteten ihren Töchtern von dem unfassbaren Urteil. Inge Scholl fuhr am nächsten Morgen nach München, um ihre Geschwister noch einmal zu sehen. Mit Werner zusammen ging sie zum Generalstaatsanwalt. Von dessen Sekretärin erfuhren sie, dass Hans und Sophie bereits tot waren.

Als Fritz Hartnagel, der am 22. Januar 1943 als einer der Letzten aus Stalingrad ausgeflogen worden war, in einem Lazarett in Lemberg die Nachricht von den Todesurteilen bekam, brach er sofort nach Berlin auf, um ein Gnadengesuch einzureichen. Bei einem Telefongespräch mit der Familie Scholl in Ulm musste er jedoch zu seinem Entsetzen erfahren, dass man seine einundzwanzigjährige Freundin, deren Bruder Hans und Christoph Probst bereits vier Stunden nach Freislers Urteilsspruch mit dem Fallbeil hingerichtet hatte.

Aus eigener Initiative hatten die Gefängnisaufseher es den drei Verurteilten ermöglicht, unmittelbar vor der Hinrichtung kurz voneinander Abschied zu nehmen. Sophie war dann als Erste zum Richtblock geführt worden.

Am 24. Februar beerdigte man die Geschwister Scholl auf dem Perlacher Friedhof in München.

Drei Tage später, als die Eltern, Inge, Elisabeth und Werner in Ulm niedergeschlagen beim Frühstück saßen, kam die Gestapo, um sie abzuholen. Werner Scholl brauchte als Einziger nicht mitzukommen, denn für Soldaten war die Wehrmacht zuständig. Stattdessen musste er einige Tage danach an die Ostfront zurück. Man beschuldigte die Scholls, im Radio eine Rede von Thomas Mann angehört zu haben. Elisabeth, Inge und ihre Mutter wurden aus gesundheitlichen Gründen Ende April beziehungsweise Ende Juli entlassen. Ein Gericht sprach die Frauen im August frei, verurteilte Robert Scholl hingegen zu zwei Jahren Zuchthaus.

Schätzungsweise achtzig Personen wurden verhaftet, weil man sie verdächtigte, an den Flugblattaktionen der »Weißen Rose« beteiligt gewesen zu sein oder zumindest davon gewusst zu haben. Bis zum 20. April 1945 fanden in diesem Zusammenhang insgesamt acht Gerichtsprozesse statt. Kurt Huber und Alexander Schmorell wurden am 13. Juli 1943 hingerichtet, Willi Graf am 12. Oktober 1943.

Die Verschwörer hatten unter Einsatz ihres Lebens demonstriert, dass nicht die gesamte Bevölkerung hinter dem NS-Regime stand. Hans und Sophie Scholl, Christoph Probst, Alexander Schmorell, Kurt Huber, Willi Graf und andere Mitglieder der »Weißen Rose« starben, weil sie es für unerlässlich hielten, gegen ein nicht zuletzt von Mitläufern und Duckmäusern ermöglichtes Terrorregime die Stimme zu erheben. Otl Aicher, der seit 1952 mit Inge Scholl verheiratet war, schätzte seine hingerichtete Schwägerin als »moralische Instanz«: »Sie beharrte auf der Übereinstimmung von Denken und Tun und sah in der Art, wie eine solche Übereinstimmung zustande gebracht wurde, den Grad der Entfaltung einer Persönlichkeit.«[302]

Anlässlich ihres sechzigsten Todestages wurde am 22. Februar 2003 in der Ruhmes- und Ehrenhalle Walhalla bei Regensburg eine Büste von Sophie Scholl aufgestellt. Nach Maria Theresia, Katharina der Großen, Landgräfin Amalie Elisabeth von Hessen-Kassel und Maria Theresia Gerhardinger war Sophie Scholl die fünfte Frau, der diese Ehre zuteil wurde.

Marilyn Monroe
(1926–1962)
»Der einzige Weg für mich, etwas zu sein, war der, dass ich jemand anderes war.«

Ein unehelich geborenes, zwischen Pflegeeltern und Waisen-häusern herumgestoßenes Mädchen schaffte den Aufstieg zum internationalen Filmstar. Aber es gelang Marilyn Monroe nicht, sich vom Image der naiven Sexbombe zu befreien. Der Glamour verbarg, wie unglücklich sie war. Marilyn Monroe starb im Alter von sechsunddreißig Jahren.

Marilyn Monroe kam am 1. Juni 1926 unter dem bürgerlichen Namen Norma Jeane Mortensen in Los Angeles zur Welt. Sie war das dritte Kind der in Hollywood angestellten Cutterin Gladys Pearl Mortensen, die vier Tage nach Norma Jeanes Geburt ihren vierundzwanzigsten Geburtstag feierte. Über den Vater wissen wir nichts.[303] Es scheint aber keiner von Gladys Mortensens Ehe-männern gewesen zu sein, denn von John Newton Baker war sie seit 1923 geschieden – Jeanes Halbgeschwister Jack und Berniece lebten bei ihm in Kentucky –, und die zweite Ehe mit Martin Edward Mortensen hatte nur von Oktober 1924 bis Anfang 1925 gehalten.

Da Gladys Mortensen auf sich allein gestellt war, arbeiten musste und sich nicht um das Neugeborene kümmern konnte, vertraute sie es knapp zwei Wochen nach der Geburt Ida und Albert Wayne Bolender an, die mit ihrem Sohn und wechseln-den Pflegekindern in einem Bungalow mit vier Zimmern wohn-ten. »Meine Mutter hatte mich nicht gewollt«, klagte Marilyn Monroe später. »Wahrscheinlich ging ich ihr im Weg um, und es muss eine Schande für sie gewesen sein, dass ich überhaupt exis-tierte.«[304] Sieben Jahre lang blieb Norma Jeane bei dem Brief-träger und seiner Frau, die der Pfingstgemeinde angehörten und Vergnügungen für sündig hielten. »Irgendwie erfüllte ich nie ganz ihre Erwartungen«, meinte Marilyn Monroe später, »obwohl ich mich nicht daran erinnern kann, ein besonders schlimmes Kind gewesen zu sein.«[305] Wenn Gladys ihre Tochter samstags zu einem Ausflug abholte, fiel es dem Kind schwer, zu verstehen, dass es sich um seine Mutter handelte: »Für mich war sie einfach die Frau mit den roten Haaren.«[306]

Im März 1933 – Norma Jeane ging seit einem halben Jahr zur Schule – erschoss ein Nachbar ihren Hund Tippy, weil er sich über das Bellen geärgert hatte. Als das schockierte Mädchen daraufhin in eine psychische Krise geriet, holte Gladys, zusammen mit ihrer sieben Jahre älteren Freundin Grace McKee, ihre Tochter zu sich. Ein günstiges Darlehen für alleinerziehende Mütter ermöglichte es ihr, ein Haus in Los Angeles zu kaufen. Bad, Küche und Wohnzimmer nutzten Mutter und Tochter jedoch gemeinsam mit einem englischen Schauspieler-Paar, das Gladys als Mieter aufgenommen hatte. Für Norma Jeane änderten sich nicht nur die Bezugspersonen und die Wohnung, sondern auch die Lebensumstände: Die Schülerin, die sich aufgrund ihrer Erziehung in einer puritanischen Familie vor der Hölle fürchtete, war schockiert, als ihre Mutter mit ihr sonntags statt in die Kirche ins Kino ging.

Ein halbes Jahr nachdem Gladys ihre Tochter zu sich geholt hatte, wurde sie wegen schwerer Depressionen und Wahnvorstellungen in eine Klinik eingeliefert. Grace McKee beantragte die Vormundschaft für ihre Freundin und das Sorgerecht für deren Tochter. Die mehrfach geschiedene kinderlose Cutterin träumte davon, aus dem hübschen Kind eine aufregende Blondine wie Jean Harlow zu machen, und zeigte der Siebenjährigen, wie sie sich schminken sollte. Zunächst ließ sie Norma Jeane von Gladys' Mietern versorgen, dann brachte sie das Mädchen für zwei Monate zu neuen Pflegeeltern und Anfang 1935 zu ihrer Mutter Emma Willette Atchinson. Am 1. Juni 1935 – Norma Jeanes neuntem Geburtstag – erhielt Grace McKee die Vormundschaft für Gladys Mortenson. Sie verkaufte das Haus ihrer Freundin, gab das noch nicht abbezahlte Auto zurück und nahm sich vor, das Geld ausschließlich für Gladys' Behandlung und Norma Jeanes Unterhalt zu verwenden.

Zur gleichen Zeit lernte Grace den zehn Jahre jüngeren Chirurgensohn Ervin Silliman Goddard kennen, der aus seiner ersten Ehe drei Töchter hatte. Im August 1935 heirateten die beiden.

Marilyn Monroe, 1955

Der Ingenieur, der keinen festen Arbeitsplatz hatte und sich nur einen schäbigen Bungalow im San Fernando Valley leisten konnte, brachte seine Tochter Nona mit in die Ehe. Norma Jeane hingegen wurde einen Monat nach der Hochzeit in ein Waisenhaus in Hollywood gebracht, wo sie den anderen Kindern erzählte, ihre phantastischen Eltern kämen bald von einer großen Reise zurück und würden sie dann nach Hause bringen.

Zwei Jahre später wurde sie von Grace Goddard, die kurz zuvor das Sorgerecht für sie bekommen hatte, abgeholt. Doch als Norma Jeane sich einige Wochen später bei ihrer Pflegemutter darüber beklagte, dass Ervin versucht habe, sie zu vergewaltigen, musste sie erneut aus dem Haus: Im November 1937 brachte man sie zu ihrer Großtante Ida Martin, die mit den drei Kindern ihrer vom Ehemann verlassenen Tochter in Compton südlich von Los Angeles lebte. Dort soll Idas Enkel Jack seine zwei Jahr jüngere Cousine zu sexuellen Spielen gezwungen haben.

Im August 1938 nahm Grace Goddards Tante Ana Atchinson Lower das Mädchen auf, eine gutmütige achtundfünfzigjährige Witwe, die mehrere Häuser in Los Angeles besaß und von den Mieteinnahmen lebte.

Norma Jeane kam in die Emerson Junior High School in Los Angeles. Zweimal wurde sie von der Lehrerin nach Hause geschickt, weil sie verbotenerweise in Männer-Jeans zum Unterricht erschienen war. Ihre Brüste zeichneten sich unter engen Pullovern ab, die sie auf der nackten Haut trug. »Sogar die Mädchen wurden auf mich aufmerksam«, erzählte Marilyn Monroe später in einem Interview, »weil sie dachten: ›Hmmm, mit der muss man rechnen!‹«[307]

Als Ana Lower ernsthaft erkrankte, musste Norma Jeane Ende 1940 zurück zu den Goddards. Im Januar 1942, ein halbes Jahr nachdem sie in die Van Nuys High School in Los Angeles aufgenommen worden war, erfuhr sie von Grace, dass Ervin eine Stelle als Verkaufsleiter in East Virginia bekommen sollte. Die Familie zog deshalb um, nahm Norma Jeane jedoch nicht mit, sondern brachte sie wieder bei Ana Lower unter, die sich zwischenzeitlich erholt zu haben schien.

Als sich Anas Gesundheitszustand kurz darauf erneut verschlechterte, befürchtete Norma Jeane, wieder ins Waisenhaus zu müssen. Sie brach die Schule ab, und am 19. Juni 1942, knapp drei Wochen nach ihrem sechzehnten Geburtstag, trat sie mit dem fünf Jahre älteren Fabrikarbeiter James (»Jim«) Edward Dougherty in Los Angeles vor den Traualtar. Gladys Mortensen war nicht in der Lage, zur Hochzeit ihrer Tochter zu kommen, und Grace Goddard – die diese Zweckehe mit Jims Mutter arrangiert hatte, um Norma Jeane das Waisenhaus zu ersparen – fand es nicht nötig, dafür eigens von der Ostküste anzureisen. Das frisch verheiratete Paar mietete zunächst einen möblierten Einzimmer-Bungalow in Sherman Oaks. »Mein Mann und ich redeten kaum miteinander«, erinnerte Marilyn Monroe sich später. »Aber nicht, weil wir ärgerlich aufeinander waren. Wir hatten uns einfach nichts zu sagen.«[308]

Jim Dougherty meldete sich zur Handelsmarine und wurde im Frühjahr 1944 als Besatzungsmitglied eines Bombers im Pazifikkrieg eingesetzt. Währenddessen lebte seine Frau bei ihrer Schwiegermutter Ethel Dougherty, die als Krankenschwester in einer Rüstungsfabrik in Los Angeles angestellt war und Norma Jeane einen Job in der Lackiererei des Unternehmens vermittelte. Dabei handelte es sich um eine sehr unangenehme, gesundheitsschädliche Arbeit. Aber nach dem Sommerurlaub gelang es Norma Jeane, sich in eine Abteilung versetzen zu lassen, in der Fallschirme geprüft wurden – und dort wurde sie im Herbst 1944 vom Fotografen David Conover entdeckt.

Der Armeefotograf sollte Aufnahmen von jungen Rüstungsarbeiterinnen machen, und die Achtzehnjährige ließ sich nicht zweimal bitten, für Fotos Modell zu stehen. Im Sommer 1945 fuhr sie mit dem sieben Jahre älteren Fotografen durch Kalifornien, um an verschiedenen Orten für eine zweite Bilderserie zu posieren. Weil sie die Vorhaltungen ihrer Schwiegermutter wegen der neuen Tätigkeit bald satt hatte, zog sie bei ihr aus und mietete eine Zweizimmerwohnung. Conover ermutigte sie, sich bei der Blue Book Modeling Agency zu bewerben, und am 2. August 1945 wurde sie dort in die Kartei aufgenommen: 1,65 m, 107 Pfund, Maße: 91 – 61 – 86, Größe 38, Haarfarbe mittelblond.[309] Für eine Shampoo-Werbung, einen ihrer ersten Aufträge, ließ Norma Jeane Dougherty sich ihr Haar bleichen und blieb von da an Blondine.

Als Jim Dougherty aus dem Krieg im Pazifik heimkehrte, befand seine Frau sich gerade mit dem Fotografen André de Dienes auf einer fünfwöchigen Fotoreise durch Kalifornien, Nevada und New Mexico. Bevor er im Januar 1946 noch einmal zu seiner militärischen Einheit musste, um bei der Rückholung der Männer und der Ausrüstung mitzuhelfen, forderte er seine Frau auf, sich zwischen ihm und ihrer Karriere als Fotomodell zu entscheiden. Das fiel Norma Jeane nicht schwer. Sie reiste am 14. Mai 1946 zu einer Tante nach Las Vegas und ließ sich vier Monate später dort scheiden.

Emmeline Snively, eine der beiden Betreiberinnen der Blue Book Modeling Agentur, schwärmte von ihr – »Noch nie hat jemand so hart wie sie bei mir gearbeitet«[310] – und überredete die mit ihr befreundete Filmagentin Helen Ainsworth, Norma Jeane ein Casting zu vermitteln. Am 19. Juli 1946 posierte die Zwanzigjährige bei 20th Century Fox für Probeaufnahmen. Vier Tage später erhielt sie von der Filmgesellschaft einen Halbjahresvertrag. Der angehenden Schauspielerin wurden nun jede Woche fünfundsiebzig Dollar ausgezahlt, unabhängig davon, ob sie bei Dreharbeiten eingesetzt wurde oder nicht. Weil man sie allerdings nicht unter dem Namen Norma Jeane Dougherty führen wollte, nannte sie sich von da an Marilyn Monroe, nach Marilyn Miller, einem Broadway-Star der Zwanzigerjahre, und dem Mädchennamen ihrer Mutter.

Seit dem Vertragsabschluss mit 20th Century Fox fuhr Marilyn Monroe jeden Tag ins Studio, aber keiner holte sie ins Scheinwerferlicht. Trotzdem verlängerte die Filmgesellschaft den Vertrag mit ihr im Februar 1947 um ein halbes Jahr. In der Komödie »Scudda-Hoo! Scudda-Hay!« (»Sommergewitter«) stand Marilyn Monroe dann endlich vor laufender Filmkamera, wenn auch nur für wenige Sekunden. Anschließend durfte sie eine kleine Rolle als Kellnerin Evie in »Dangerous Years« übernehmen und wurde immerhin an vierzehnter Stelle im Abspann genannt.

Ihr Vertrag lief im August 1947 aus, und sie wurde arbeitslos, bevor ihre Karriere überhaupt begonnen hatte. Um sich dennoch die Kurse an »The Actors' Laboratory of Hollywood« leisten zu können, soll Marilyn Monroe in Seitenstraßen von Hollywood nach Freiern Ausschau gehalten haben. Das Schauspieler-Ehepaar John Carroll und Garnett Lucille Ryman brachte sie schließlich mietfrei in einer Stadtwohnung in Hollywood unter und unterstützte sie finanziell. Als den Wohltätern nach einigen Monaten aber bewusst wurde, dass sie für Marilyn Monroe zu Ersatzeltern geworden waren, versuchten sie, sich der Verantwortung zu entledigen.

John Carroll und Garnett Lucille Ryman stellten Marilyn deshalb dem Geschäftsmann Pat De Cicco vor, der mit Joseph (»Joe«) Schenck befreundet war. Der neunundsechzig Jahre alte Filmproduzent kannte alle wichtigen Leute in Hollywood und empfahl die Einundzwanzigjährige, mit der er eine kurze Affäre hatte, einem der Gründer von Columbia Pictures, Harry Cohn. Am 9. März 1948 nahm die Filmgesellschaft Marilyn Monroe unter Vertrag und engagierte für sie die Schauspiellehrerin Natasha Lytess, eine Lesbierin, die sich hoffnungslos in sie verliebte.[311]

In »Ladies of the Chorus« (»Ich tanze in dein Herz«) – der erste Film, den Columbia mit ihr drehte – spielte Marilyn Monroe die Tänzerin Peggy Martin und bewies, dass sie auch singen konnte.

Auf einer Silvesterfeier lernte sie den Agenten Johnny Hyde kennen, der schon Lana Turner, Rita Hayworth und andere Stars aufgebaut hatte. Der Dreiundfünfzigjährige überredete Marilyn dazu, die Form ihrer Nase und ihres Kinns korrigieren zu lassen. Ihretwegen verließ er im Juni 1949 seine Familie. Marilyn zog zwar mit ihm zusammen, lehnte seinen Heiratsantrag jedoch ab. Dabei wäre eine Ehe mit dem reichen, einflussreichen Mann, der aufgrund einer Herzkrankheit mit dem baldigen Tod rechnete, für sie sehr vorteilhaft gewesen. »Ich habe ihn nie belogen, und ich glaube nicht, dass es falsch war, mich von ihm so sehr lieben zu lassen«, meinte Marilyn später in einem Gespräch mit Natasha Lytess. »Sexualität bedeutete ihm so viel und mir nicht.«[312]

Weil sie von ihrer Gage nicht leben konnte, bewarb sich Marilyn im Mai 1949 bei dem Fotografen Tom Kelley als Modell. Er schlug ihr vor, Pin-up-Fotos für einen Brauerei-Kalender zu machen. Marilyn Monroe rekelte sich nackt auf dem mit rotem Samt drapierten Boden seines Studios – und trat ihm die Rechte an den Fotos für gerade einmal fünfzig Dollar ab, während er selbst von seinem Auftraggeber das Zehnfache erhielt.

Der Vertrag mit Columbia lief Anfang Oktober 1949 aus, aber Johnny Hyde verschaffte Marilyn Monroe die Rolle der Angela Phinlay in dem von John Huston für Metro-Goldwyn-

Mayer gedrehten Gangsterfilm »The Asphalt Jungle« (»Asphalt Dschungel«), der am 23. Mai 1950 in die Kinos kam.

Obwohl Johnny Hyde verrückt nach ihr war, zog Marilyn im Frühjahr 1950 bei ihm aus und mietete ein kleines Apartment im Beverly Carlton Hotel in Hollywood. Um Geld zu sparen, quartierte sie sich aber bald darauf bei Natasha Lytess in deren Zweizimmerwohnung ein und erklärte sich als Gegenleistung bereit, auf Barbara aufzupassen, die Tochter der Schauspiellehrerin. Als Natashas Mietvertrag auslief, kehrte Marilyn Anfang 1951 ins Beverly Carlton zurück.

Die Famous Artist Agency, von der Marilyn seit März 1951 vertreten wurde, vermittelte ihr einen Sieben-Jahres-Vertrag mit 20th Century Fox. Trotz dieses Durchbruchs nahmen ihre Versagensängste keineswegs ab, im Gegenteil: Als sie unter der Regie von Fritz Lang in »Clash by Night« (»Vor dem neuen Tag«) spielte, übergab sie sich vor fast jeder Szene und kehrte dann mit roten Flecken im Gesicht von der Toilette zurück. Der Regisseur Howard Hawks sagte einmal: »Sie hatte überhaupt kein Zutrauen zu ihren Fähigkeiten. Je wichtiger sie wurde, desto mehr Angst hatte sie.«[313]

Das Magazin »Photoplay« hatte bereits im September 1950 einen Artikel über Marilyn Monroe mit der Schlagzeile »How A Star Is Born« veröffentlicht. Aber ihre erste große Rolle bekam sie erst Ende 1951: In »Don't Bother to Knock« (»Versuchung auf 809«) spielte sie das geistesgestörte Kindermädchen Nell Forbes. Damit konnte sie endlich zeigen, dass sie nicht nur zur Sexbombe taugte, sondern auch eine ernst zu nehmende Schauspielerin war. Archer Winston schrieb in der »New York Post«: »Leute vom Fach mögen das eine oder andere an Miss Monroes Porträt einer Psychopathin bemängeln, aber ich fand sie überraschend gut, zumal wenn man bedenkt, wie wenig Erfahrung sie im dramatischen Fach besaß und wie sehr sie bisher auf den Revuegirl-Typ festgelegt war.«[314]

Im Februar 1952 begegneten sich Marilyn Monroe und Joseph (»Joe«) Paul DiMaggio. Der seit 1944 von der Filmschauspielerin Dorothy Arnold geschiedene Baseball-Spieler war zwölf Jahre älter als Marilyn. Als achtes von neun Kindern einer sizilianischen Einwandererfamilie war er in Martinez, Kalifornien, aufgewachsen. Obwohl er bis zum achten Lebensjahr Stützprothesen an den Beinen hatte tragen müssen, blickte er inzwischen auf eine außergewöhnliche Sportkarriere zurück und galt als National-held. Die Medien feierten Marilyn Monroe und Joe DiMaggio als Traumpaar. »Sie streiten sich, versöhnen sich wieder, geraten sich erneut in die Haare«, schrieb Norman Mailer. »Sie trennen sich, lieben sich jedoch per Telefon nur umso mehr. Er muss nach New York, und sie dreht einen Film. Er kommt nach San Francisco, sie geht nach New York. In Los Angeles treffen sie sich wieder, oder sie stattet seinem Restaurant, *Fisherman's Wharf*, einen Besuch ab. Immer wieder bringen sie Kleider in die Wohnung des anderen – und machen den Journalisten weis, sie seien noch immer nichts weiter als gute Freunde. Nahezu zwei Jahre geht das so.«[315]

Sie passten eigentlich nicht zusammen. »Joe war an sein sauberes italienisches Elternhaus gewöhnt und beinahe zwang-haft ordentlich; Marilyn dagegen war unheilbar schlampig und hatte keinen Blick für ein gepflegtes Heim.«[316] Außerdem war DiMaggio prüde und eifersüchtig, weshalb er nicht wollte, dass Marilyn aufreizende Kleider trug. Umso mehr schockierte es ihn, als im Frühjahr 1952 eines der Nacktfotos, die Tom Kelley 1949 von ihr aufgenommen hatte, nachgedruckt wurde. Auch bei 20th Century Fox gab man sich deshalb besorgt. Marilyn trat die Flucht nach vorn an und erzählte der Journalistin Aline Mosby nach einem Interview sozusagen im Vertrauen, sie habe vor ein paar Jahren, als sie die Miete nicht bezahlen konnte, keinen ande-ren Ausweg mehr gesehen, als unbekleidet für einen Kunstkalen-der zu posieren. Die Ehefrau des Fotografen sei während der gan-zen Zeit mit im Studio gewesen. Mit diesem geschickten Schritt gelang es Marilyn, den drohenden Skandal zu verhindern: Die Medienleute, die nicht wussten, dass sie zum Zeitpunkt der Auf-nahmen von Johnny Hyde ausgehalten worden war, zeigten Ver-ständnis, zumal Marilyn sich als bemitleidenswerte Vollwaise ausgab.

Das Image der unbedarften Sexbombe wurde Marilyn aber nicht nur aufgezwungen, sondern auch durch sie selbst gefördert. In einem Interview behauptete sie, nachts nur einen Tropfen Cha-nel Nr. 5 zu tragen.[317] Und der populäre Kolumnist Earl Wilson kolportierte in »Los Angeles Daily News«, Marilyn Monroe habe ihm gestanden, dass sie nur selten Höschen oder Büstenhalter trage. »Ich fühle mich gern unbehindert und frei«, soll sie gesagt haben.[318] Hin und wieder schockierte sie Verkäuferinnen, wenn sie zum Anprobieren von Jeans oder Pullovern ohne Unterwäsche ins Geschäft kam.[319] – Joe DiMaggio war von Marilyns Freizügigkeit wenig begeistert und drängte sie, ihren Beruf aufzugeben. Aber davon wollte sie nichts hören.

Im Juni 1952 begannen die Dreharbeiten für den Thriller »Niagara«. Marilyn Monroe spielte neben Joseph Cotton die Hauptrolle und stellte endlich einmal keine naive Blondine, sondern eine Femme fatale dar. Der Regisseur Henry Hathaway urteilte wohlwollend: »Sie war [...] schrecklich ehrgeizig, es noch besser zu machen.«[320] Mit »Gentlemen Prefer Blondes« (»Blondinen bevorzugt«) bediente Marilyn Monroe wieder ihr gewohntes Image. Sie bekam übrigens tausendzweihundertfünfzig Dollar pro Woche, ein Zehntel der Gage ihrer Filmpartnerin Jane Russell.

»Look« veröffentlichte im November 1953 neun Porträts, die der Fotograf Milton H. Greene von der mit ihm seit einer kurzen Affäre vor vier Jahren befreundeten Filmschauspielerin aufgenommen hatte. Im darauf folgenden Monat präsentierte der »Playboy« in seiner allerersten Ausgabe das wieder aufgetauchte Aktfoto »Golden Dream« von Marilyn Monroe als Centerfold.

Obwohl Marilyn nicht bereit war, ihre Karriere aufzugeben, vermählte sich Joe DiMaggio am 14. Januar 1953 im Rathaus von San Francisco mit ihr. Zwei Wochen später flogen sie nach Tokio, wo DiMaggio ein Baseball-Stadion eröffnen sollte. Als Marilyn vorgeschlagen wurde, vor amerikanischen Soldaten in Korea aufzutreten, war sie sofort einverstanden: Am 16. Februar landete sie in Seoul und wurde von dort mit einem Hubschrauber zu den amerikanischen Quartieren gebracht. Trotz der Kälte sang sie leicht bekleidet im Freien und trat innerhalb von zwei Tagen bei zehn Veranstaltungen vor insgesamt sechzig- bis hunderttausend begeisterten Soldaten auf. Dann kehrte sie – mit einer Virusinfektion – zu ihrem Mann zurück, der in Japan verärgert auf sie gewartet hatte.

Während der Dreharbeiten für »The Seven Year Itch« (»Das verflixte 7. Jahr«) stellte sich Marilyn Monroe am 15. September 1954 von 1 Uhr bis 4 Uhr früh vor zweitausend Schaulustigen über einen U-Bahn-Lüftungsschacht in Manhattan. Immer wieder wurde der Plisseerock ihres elfenbeinfarbenen Kleides hochgeblasen. Die eigentlichen Aufnahmen sollten später im Studio entstehen, aber der Fotograf Sam Shaw versprach sich von der Aktion und den Standfotos einen hilfreichen PR-Gag. Marilyns rechtzeitig von einem Journalisten aus San Francisco herbeigerufener Ehemann kochte vor Zorn. Es kam zu einem heftigen Streit, und DiMaggio soll seine Frau anschließend im Hotel grün und blau geprügelt haben.

Kurz darauf verließ Marilyn ihn, und am 3. Oktober teilte sie der PR-Abteilung der Filmgesellschaft mit, sie habe die Scheidung eingereicht.[321]

Dennoch besuchte Joe DiMaggio sie einen Monat später im Krankenhaus, wo sie wegen einer Endometriose[322], die immer wieder starke Menstruationsbeschwerden verursacht hatte, operiert worden war.

Als Marilyn sich von dem chirurgischen Eingriff erholt hatte, kam Milton Greene zu ihr nach Los Angeles, um die Gründung einer eigenen Filmfirma zu besprechen, damit sie über die Auswahl ihrer Rollen selbst entscheiden könnte. Am 7. Januar 1955 hob sie zusammen mit Greene in New York die »Marilyn Monroe Productions« aus der Taufe: »Ich habe die immer gleichen alten Sexrollen endgültig satt. Ich möchte etwas Besseres leisten.«[323]

Milton Greene gewann großen Einfluss auf seine Geschäftspartnerin. Der Fotograf soll eine Hypothek aufgenommen haben, um sie finanziell unterstützen zu können. Weil Marilyn häufig bei ihm und seiner Ehefrau Amy zu Besuch war, stellten sie ihr in ihrem Haus in Connecticut ein eigenes Zimmer zur Verfügung. Amy Greene dementierte zwar eine Liebesbeziehung zwischen ihrem Mann und dem Filmstar, was aber niemand glaubte. Marilyn konsultierte auch Greenes Psychotherapeutin Margaret Hohenberg in New York.

1956 zog Marilyn nach New York, wo sie vom fünfundzwanzig Jahre älteren Schauspiellehrer Lee Strasberg, dessen Frau Paula und der Tochter Susan gewissermaßen in die Familie aufgenommen wurde, weswegen es zu Spannungen zwischen ihr und Greene kam. Lee Strasberg führte Marilyn Monroe, die inzwischen den Kontakt mit ihrer Schauspiellehrerin Natasha Lytess abgebrochen hatte, in das von ihm erfundene »Method Acting« ein.

Trotz ihrer Differenzen mit Greene wollte sie für die gemeinsame Produktionsfirma den Film »The Prince and the Show Girl« (»Der Prinz und die Tänzerin«) drehen. Bei einer Pressekonferenz mit ihrem Filmpartner Sir Laurence Olivier in New York einige Monate vor Beginn der Dreharbeiten beugte Marilyn sich so weit nach vorn, dass dabei ein Spaghettiträger ihres tief ausgeschnittenen schwarzen Samtkleides riss. Von dem sorgfältig vorbereiteten »Missgeschick« war Laurence Olivier so beeindruckt, dass er eine ähnliche Szene in den Film einbaute.

Nach einem Jahr in New York kehrte Marilyn im Februar 1956 nach Hollywood zurück, übernahm die Hauptrolle in der Komödie »Bus Stop« und zeigte dabei eine ihrer eindrucksvollsten schauspielerischen Leistungen. »Marilyn Monroe beweist in Bus Stop endlich, dass sie eine wirkliche Schauspielerin ist«, schwärmte Bosley Crowther in »The New York Times«. »Doch glauben Sie ja nicht, dass sie, weil sie in diesem Film wirklich eine Charakterstudie abliefert, deshalb weniger lebendig, humorvoll oder attraktiv ist als sonst.«[324]

Ihre im Sommer 1955 in New York begonnene Affäre mit dem Dramatiker Arthur Miller brach nach der Rückkehr zur Westküste nicht ab. Die beiden hatten sich bereits vier Jahre vorher durch den Regisseur Elia Kazan – Marilyns damaligem Liebhaber – kennengelernt und füreinander Interesse gezeigt, aber dann aus den Augen verloren. Der lange Flug hielt Arthur Miller nicht davon ab, so häufig wie möglich ein Wochenende mit Marilyn zu verbringen – worüber seine Ehe mit der Lektorin Mary Grace Slattery zerbrach.

Durch die Beziehung mit Arthur Miller, der wegen seiner politischen Ansichten vom FBI überwacht wurde, geriet auch Marilyn ins Visier der Bundespolizei. Als sie 1955 ein Visum für die Sowjetunion beantragte,[325] legte das FBI eine Akte über sie an. Am 21. Juni 1956 begleitete Marilyn ihren Geliebten zur Vernehmung vor dem »Ausschuss für unamerikanische Umtriebe« des Repräsentantenhauses in Washington, D.C. Miller beantwortete zwar Fragen zu seiner Person, war jedoch nicht bereit, Auskunft über andere Intellektuelle zu geben. Infolgedessen wurde gegen ihn ein Verfahren wegen Aussageverweigerung angestrengt.[326]

Publikumswirksam bat Arthur Miller vor dem Ausschuss in Washington um die Rückgabe seines Passes. Er benötige ihn, erklärte er, weil seine zukünftige Ehefrau zu Dreharbeiten mit Sir Laurence Olivier nach London reisen werde und er sie begleiten wolle. Darüber scheint auch Marilyn überrascht gewesen zu sein. Jedenfalls ließ sich das Paar am 29. Juni 1956 in New York standesamtlich trauen und am übernächsten Tag nach jüdischem Ritus im Haus von Millers Literaturagentin Kay Brown in Katonah, New York. Gut zwei Wochen später flog das Ehepaar nach London.

Dort stellte Marilyn fest, dass sie schwanger war, erlitt allerdings kurz darauf eine Fehlgeburt. In ihrer Ehe mit Arthur Miller kam es bereits nach wenigen Wochen zu Spannungen. Marilyn verfiel deshalb in Depressionen und konsultierte Anna Freud, die Tochter Sigmund Freuds, bevor sie im November mit ihrem Mann nach New York zurückkehrte.

Im Frühjahr 1957 überwarfen sich Marilyn Monroe und Milton Greene. Sie kommunizierten fortan nur noch über ihre Anwälte, deren Verhandlungen sich ein Jahr lang hinschleppten. Dann zog Greene sich aus »Marilyn Monroe Productions« zurück, und die Schauspielerin übernahm die Anteile ihres bisherigen Partners.

Seit Marilyn als Ehefrau von Arthur Miller wieder an der Ostküste lebte, setzte sie ihren Unterricht bei Lee Strasberg fort. Von der Psychotherapeutin Margaret Hohenberg wechselte sie allerdings zu Marianne Kris, einer Freundin von Anna Freud.

Obwohl ihr Gynäkologe sie vor den Auswirkungen ihrer Tablettensucht im Fall einer Schwangerschaft gewarnt hatte, sehnte Marilyn sich nach einem Kind und einer richtigen Familie. Am 1. August 1957 musste eine Bauchhöhlenschwangerschaft abgebrochen werden. Im Oktober 1958 war sie erneut schwanger, aber zwei Monate später verlor sie auch dieses Kind. Dadurch stürzte sie in die nächste schwere Depression.

Eigentlich wollte Marilyn kein blondes Dummchen mehr spielen, doch Billy Wilder überredete sie 1958, in »Some Like It Hot« (»Manche mögen's heiß«) die Rolle der Sängerin Sugar Kane zu übernehmen.

Im September 1959 unterschrieb Marilyn Monroe einen Vertrag für die Hauptrolle in der Komödie »Let's Make Love« (»Machen wir's in Liebe«). Unter der Regie von George Cukor stand sie mit Yves Montand vor der Kamera. Der französische

Schauspieler, der mit seiner Ehefrau Simone Signoret zum Set gekommen war, begann nach deren Abreise eine Affäre mit seiner Filmpartnerin.

Arthur Miller arbeitete seit Herbst 1957 daran, seine Kurzgeschichte »The Misfits« zu einer »Film-Erzählung« auszubauen. Als im Juli 1960 in der Wüste von Nevada die Dreharbeiten unter der Regie von John Huston begannen, war er damit noch nicht fertig. Seine ständigen Änderungen verunsicherten nicht nur Marilyn. Ihr Alkohol- und Tablettenkonsum steigerte sich, und sie ließ sich mehrmals Injektionen geben. Obwohl sie mit immer gravierenderen Verspätungen am Set erschien, kümmerte sich niemand um ihr Problem.

Arthur Miller, der sich am Drehort getrennt von seiner Frau hatte unterbringen lassen, näherte sich der Fotografin Inge Morath, die später seine Frau werden sollte. Nach den Dreharbeiten beendeten Marilyn und Miller ihre Ehe endgültig. Für die Scheidung wählten sie bewusst den 20. Januar 1961, den Tag der Amtseinführung von Präsident John F. Kennedy, damit die Nachricht nicht so in den Vordergrund trat.

»Ich hatte immer das Gefühl, ich sei ein Nichts«, klagte Marilyn Monroe. »Der einzige Weg für mich, etwas zu sein, war der, dass ich – nun jemand anderes war.«[327] Dem englischen Journalisten William J. Weatherby, den sie während der Dreharbeiten zu »Misfits. Nicht gesellschaftsfähig« kennengelernt hatte, vertraute sie Folgendes an: »Ich habe immer insgeheim das Gefühl gehabt, nicht vollkommen ›echt‹ zu sein, so etwas wie eine gut gemachte Fälschung. Ich glaube, jeder Mensch fühlt das von Zeit zu Zeit. Aber in meinem Fall geht das weit, manchmal so weit, dass ich denke, ich sei im Grunde nur ein Kunstprodukt.«[328] Sie war auf der Suche nach sich selbst und »ahnte, dass sie die öffentliche Marilyn von ihrem privaten Ich trennen musste, wenn sie ihr seelisches Gleichgewicht bewahren wollte. Ihre Leiden und ihre Verwirrungen, ihre Neurose und die damit zusammenhängenden Probleme entsprangen der Schwierigkeit, sich von dem Image zu emanzipieren, das sie missbilligte, und die Frau zu werden, die sie sein wollte.«[329]

Ohne Marilyn darauf vorzubereiten, wies Marianne Kris sie am 5. Februar 1961 wegen einer Depression in die geschlossene psychiatrische Abteilung des New York Hospital ein. Verzweifelt versuchte die Eingesperrte, Hilfe herbeizutelefonieren. Als Joe DiMaggio erfuhr, was geschehen war, flog er sofort von Florida nach New York, holte seine Ex-Frau am 10. Februar aus dem Krankenhaus und begleitete sie zu einer Rehaklinik ihrer Wahl. Nachdem sie sich dort erholt hatte, verbrachten sie zusammen einige Tage in Redington Beach, Florida. Ende April kehrte Marilyn allein nach Los Angeles zurück. Aber als sie am 11. Juli nach einer Gallenblasen-Operation aus dem Krankenhaus in New York entlassen wurde, war wiederum DiMaggio zur Stelle, um sie abzuholen.

Marilyn geriet in Los Angeles zunehmend unter die Kontrolle des Psychiaters Ralph Greenson, den sie seit Frühjahr 1960 aufsuchte. Gegen alle Gepflogenheiten lud er sie zum Abendessen im Familienkreis ein und trank mit ihr Champagner. Wenn Marilyn nicht schlafen konnte – was häufig vorkam –, rief sie ihn mitten in der Nacht an. Er sorgte dafür, dass sie im November 1961 die Witwe Eunice Murray, eine Person seines Vertrauens, als Haushälterin einstellte und Anfang 1962 ein Haus in Brentwood kaufte, das Eunice Murray für sie ausgesucht hatte. Bevor sie sich dort einrichtete, verbrachte sie einige Tage in einem als Krankenstation umgebauten Teil der Villa ihres Psychiaters. Obwohl die Haushälterin ein Apartment in Santa Monica bewohnte, übernachtete sie häufig in Marilyns neuem Haus. Und Greenson ließ sich von ihr auf dem Laufenden halten.

Bei dem in Santa Monica wohnenden Schauspieler Peter Lawford und dessen Ehefrau Patricia, einer Schwester John F. Kennedys, hatte Marilyn Monroe im Oktober den US-Präsidenten persönlich kennengelernt. Ein halbes Jahr später, in der Nacht auf den 25. März 1962, sollen John F. Kennedy und Marilyn Monroe in der Villa von Bing Crosby in Palm Springs miteinander geschlafen haben. Aber es war wohl nur eine einmalige Angelegenheit.

Am 23. April 1962 begannen die Dreharbeiten für »Something's Got to Give«. Obwohl Greenson sich von 20th Century Fox als Berater Marilyn Monroes unter Vertrag hatte nehmen lassen, trat er am 10. Mai mit seiner Ehefrau eine fünfwöchige Urlaubsreise an.

Während der Dreharbeiten flog Marilyn am 17. Mai nach New York, um im Madison Square Garden an einer vorgezogenen Feier zum fünfundvierzigsten Geburtstag von John F. Kennedy teilzunehmen. Nach ihrer Ankunft erfuhr sie, dass Fox beabsichtigte, sie gerichtlich zu belangen, weil sie durch das Verlassen des Drehorts angeblich ihren Vertrag verletzt habe. Am 19. Mai erschien sie verspätet zur Geburtstagsparty. Leicht lallend hauchte sie vor fünfzehntausend Besuchern »Happy Birthday, Mr President« ins Mikrofon. Dabei trug sie ein von Jean Louis entworfenes Chiffonkleid, das scheinbar die nackte Haut durchschimmern ließ und so eng war, dass man sie regelrecht darin hatte einnähen müssen.

Am nächsten Tag kehrte Marilyn nach Los Angeles zurück, und am 21. Mai war sie wieder am Set. Weil inzwischen niemand mehr an den Erfolg von »Something's Got to Give« glaubte, verfiel sie auf die PR-Idee, eine Szene im Pool vor zwei Pressefotografen nachzustellen und dabei den fleischfarbenen Badeanzug, den sie während der Dreharbeiten getragen hatte, wegzulassen.

Am 1. Juni 1962 feierte Marilyn Monroe ihren sechsunddreißigsten Geburtstag. Einen Tag später rief sie verzweifelt die Kinder ihres verreisten Psychiaters an, die – wie von ihrem Vater angeordnet – den Psychologen Milton Wexler zu ihr schickten. Weil sie am Set fehlte, kehrte Greenson verärgert aus der Schweiz zurück und unterrichtete 20th Century Fox, dass seine Patientin einige Tage arbeitsunfähig sei. Trotzdem reichte das Unternehmen am 7. Juni Klage gegen den Filmstar ein. Lee Remick sollte Marilyn Monroe ersetzen, aber Dean Martin, der männliche Hauptdarsteller, weigerte sich, die Filmpartnerin zu wechseln. Daraufhin wurden die Dreharbeiten zu »Something's Got to Give« abgebrochen.

Dass die Filmgesellschaft Marilyn am 25. Juli eine Rücknahme der Klage in Aussicht stellte, kam gelegen. Und Marilyn hätte noch einen weiteren Grund zur Freude gehabt, denn sie und Joe DiMaggio hatten beschlossen, am 8. August noch einmal zu heiraten. Um über PR-Aspekte im Zusammenhang mit der bevorstehenden Eheschließung zu sprechen, kam Marilyn Monroes Pressesprecherin Pat Newcomb am 4. August 1962 zu ihr ins Haus. Aber der Schauspielerin ging es nicht gut, und als Greenson nach ihr schaute, schickte er Pat Newcomb fort.

Am Nachmittag unternahm Eunice Murray auf Anordung des

Psychiaters mit Marilyn einen Strandspaziergang zu den Lawfords und holte sie dort nach einer Stunde wieder ab. Greenson verließ das Haus der Schauspielerin nach eigenen Angaben gegen 19 Uhr. Ungefähr zur gleichen Zeit erhielt sie einen Anruf von Joe DiMaggios Sohn, und eine halbe Stunde später telefonierte Peter Lawford mit ihr. Während sie auf Joe DiMaggio jr. einen munteren und gut gelaunten Eindruck machte, erschrak Lawford, weil sie wirr sprach und gequält wirkte. Besorgt rief er den Filmproduzenten Milton Ebbins an, der sich daraufhin mit Marilyns Anwalt Milton Rudin in Verbindung setzte. Etwa um 20.30 Uhr versicherte Eunice Murray dem Rechtsanwalt, Marilyn sei wohlauf. »Aber ich hatte das Gefühl, dass sie gar nicht nach ihr gesehen hatte«[330], meinte Rudin später.

Am nächsten Morgen, um 4.25 Uhr, ging beim Los Angeles Police Department ein Notruf aus dem Haus des Filmstars ein. Als Sergeant Jack Clemmons kurz vor 5 Uhr dort eintraf, lag Marilyn Monroe tot unter einem Laken auf dem Bett, das die Haushälterin bereits abgezogen hatte; die Bettwäsche befand sich in der eingeschalteten Waschmaschine. Eunice Murray sagte aus, sie habe gegen 3 Uhr Licht unter Marilyns Schlafzimmertür bemerkt. Weil die Tür verschlossen und von der Schauspielerin nichts zu hören gewesen sei, habe sie Dr. Greenson angerufen. Der sei gekommen, habe eines der Schlafzimmerfenster eingeschlagen und Marilyn leblos vorgefunden. Sie soll mit dem Gesicht nach unten unbekleidet auf dem Bett gelegen sein. Etwa um 4 Uhr habe der von Greenson alarmierte Hausarzt Dr. Hyman Engelberg den Tod der Schauspielerin festgestellt.

Die Obduktion der Leiche ergab, dass Marilyn Monroe an einer kombinierten Überdosis von Nembutal und Chloralhydrat gestorben war. Eine Verfärbung des Dickdarms lässt vermuten, dass man ihr das Schlafmittel Chloralhydrat mit einem Klistier verabreicht hatte. Marilyn war seit Jahren an Einläufe gewöhnt gewesen. Weil in der Leber höhere Nembutal-Rückstände als im Blut gemessen wurden, ist anzunehmen, dass Marilyn die Kapseln über den Tag verteilt eingenommen hatte – was gegen eine suizidale Absicht spricht. Der Biograf Donald Spoto nimmt an, dass sie nicht erst um 3 Uhr früh, sondern einige Stunden davor gestorben war. Er vermutet, Ralph Greenson habe das Klistier mit Chloralhydrat vorbereitet, ohne zu ahnen, dass seine Patientin tagsüber das von Dr. Engelberg verordnete Barbiturat Nembutal eingenommen hatte. Den Einlauf könnte ihr die Haushälterin verabreicht haben, möglicherweise zwischen den beiden Telefongesprächen mit Joe DiMaggio jr. und Peter Lawford. Diese Theorie würde erklären, wieso Eunice Murray das Bett vor dem Anruf bei der Polizei abgezogen hatte: Die Sterbende könnte es verschmutzt haben.

Die polizeilichen Ermittlungen von 1962 ergaben, dass keine Indizien für ein Verbrechen gefunden wurden. Obwohl eine 1982 eingesetzte Untersuchungskommission der Bezirksstaatsanwaltschaft von Los Angeles dieses Ergebnis bestätigte, halten sich bis heute Verschwörungstheorien, denen zufolge Marilyn Monroe im Auftrag der CIA oder des Kennedy-Clans ermordet wurde.

Janis Joplin

(1943–1970)

»Live Fast, Love Hard, Die Young«

Mit wilden Bühnenauftritten, ungehemmter Lebensgier,
Drogen- und Alkoholexzessen wurde die Rocksängerin zur
Ikone der Lost Generation. Sie starb mit siebenund-
zwanzig Jahren – »an einer Überdosis Janis«.

Janis Joplin wurde am 19. Januar 1943 in Port Arthur, Texas, am Sabine Lake geboren. Ihre damals dreißig Jahre alte Mutter Dorothy war seit 1936 mit Seth Joplin verheiratet, der als Techniker in einer Fabrik arbeitete. Dorothy hatte eine Karriere als Sopranistin angestrebt, aber ihre Gesangsausbildung nicht abgeschlossen. Als darüber hinaus bei einer Schilddrüsen-Operation ihre Stimmbänder beschädigt wurden, musste sie ihren Traum endgültig aufgeben und mit einem Bürojob vorliebnehmen.

Ihre Tochter aß schon als Kleinkind mit Messer und Gabel; lesen konnte Janis, bevor sie 1949 in die Tyrrell Public School kam. Sie lernte schnell, war ehrgeizig und wissbegierig, aber auch trotzig – und lutschte noch mit acht Jahren am Daumen. Kurz nachdem Janis eingeschult worden war, brachte Dorothy ein zweites Mädchen zur Welt. Janis litt darunter, dass sich die Aufmerksamkeit ihrer Mutter nach Lauras Geburt vor allem auf den Säugling richtete. »Sie war ohne die entsprechende Beachtung unglücklich und unzufrieden«[331], erzählte Dorothy Joplin später. Ihre ältere Tochter stand gern im Mittelpunkt und liebte es, mit dem vom Vater gebastelten Puppentheater selbst geschriebene kleine Theaterstücke aufzuführen. Obwohl Janis im Kirchenchor sang und mit erstaunlichem Talent Sängerinnen imitierte, dachte niemand an eine spätere Karriere als Musikerin. Vielmehr setzte Dorothy auf das Talent des Kindes zum Zeichnen und sorgte dafür, dass es privaten Kunstunterricht erhielt.

1957 wechselte Janis – die inzwischen auch noch einen vierjährigen Bruder hatte – auf die Thomas Jefferson Senior Highschool in Port Arthur. Weil Mitschülerinnen herausfanden, wie leichtgläubig sie trotz ihrer hohen Intelligenz war, dachten sie sich immer wieder abstruse Geschichten aus und legten sie damit herein.

Durch ihren Wissensdurst und ihre Belesenheit unterschied Janis sich von den meisten Klassenkameradinnen, aber in Port Arthur – einer »kulturelle[n] und intellektuelle[n] Wüste«[332] – wurden gebildete Mädchen ausgegrenzt. Und wenn die Vierzehnjährige in den Spiegel schaute, sah sie ein korpulentes Mädchen mit außergewöhnlich vielen Pickeln, das noch keine Brüste hatte. Als Reaktion auf ihr unattraktives Aussehen färbte sie sich die Haare orange und zog statt gebügelter Blusen ausgewaschene Männerhemden an. Da sie nicht mit Schönheit punkten konnte, legte Janis es darauf an, als Außenseiterin aufzufallen.

Schließlich drängte sie sich in eine Clique von fünf männlichen Jugendlichen, die sie nach anfänglichem Widerstand wie einen Kumpel akzeptierten, denn sie merkten, dass die Spießbürger es besonders schockierend fanden, wenn ein Mädchen sich vulgär und aufdringlich benahm. Janis kletterte mit den Jungs auf Wassertürme und turnte auf der Rainbow Bridge herum, die den Neches River überspannt.

Wer etwas erleben wollte, fuhr hinüber nach Louisiana. Janis log ihren Eltern eines Tages vor, sie wolle bei einer Freundin übernachten. Sie stieg ins Familienauto, aber statt Karleen Bennett zu besuchen, überquerte sie mit drei Achtzehnjährigen den Sabine River, die Grenze von Texas. Nachdem sie die Nacht in New Orleans durchgemacht hatten, überließ Janis das Steuer einem ihrer Begleiter, der prompt einen Unfall verursachte.

Eskapaden wie diese verstärkten das Getuschel der Nachbarn. Die Liebesabenteuer, die Janis schon damals nachgesagt wurden – nicht zuletzt, weil sie gern die Abgebrühte und Erfahrene spielte –, dürften allerdings zum größten Teil erfunden gewesen sein. Der Klatsch führte dazu, dass Eltern ihren Kindern den Umgang mit Janis verboten. Immerhin wurde sie beachtet – und das scheint ihr wichtig gewesen zu sein.

Nach dem Schulabschluss im Mai 1960 schrieb sich Janis Joplin am Lamar State College of Technology in Beaumont, Texas, ein. Dort blieb sie nur ein Semester lang, dann wechselte sie ans Port Arthur Business College. Sie schwänzte zwar häufig den

Janis Joplin, Foto undatiert

Unterricht und hing in Hörkabinen der Schallplattenläden herum, aber nach vier Monaten bekam sie dennoch ein Sekretärinnen-Diplom. Mit dem Zeugnis im Gepäck fuhr sie im Sommer 1961 im Greyhound-Bus nach Los Angeles, wo zwei Schwestern ihrer Mutter lebten. Janis fing als Kartenlocherin bei einer Telefongesellschaft an, wohnte zunächst bei der einen, dann bei der anderen Tante und zog schließlich in ein heruntergekommenes Strandhaus in der Kolonie Venice Beach, dem Beatnik-Viertel in Santa Monica.

Eine Leitfigur der Beatniks beziehungsweise der Beat Generation war Jack Kerouac, der 1957 den Roman »On the Road« (»Unterwegs«) veröffentlicht hatte. Er lehnte den American Way of Life ab, thematisierte die Orientierungslosigkeit von Außenseitern und propagierte radikal individualistische, ekstatische Verhaltensweisen. Die Lektüre des Buches bestärkte Janis in ihrer eigenen Lebensauffassung.

Nachdem sie von Los Angeles nach San Francisco getrampt war und sich eine Weile in dem Beatnik- und Künstlerviertel North Beach umgesehen hatte, kehrte sie im Frühjahr 1962 überraschend ins Elternhaus nach Port Arthur, Texas, zurück. Sie arbeitete als Kellnerin und fing wieder zu studieren an, zunächst am Lamar College in der Nachbarstadt Beaumont, ab Sommer an der University of Texas in Austin, wo sie sich für Malerei einschrieb.

Auf dem Campus fiel sie unangenehm auf: Statt Rock und Bluse hatte sie ausgefranste Jeans und zerschlissene Männerhemden an, und weil sie keinen Büstenhalter trug, zeichneten sich ihre Brustwarzen unter dem Stoff ab. Im Freien zog sie eine alte Bomberjacke mit abgetrennten Ärmeln und nach außen gestülptem Lammfell über. In der Studentenzeitung hieß es: »Sie wagt es, anders zu sein.«[333] Und die Kommilitonen nominierten sie im Oktober 1962 für die Wahl zum »Ugliest Man on Campus«.

Nachts trieb sie sich mit ihren Freunden Patti Skaff, Dave McQueen und Jack Smith herum. Janis prahlte mit ihren angeblichen Erfahrungen in Venice und machte es zu ihrem Markenzeichen, bei Partys aufzukreuzen und die Leute mit obszönen Sprüchen zu begrüßen, etwa: »Fickt hier denn niemand?« Als Dave seine spätere Ehefrau Patti einmal bei einem leidenschaftlichen Kuss mit Janis ertappte, warf er wütend eine Bierflasche nach ihnen, traf allerdings Jack, der dadurch mehrere Schneidezähne einbüßte.

Sex war für Janis ein zentrales Thema. Sie hatte gewiss zahlreiche heterosexuelle Affären, doch indem sie sich mannstoll gebärdete, lenkte sie davon ab, dass sie auch mit Frauen schlief. Obwohl sie nicht dem geltenden Schönheitsideal entsprach, wirkte sie auf Männer erotisch, »gerade weil ihre emotionale Nacktheit im Vergleich mit der aufgedonnerten, lackierten Weiblichkeit ihrer Zeit schon fast obszön erschien«[334].

Janis Joplins Interesse an der Kunst wurde allmählich von ihrer Begeisterung für Musik verdrängt. In Austin trat sie als Sängerin in Kneipen auf. Sie nahm zwar keinen Gesangsunterricht, arbeitete jedoch unermüdlich an ihrer Stimme und studierte autodidaktisch immer neue Klänge und Phrasierungen ein. Als Vorbild diente ihr die Bluessängerin Bessie Smith.

Nachdem der Student Chester (»Chet«) Leo Helms sie in der zur Honky-Tonk-Kneipe umgebauten Tankstelle »Threadgill's« als Sängerin der »Waller Creek Boys Plus One« gehört hatte, überredete er sie, mit ihm nach San Francisco zu trampen. Nach einem letzten Auftritt am 23. Januar 1963 im »Threadgill's« brachen sie mitten in der Nacht auf und überraschten am nächsten Tag Chets Eltern in Fort Worth, Texas. Die waren von der Gossensprache der jungen Frau, ihrem rüden Benehmen und ungepflegten Aussehen so entsetzt, dass sie das Paar nicht in ihrem Haus übernachten ließen. Chets Bruder brachte sie an den Stadtrand, wo sie nach einiger Zeit von einem Trucker ein Stück mitgenommen wurden. Es dauerte fünfzig Stunden, bis sie San Francisco erreichten.

In North Beach freundete sich Janis mit den Beatniks Linda Gottfried, Pat Nichols (»Sunshine«) und Linda Gravenites an. Bei Linda Gottfrieds Eltern handelte es sich um jüdische Emigranten aus Osteuropa, Pat Nichols war eine Halbindianerin, die mit dreizehn ein Kind geboren hatte, das gleich darauf zur Adoption freigegeben worden war, und Linda Gravenites hatte man wegen ihres Engagements für die Bürgerrechtsbewegung und ihres freundschaftlichen Umgangs mit Afroamerikanern vom College verwiesen.

Wie andere Beatniks auch lebte Janis Joplin von Gelegenheitsjobs und der Arbeitslosenunterstützung. Später scherzte sie, sie habe es auch mit Prostitution versucht, sei dafür jedoch zu hässlich gewesen. Am 2. Februar 1963, zwei Wochen nach ihrem zwanzigsten Geburtstag, wurde sie wegen Ladendiebstahls verhaftet. Sie lungerte mit Obdachlosen herum, betrank sich mit Bourbon, rauchte Joints und nahm abwechselnd Aufputsch- und Beruhigungsmittel. Für LSD und andere psychedelische Drogen, die für die Beatniks charakteristisch waren, hatte sie nichts übrig. Während eines mehrmonatigen Aufenthalts 1964 in New York begann Janis, sich Heroin zu spritzen, und um die Drogen zu finanzieren, dealte sie schließlich selbst. Während sie als Teenie pummelig gewesen war, magerte sie jetzt auf vierzig Kilogramm ab.

Ihr Drogenmissbrauch beunruhigte Janis, und sie litt unter Depressionen. Im Frühjahr 1965 fühlte sie sich so kaputt, dass sie in einem Krankenhaus in San Francisco um Aufnahme bat. Man wies sie ab. Daraufhin suchte sie Zuflucht bei ihren Eltern in Texas. »Sie war ein weiblicher Tramp, ruhelos, experimentierfreudig, auch sexuell zügellos, verstieß gegen alle Konventionen und steckte voller Widersprüche«, schreibt Ingeborg Schober in ihrer Biografie. »Sie sang schwarz und war weiß, fluchte wie ein Bierkutscher [...], wollte das brave, bürgerliche Mädchen sein, konnte es nicht und pendelte bis zu ihrem Tod zwischen Bürgerlichkeit und Boheme.«[335] Um von Alkohol und Drogen loszukommen, ließ Janis sich von dem Sozialarbeiter Bernard Giarratano beraten, ging nur noch sporadisch aus, und auf Partys trank sie statt Whiskey lediglich ein Glas Wein.

Sie schrieb sich zum dritten Mal im Lamar College ein – diesmal für Soziologie, Literatur und Sport – und schwadronierte von ihrer angeblich bevorstehenden Eheschließung mit einem Mann, den sie im Herbst 1964 kennengelernt hatte. Michel Raymond (so das von der Joplin-Biografin Alice Nicols aus Gründen des Persönlichkeitsschutzes verwendete Pseudonym) besuchte sie in Port Arthur und hielt bei Seth Joplin um ihre Hand an. Allerdings war er bereits verheiratet, und während er den Bräutigam spielte, wartete in New Orleans eine seiner Geliebten auf ihn.

Lang hielt Janis Joplin das Leben in Port Arthur nicht aus: Im Frühjahr 1966 zog sie erneut nach Austin und setzte ihr Leben als Folk-Sängerin fort. Nur auf der Bühne fand sie die Aufmerksamkeit und Anerkennung, die sie suchte.

Chet Helms, der inzwischen in San Francisco Mitbegründer und Manager der Band »Big Brother & The Holding Company« war, ersuchte im Mai 1966 den Texaner Travis Rivers, Janis wieder nach Kalifornien zu bringen. Janis reiste daraufhin nach San Francisco, wo sie sich am 5. Juni als Frontsängerin in die Proben mit den Musikern stürzte. Später behauptete sie allerdings, sie habe sich nur darauf eingelassen, weil Travis Rivers so gut im Bett gewesen sei. Der erste gemeinsame Auftritt der Band mit Janis Joplin fand bereits am 10. Juni 1966 im Avalon Ballroom statt. Ihren Eltern schrieb Janis, sie strebe eine Karriere als professionelle Sängerin an.

»Big Brother & The Holding Company« spielte Acid Rock, eine gerade erst aufgekommene Musikgattung, die im Zusammenhang mit der Bürgerrechtsbewegung und dem Protest gegen den Vietnamkrieg stand. Janis Joplin interessierte sich jedoch nicht für Politik und engagierte sich trotz ihres persönlichen Freiheitsdrangs nicht für die Frauenbewegung.

Weil die Band von ihrer kraftvollen, an Obertönen reichen Stimme fasziniert war, zugleich jedoch ihr Aussehen abstoßend fand – sie wog erneut zu viel, hatte noch immer Akne und struppige Haare –, konsultierte Janis einen Hautarzt, kaschierte ihre Figur zunächst in Schlabberkleidern und hungerte sich schlank. Die Musiker zogen mit ihr in ein Haus, das sie bis Januar 1967 in Lagunitas auf der anderen Seite der Golden Gate Bridge gemietet hatten. Zu der Hippie-Kommune gehörten auch Lebensgefährtinnen und Kinder der Bandmitglieder. Janis' Affären waren hingegen alle so kurz, dass es sich nicht lohnte, einen ihrer Sexualpartner in die Gemeinschaft aufzunehmen. Zwei Wochen lang schlief sie mit dem Gitarristen James Gurley, obwohl auch dessen Ehefrau und sein kleiner Sohn in der Kommune lebten. Sehr viel länger – zweieinhalb Jahre, allerdings mit Unterbrechungen – dauerte das lockere lesbische Verhältnis von Janis mit Peggy Caserta, die in Haight-Ashbury, dem neuen Szene-Viertel von San Francisco, eine Boutique betrieb.

Im August 1966 erhielt die Band einen ersten Plattenvertrag und spielte in fünf Tagen in Chicago und Los Angeles das Album »Big Brother & The Holding Company featuring Janis Joplin« ein. Die Platte wurde jedoch erst veröffentlicht, nachdem die Sängerin auf dem legendären »International Monterey Pop Festival«, das vom 16. bis zum 18. Juni 1967 stattfand, mit der Rock-blues-Ballade »Ball and Chain« zum Star geworden war.

Als Bob Seidemann Janis Joplin »oben ohne« für ein Poster fotografieren wollte, zog sie sich spontan ganz aus und rief begeistert: »Ich bin das erste Hippie-Pin-up-Girl der Welt!«[336] Auf dem Foto waren ihre kleinen Brüste hinter einem halben Dutzend Schmuckketten fast verborgen. Die komplette Aufnahme mit der nur von den Händen bedeckten Scham wagte man erst Jahre später zu veröffentlichen.

Das Poster hing bei Janis an der Wand, als ihre Eltern und Geschwister sie im August 1967 in San Francisco besuchten. Seth und Dorothy Joplin bemühten sich, ihre Missbilligung zu verbergen. Am Abend nahm Janis sie in den Avalon Ballroom mit und sang dort außer der Reihe eigens für sie, aber ihre Eltern verabschiedeten sich nach kurzer Zeit, weil sie sich unter den langhaarigen Fans ihrer Tochter nicht wohlfühlten.

Als Janis Anfang 1968 von einem Weihnachtsbesuch bei ihrer Familie in Port Arthur nach San Francisco zurückkehrte, wo sie seit einiger Zeit mit Linda Gravenites zusammenlebte, stellte sie fest, dass sie schwanger war.

Obwohl sie physisch und psychisch unter den Folgen der Abtreibung litt, die sie kurz nach ihrem fünfundzwanzigsten Geburtstag in Mexiko hatte vornehmen lassen, gaben sie und ihre Band am 17. Februar 1968 im Anderson Theater ihr Live-Debüt in New York. Bevor Janis auf die Bühne ging, war sie schrecklich aufgeregt und zweifelte am Erfolg. Drei Tage später schrieb sie ihrer Mutter: »Alle Anzeichen sprechen dafür, dass ich reich & berühmt werde. Unglaublich! Alle möglichen Zeitschriften wollen Interviews & Fotos von mir machen. Ich werde alles zusagen. Wow, ich hab' so ein Glück – hab' nur als verwirrtes Kind (& junge Erwachsene) ein bisschen rumprobiert, & dann bin ich hier reingeraten. Und endlich sieht es so aus, als würde was für mich klappen. Unglaublich.«[337]

Aufgrund des Erfolgs kaufte CBS/Columbia Records »Big Brother & The Holding Company« aus dem bestehenden Plattenvertrag frei.

Weil sich der Mitschnitt eines Konzerts am 1. März 1968 in Detroit nicht für eine Platte eignete, entstand das Rock-Album »Cheap Thrills« von April bis Juni in New York und Los Angeles im Studio. Janis achtete bei der Abmischung persönlich auf die Qualität. Elliot Mazer, der dafür verantwortlich war, erinnerte sich später: »Zwei Wochen lang waren nur Janis, ich selbst und der Toningenieur von zwei Uhr nachmittags bis sieben Uhr früh im Studio.«[338] Das Album, dessen Titel ursprünglich »Sex, Dope and Cheap Thrills« hatte heißen sollen, was jedoch der Plattenfirma zu anstößig erschien, hielt sich acht Wochen lang auf Platz eins und blieb insgesamt sechsundsechzig Wochen in den US-Charts.

Obwohl Janis Joplin nicht systematisch von PR-Managern zum Star aufgebaut wurde und Männer die Musikszene beherrschten, schaffte sie es ganz nach oben. Sie entwickelte sich zur »wahrscheinlich bedeutendsten Sängerin aus der weißen Rockbewegung«[339]. Die übrigen Musiker der Band konnten da nicht mithalten, und Janis fühlte sich nach eigenen Worten wie eine Idiotin, wenn einer der Musiker hinter ihr aus dem Takt kam – was nicht selten geschah. Weil Janis sich in ihrer Karriere nicht aufhalten lassen wollte, trennte sie sich von »Big Brother & The Holding Company« und stellte eilig eine neue Gruppe zusammen, die später »Kozmic Blues Band« genannt wurde.

Drei Wochen nach dem letzten Auftritt in der alten Formation am 1. Dezember 1968 in San Francisco stand sie beim »Stax/Volt-Yuletide Thing« in Memphis bereits mit den neuen Kollegen auf der Bühne, die keine Amateure, sondern Profis waren. Die Aufgaben, die Janis als Bandleaderin hatte, trafen sie völlig unvorbereitet. Durch die Anforderungen, die sie an die Musiker stellte, aber auch durch deren Narzissmus und ihre eigene Egozentrik kam es fortwährend zu Spannungen und Reibereien. Entsprechend holprig fielen die ersten Auftritte aus. In Memphis war Janis schon froh, dass sie vom Publikum nicht mit Gegenständen beworfen wurde.

Anlässlich einer Europa-Tournee der »Kozmic Blues Band« schwärmte der Musik- und Theaterkritiker Werner Burkhardt von Janis Joplin: »Diese Stimme verfügt nicht nur über alle Register, sie hat auch innerhalb der Register alle Töne zur Verfügung. Die Höhe kann heiser kreischen, juchzen, zwitschern und silbern leuchten. Die Tiefe kann samten überreden, deftig locken, gurren und knurren.«[340] Janis tobte »wie ein verfrühtes Punk-Girl im Nuttenlook«[341] auf der Bühne herum. Mit ihrer wilden, provozierenden Show und einem Gesangsstil, den man eher von einer afroamerikanischen Sängerin erwartet hätte, avancierte sie zur »Queen des weißen Bluesrock«.

Ruhm und Erfolg vertrugen sich jedoch nicht mit den Grundsätzen der Gegenkultur, weshalb Janis von den Freaks in Haight-Ashbury, wo sie lebte, abgelehnt wurde. Die erhoffte Anerkennung durch die Eltern blieb ebenfalls aus. Ablehnend und verständnislos verfolgten diese ihre Karriere in den Medien.

Um auf der Bühne alles geben zu können, versuchte Janis, nachmittags nichts zu trinken, aber wenn sich nach dem Auftritt die Erschöpfung mit einer Depression paarte, griff sie zu Heroin. Sie klagte: »Auf der Bühne hab' ich Sex mit fünfundzwanzigtausend Leuten. Dann geh' ich allein nach Hause.«[342]

Bei einem Auftritt am 19. Juli 1969 im Forest-Hills-Stadion in New York putschte Janis Joplin das Publikum so auf, dass die Polizei einschritt. Aus Angst vor Krawallen verzichteten danach mehrere Veranstalter auf Konzerte mit ihr. Die Stadt Houston, Texas, erteilte Janis im September ein Auftrittsverbot, nachdem sie auf der Bühne Obszönitäten gekreischt und Whiskey aus der Flasche getrunken hatte. Mitte November wurde sie in der Curtis-Hixon Hall in Tampa, Florida, festgenommen und musste nicht nur eine Nacht im Gefängnis verbringen, sondern auch noch zweihundert Dollar Geldstrafe bezahlen, weil sie mit einem Polizisten aneinandergeraten war und damit gedroht hatte, ihm das Gesicht einzutreten.

Die Biografin Alice Echols schätzt, dass Janis Joplin 1969 siebenhundertfünfzigtausend Dollar einnahm.[343] Geldsorgen kannte sie also nicht mehr, aber es kam vor, dass sich in einem Restaurant zwanzig Leute unaufgefordert zu ihr an den Tisch setzten und Janis die gesamte Rechnung bezahlte, obwohl sie sich ausgenutzt fühlte. Die »Kozmic Blues Band« löste sich zwar zum Jahreswechsel 1969/70 auf, aber die bis dahin erzielten Gagen ermöglichten Janis die Erfüllung eines Traums: Sie kaufte ein Landhaus in Larkspur im kalifornischen Marin County und weihte es Ende Dezember 1969 mit einer großen Party ein.

Ein Mann namens Toby Ross, der zu dieser Zeit eine Affäre mit ihr hatte, wunderte sich darüber, dass sie nach dem Orgasmus sofort aufsprang und Drogen nahm. Offenbar befürchtete sie, sonst in eine Depression zu fallen.

Im Herbst 1969 hatte Janis den auf Suchterkrankungen spezialisierten Endokrinologen Edmund Rothschild im Sloan-Kettering Institute in New York konsultiert – nicht nur wegen ihrer Drogenabhängigkeit, sondern auch, weil sie innerhalb eines halben Jahres achtzehn Kilogramm zugenommen hatte und nun siebzig Kilo wog. Sie wollte ihre Drogen- und Alkoholexzesse einschränken, versuchte es mit Yoga, nahm Reit- und Klavierstunden und beschäftigte sich mit Musiktheorie. Um auf andere Gedanken zu kommen, flog sie im Februar 1970 mit Linda Gravenites zum Karneval nach Rio de Janeiro. Dort lernte sie einen neuen Verehrer kennen, den Aussteiger David Niehaus, der zuerst annahm, er habe eine Doppelgängerin der berühmten Rocksängerin vor sich.

Bei einem Zwischenstopp auf dem Rückflug besorgte sich die Siebenundzwanzigjährige abermals Heroin. Zurück in Kalifornien, zog sie mit einem bizarren Gefolge von Junkies und Aussteigern von Kneipe zu Kneipe und gabelte Liebhaber auf, die gerade mal sechzehn Jahre alt waren. Als David Niehaus nachkam, war er entsetzt. Er versuchte, sie von den Drogen wegzubringen, was ihm aber nicht gelang. Deshalb verließ er sie. Linda Gravenites trennte sich im April 1970 ebenfalls von ihrer langjährigen Freundin, weil sie deren Lebenswandel nicht länger mit ansehen wollte. Janis dagegen tönte: »Ich hab lieber zehn Jahre vom Superhypermeisten als in 'nem gottverdammten Sessel zu sitzen und fernzusehen und dabei siebzig zu werden.«[344] Für Janis Joplin sei das Wort Mäßigung ein Fremdwort gewesen, meint Myra Friedman. »Die kleinste Missstimmung wurde von ihr ausgelebt, als stürze der Himmel über ihr zusammen. Die Freude strahlte von ihr in alle Richtungen aus, war ein Wunder an Helligkeit, die das ganze Firmament erfüllte. Sie war unausgewogen, spontan, sinnverwirrend wild.«[345]

Am 28. März 1970 nahm Janis mit Paul Butterfield zusammen in Hollywood die Single »One Night Stand« auf, ein unmissverständliches Plädoyer für Promiskuität und sexuelle Freizügigkeit.

Ein paar Wochen später stellte sie eine neue Musikgruppe zusammen, die sich »Full Tilt Boogie« nannte. Unter strengen Sicherheitsvorkehrungen der Polizei stand Janis mit dieser Band am 12. August 1970 im Harvard-Stadion in Cambridge, Massachusetts, noch einmal auf der Bühne. Sie ahnte nicht, dass es ihr letzter Live-Auftritt sein würde. In einem Bericht über das Konzert zitierte der »Cambridge Phoenix« ihre Worte: »Mit meiner Musik will ich keine Aufstände auslösen! Mit meiner Musik will ich euch zum Vögeln bringen!«[346]

Am Tag nach dem Konzert in Cambridge reiste Janis zu einem für den 15. August geplanten Klassentreffen der Thomas Jefferson Highschool in Port Arthur. Nicht nur die Organisatoren, sondern auch Polizei und Stadtverwaltung wurden nervös, als sie erfuhren, dass Janis Joplin daran teilnehmen wollte, denn sie befürchteten Ausschreitungen. Man ließ sie in ihrer Geburtsstadt spüren, dass sie nicht willkommen war. Sie reagierte daher schlecht gelaunt auf die Frage eines Reporters der Lokalzeitung, was sie seit ihrem Schulabschluss im Jahr 1960 gemacht habe: »Ich habe immer nur gevögelt und war stets high.«[347]

Deprimiert zog sich Janis nach dem unerfreulichen Besuch in Port Arthur nach Larkspur zurück, wo sie inzwischen mit der Modedesignerin Lyndall Erb und Seth Morgan zusammenlebte. Mit Seth Morgan, der sein Studium in Berkeley abgebrochen hatte, mit Kokain dealte und sich fälschlicherweise als Enkel des berühmten Bankiers J. P. Morgan ausgab, schmiedete die sechs Jahre ältere Sängerin Heiratspläne[348]. Offenbar hing sie immer noch dem Wunschtraum nach, eine Familie zu gründen. Seth Morgan wurde später wegen bewaffneten Raubes zu fünf Jahren Haft verurteilt und schrieb im Gefängnis den Roman »Homeboy«. Er kam 1990 bei einem Motorradunfall ums Leben.

Lyndall und Seth blieben in Larkspur, als Janis im September 1970 in den West Coast Studios in Hollywood mit »Full Tilt Boogie« an der Langspielplatte »Pearl« arbeitete. Später erzählte Lyndall, Seth habe während Janis Joplins Abwesenheit in deren Haus eine Frau nach der anderen gehabt. Ihr zufolge war er nur darauf aus, bei Janis »zu holen, was er nur konnte«[349].

Nachdem sich Janis am 3. Oktober das Band mit der Aufnahme der Instrumente für den Song »Buried Alive in the Blues« angehört und mit ein paar Kollegen noch etwas getrunken hatte, kehrte sie gegen 0.30 Uhr ins Landmark Motor Hotel in Hollywood zurück. Sie soll dort Seth Morgan und Peggy Caserta zu einer gemeinsamen Nacht im Bett erwartet haben, aber von beiden versetzt worden sein. Eine halbe Stunde nach ihrer Ankunft ließ sie sich an der Rezeption Geld für den Zigarettenautomaten

wechseln und unterhielt sich zehn Minuten lang mit dem Nacht-
portier. Kurze Zeit später muss die Siebenundzwanzigjährige
in ihrem Zimmer zusammengebrochen sein; sie hatte noch das
Wechselgeld in der Hand. Als man sie achtzehn Stunden später
fand, lag sie mit dem Gesicht nach unten auf dem Fußboden. Die
Ermittler kamen zu dem Schluss, dass Janis Joplin an einer Überdosis Heroin gestorben war. War es Selbstmord? Möglicherweise
hatte sie nicht gewusst, dass das Heroin ungewöhnlich konzen-
triert war und deshalb unabsichtlich eine tödliche Dosis gewählt.

Der britische Rockmusiker Eric Burdon meinte treffend: »Janis
starb an einer Überdosis Janis.«[350]

Wie von Janis gewünscht, wurde ihre Asche bei San Francisco
von einem Flugzeug aus ins Meer gestreut.

Janis Joplin starb mit siebenundzwanzig – wie der Gitarrist
Jimi Hendrix und Jim Morrison, der Sänger und Texter von »The
Doors« – Jimi Hendrix starb zwei Wochen vor ihr, Jim Morrison
am 3. Juli 1971. Heute gilt sie als Ikone eines Lebensstils nach
dem Motto »Live fast, love hard, die young«[351].

Uschi Obermaier

(*1946)

»Sex, Drugs & Rock 'n' Roll«

Die schöne Kommunardin wurde zur Ikone
der Achtundsechziger-Bewegung und
der sexuellen Revolution.

Uschi Obermaier kam am 24. September 1946 in München auf die Welt. Ein paar Monate vorher hatten ihre Eltern – der Vater neunzehn, die Mutter zweiundzwanzig Jahre alt – wegen der Schwangerschaft geheiratet. Die Ehe scheiterte aber nach kurzer Zeit. Nach der Volksschule wollte Uschi wie ihr Vater Schaufenster dekorieren. Weil ihr das die Mutter jedoch nicht erlaubte, fing sie eine Ausbildung zur Retuscheurin an.

Im Alter von siebzehn Jahren ließ Uschi sich von »irgendjemandem«[352] deflorieren, da ein von ihr angehimmelter junger Mann vor einer Beziehung mit ihr zurückgeschreckt war, als er erfahren hatte, dass sie noch Jungfrau war. Danach trieb sie es mit »ziemlich vielen Musikern«[353], die sie im Schwabinger Szenetreff »Big Apple« auf sich aufmerksam machte. Sie nahm fast jede Nacht Drogen, und tagsüber schluckte sie Aufputschmittel. Nachdem ein Fotograf sie auf der Straße angesprochen und Modeaufnahmen von ihr in Papierkleidern gemacht hatte, brach Uschi Obermaier ihre Ausbildung in einem Fotostudio ab und suchte sich weitere Aufträge als Fotomodell.

»1968 begann es in Deutschland an allen Ecken vor neuen Lebens- und Ausdrucksformen nur so zu wuchern – künstlerisch, musikalisch, politisch«, erinnerte sie sich später. »Alles, was denken konnte oder wenigstens intakte Instinkte hatte, wollte raus aus den erstickenden Verhältnissen der Adenauerzeit.«[354]

Ein Jahr davor, Anfang 1967, hatte Dieter Kunzelmann die Kommune 1 gegründet, weil er die traditionelle Familie für eine Institution hielt, in der Unfreiheit und Unterdrückung von Generation zu Generation weitergegeben werden. Mit fünf anderen

Uschi Obermaier mit dem Regisseur
Rudolf Thome, 1969

Männern, drei Frauen und einem neunjährigen Mädchen zog er zunächst in zwei vorübergehend nicht genutzte Wohnungen in Berlin ein, die Hans Magnus Enzensberger beziehungsweise Uwe Johnson gehörten.

Am 5. April 1967, einen Tag vor dem Besuch des US-Vizepräsidenten Hubert H. Humphrey in Berlin, wurden die Kommunarden Dieter Kunzelmann, Fritz Teufel und Rainer Langhans sowie acht weitere Personen von der Polizei verhaftet. Die »Bild«-Zeitung und sogar die »New York Times« berichteten über den angeblich geplanten Sprengstoffanschlag der Kommunarden auf den Politiker. Tatsächlich enthielten die sichergestellten Plastikbeutel, mit denen der Staatsgast aus Protest gegen den Vietnamkrieg beworfen werden sollte, keinen Sprengstoff, sondern Mehl, Farb- und Puddingpulver. Die »Horror-Kommunarden« kamen bald wieder frei und luden zu einer Pressekonferenz ein.

Uschi Obermeier, die damals in der Rockmusiker-Kommune »Amon Düül« in Herrsching am Ammersee lebte, lernte die Mitglieder der Kommune 1 im September 1968 bei einem Konzertbesuch in der Grugahalle in Essen kennen. »Mir fiel sofort Rainer Langhans auf.«[355] »Er hatte die längsten, wildesten Haare und sah aus wie ein Engel. Aber verliebt habe ich mich in seinen Intellekt.«[356]

Die beiden sahen sich allerdings erst im Jahr darauf wieder, als »Amon Düül« in Berlin gastierte. Um mit Rainer Langhans zusammen sein zu können, ließ Uschi sich in die Kommune 1 aufnehmen, die seit Spätsommer 1968 eine leer stehende Fabrik in Moabit bewohnte.

Die Medien stürzten sich auf die Kommune 1, deren Mitglieder freimütig Interviews gaben. Für ein Foto zogen sich die Kommunarden splitternackt aus und stellten sich wie bei einer polizeilichen Leibesvisitation mit gespreizten Beinen und erhobenen Armen nebeneinander an eine Wand. Sie präsentierten sich der Öffentlichkeit wie es heute die Bewohner der »Big Brother«-Container tun. Das Private wurde kommerzialisiert: Für den Medienrummel ließen sich die Kommunarden bezahlen, und in den Flur hängten sie ein Schild mit der Aufschrift »Erst blechen, dann sprechen«[357]. In der Bevölkerung verbreitete sich die Vorstellung, das Leben in der Kommune bestehe aus einer fortwährenden

Orgie nach dem Motto »Wer zweimal mit derselben pennt, gehört schon zum Establishment«[358]. Uschi Obermaier korrigierte später dieses Bild: »Der angeblich wilde Sex, der in der Kommune stattgefunden haben soll, ist allerdings eines von den großen Missverständnissen – da dichteten uns die Medien ihre eigenen Wunschvorstellungen an. Es gab definitiv keine großen Orgien in der K1 [...] Eine Selbsthilfegruppe von kopflastigen Typen – das war die K1. In ihrer Gefühlswelt waren sie fast alle vollkommen unterentwickelt, hilflose emotionale Krüppel. Aber das waren die meisten Menschen damals.«[359]

Zu den Grundsätzen der Kommune gehörte der Verzicht auf Privatsphäre, persönliches Eigentum, exklusive Paarbeziehungen und eine hierarchische Ordnung. Kinder sollten von der Gruppe gemeinsam antiautoritär erzogen werden. Uschi fand nichts dabei, sich nackt fotografieren zu lassen, und wurde einmal vorübergehend festgenommen, weil sie am Wannsee ohne Bikini-Oberteil herumlief. Andererseits hasste sie es, dass alle ihr Stöhnen beim Liebesspiel hören konnten. Obwohl Rainer Langhans und Uschi Obermeier auch mit anderen Partnern schliefen, wurde die Beziehung der beiden in der Kommune argwöhnisch beäugt, denn jeder wusste, dass die Münchnerin nicht aus politischen Gründen, sondern nur wegen Rainer da war, und eine Zweierbeziehung widersprach der Ideologie. »Schönstes Paar der Apo« kommentierte der »Stern« ein Foto der beiden. »Für diese Frau würde ich jede Revolution verraten«, beteuerte Langhans.[360] Die anderen Kommunarden warfen ihm denn auch vor, sich von Uschi »alles Politische aus dem Kopf ficken [zu] lassen«[361].

Uschis Leben mit den langhaarigen Kommunarden auf einem Matratzenlager war in den Augen der Öffentlichkeit ein beispielloser Skandal: »Sex, Drugs and Rock 'n' Roll«[362]. In Wirklichkeit machte sie eine harte Zeit durch, weil sie sich »in einer männlichen, politischen und manchmal total freudlosen Gruppe aufhielt, ohne den Unterschied zwischen Kapitalismus und Kommunismus zu kennen«[363]. Sie wollte nicht die Welt verändern, gehörte weder zur APO noch zur Frauenbewegung, und ihr Rebellentum beschränkte sich darauf, nach eigenem Gusto zu leben. »Sie war in der Kommune, aber weder politisch noch intellektuell. Sie war mit Musikern zusammen, aber kein Groupie. Sie nahm Drogen, war aber kein Junkie.«[364] Unbeabsichtigt wurde Uschi

Obermaier nicht nur zum Gegenmodell der braven deutschen Hausfrau, sondern auch zur Ikone der Achtundsechziger-Bewegung und der sexuellen Revolution.

Das verdankte sie ihrem fotogenen Gesicht, ihrem wohlgeformten Körper und der unverklemmten Art, mit der sie vor der Kamera posierte. Nicht nur Reporter wurden auf sie aufmerksam, sondern auch Modefotografen, darunter Helmut Newton und Richard Avedon, und sie zierte zahlreiche Zeitschriftentitel.

Als sich die Kommune 1 im November 1969 auflöste, zogen Uschi und Rainer nach München, wo sie sich vorübergehend einer Frauenwohngemeinschaft anschlossen. Schließlich gründeten sie ihre eigene Kommune, »eine hedonistische Drogenkommune«[365] mit dem Namen »Highfish«. Einige Mitglieder spielten in Pornofilmen mit, was Uschi für eine »Komplettverarsche der bürgerlichen Erwartungshaltung gegenüber den Kommunen und den WGs«[366] hielt. Bei den Dreharbeiten schaute sie nur zu, denn sie hatte den Eindruck, dass die Darsteller sich abmühten. »Wenn es ausgesehen hätte, als mache es Spaß, wäre ich bestimmt dabei gewesen.«[367]

1970 lernte Uschi in London den drei Jahre älteren Frontmann der »Rolling Stones« kennen, Mick Jagger. Er habe gleich mit ihr ins Bett gewollt, erzählte sie später, und sie sei nur deshalb nicht mitgegangen, weil sie den ganzen Tag ihre neuen Schlangenlederstiefel getragen und deshalb Fußgeruch befürchtet habe. Erst ein Jahr später, als die »Rolling Stones« nach Deutschland kamen, verbrachten Uschi Obermaier und Mick Jagger in einem Hotelzimmer in München ihre erste gemeinsame Nacht. Zu den von Uschi immer wieder erzählten Anekdoten gehört auch, dass Mick Jagger und Keith Richards einmal nach einem Konzert in der Schweiz jeder für sich zu ihr nach München gefahren waren und mitten in der Nacht kurz nacheinander bei ihr geklingelt hatten.

Zu diesem Zeitpunkt lebte sie bereits mit dem Hamburger »Kiezkönig« Dieter Bockhorn zusammen und hielt sich nur für wenige Tage in München auf. Bockhorn und sie kannten sich seit 1973, und obwohl er als Macho auftrat und sie manchmal schlug, war es offenbar so etwas wie die große Liebe. »Für mich kam nur ein wilder Mann infrage«[368], bekannte Uschi in ihrer Autobiografie. Der in Stuttgart geborene Sohn eines Hotelportiers hatte Ende der Fünfzigerjahre in Hamburg seinen ersten Nachtklub eröffnet. Durch Bockhorn lernte Uschi das Rotlichtviertel kennen, aber keiner der Typen konnte sie beeindrucken. »Das ganze Zuhältermilieu kam mir bald wie ein sehr kleinkariertes enges Feld vor, das nur von draußen so wirkte, als ob da was abginge. In Wirklichkeit standen die auf Rolex, Anzug, Auto – Spießerkram.«[369]

Mit einem Campingbus fuhr das Paar ab 1976 zwanzig Monate lang durch den Mittleren Osten. Einen Tag, bevor sie nach Kabul kamen, erlitt Uschi eine Fehlgeburt. Auf der Rückreise feierten sie in Indien fünf Tage lang Hochzeit. Dabei soll es sich allerdings nur um eine Art Happening gehandelt haben: »Es hätte nicht [...] schöner sein können, aber ich habe mich danach nie verheiratet gefühlt.«[370]

Zurück in Hamburg, zog es die beiden jedoch bald wieder in die Ferne, weshalb Dieter Bockhorn erneut einen ausrangierten Bus für eine längere Fahrt ausbaute. Kurz nach dem Attentat auf John Lennon am 8. Dezember 1980 trafen Uschi und er in New York ein. Drei Jahre lang bereisten sie den amerikanischen Kontinent – bis Bockhorn am 31. Dezember 1983 bei einem Motorradunfall in Mexiko ums Leben kam. Er hatte wohl eine Kurve zu schnell genommen und war gegen einen entgegenkommenden Truck geknallt.

Uschi Obermaier kehrte nach dem Tod ihres Lebensgefährten nicht nach Deutschland zurück, sondern blieb einige Zeit in Mexiko und ließ sich dann in Kalifornien nieder. »Zu meiner finanziellen Notlage kam auch noch die Midlife-Crisis, in der ich anfing, mein Nomadenleben zu verfluchen und die Reihenhausbesitzer und ihre Familien zu beneiden.«[371] Schließlich lernte sie von einer Bekannten, wie man Silberschmuck herstellt – und gewann neues Selbstvertrauen. »Durch das Handwerk sah ich einen Wert in mir selber.«[372] Heute lebt Uschi Obermaier als Schmuckdesignerin in Topanga bei Los Angeles.

Noch mit fünfzig zog Uschi Obermaier sich für Fotos im »Playboy« aus, und mit sechzig für den »Stern«. Ihre Lebensgeschichte wurde verfilmt und kam unter dem Titel »Das wilde Leben« im Februar 2007 in die deutschen Kinos.

Ayaan Hirsi Ali

(*1969)

»Ich wollte ein Mensch sein, ein Individuum mit einem eigenen Leben.«

Ayaan Hirsi Ali wuchs in Somalia, Saudi-Arabien, Äthiopien und Kenia auf. Nach ihrer Zwangsverheiratung floh sie 1992 in die Niederlande. Dort studierte sie und engagierte sich als Politikerin für Frauenrechte. In die Schlagzeilen geriet sie unter anderem durch ihre öffentliche Kritik am Islam. Aufgrund von Morddrohungen musste sie unter Personenschutz gestellt werden.

Die eineiigen Zwillinge Asha und Halimo Artan wurden Anfang der Vierzigerjahre in Somalia geboren. Ihre achtzehnjährige Mutter Ibaado, die bereits zwei Kinder aufzog, hütete gerade Ziegen und Schafe, als die Wehen einsetzten. Ganz allein brachte sie die beiden Mädchen unter freiem Himmel zur Welt.

Asha Artan verließ mit fünfzehn ihre als Nomaden in Somalia herumziehenden Eltern und Geschwister, fuhr per Anhalter in die Hafenstadt Berbera und schiffte sich nach Aden ein. Dort lebte ihre Stiefschwester Khadija aus der ersten Ehe ihres Vaters. Asha fand eine Stelle als Putzfrau bei einer britischen Familie und sah in deren Haus zum ersten Mal in ihrem Leben einen Wasserhahn und eine Badewanne, einen Stuhl und eine Gabel. Weil sie in Aden keinen Beschützer hatte und deshalb von Männern belästigt wurde, trug sie einen Hidschab[373] und befolgte die islamischen Vorschriften strikter. Als sie achtzehn war, suchte ihr Vater sie auf, um ihr mitzuteilen, dass er für sie eine Ehe mit einem reichen Händler arrangiert habe.

Das frisch vermählte Paar richtete sich in Kuwait ein, wo Asha 1962 einen Sohn gebar, der den Namen Muhammad bekam. Nach dem Tod ihres Vaters bat sie ihren Mann um die Scheidung und kehrte allein nach Somalia zurück. Beim Besuch eines Alphabetisierungskurses in Mogadischu verliebte sie

Ayaan Hirsi Ali, 2006

sich in ihren etwa fünf Jahre älteren somalischen Lehrer Hirsi Magan Isse.

Ein Gönner hatte es ihm ermöglicht, in Somalia eine höhere Schule zu besuchen und in Rom Linguistik zu studieren. Hirsi Magan Isse war dann später mit seiner Ehefrau – einer Somali namens Maryan Farah – nach New York gereist und hatte an der Columbia University Anthropologie belegt. Mit seinem Diplom im Gepäck war er nach Mogadischu zurückgekehrt, wo er sich nun als Sprachlehrer durchschlug. Ohne seine Ehefrau zu benachrichtigen, die er in New York zurückgelassen hatte, heiratete der streng gläubige Moslem 1966 seine Schülerin Asha und leitete die Scheidung von Maryan ein.

Im Oktober 1968 kam Asha erneut mit einem Sohn nieder. Mahad war ein Jahr alt, als der somalische Präsident Abdirashid Ali Shermarke am 15. Oktober 1969 bei einem Anschlag ums Leben kam und der Polizeioffizier Siad Barre die Macht an sich riss. Weil Hirsi Magan Isse gegen das diktatorische Regime opponierte und ihn die Regierung aufgrund seiner Zugehörigkeit zu einem einflussreichen Clan für gefährlich hielt, wurde er im April 1972 inhaftiert. Asha musste sich nun ohne ihren Mann um Mahad und dessen Schwestern kümmern – am 13. November 1969 war Ayaan geboren worden, eineinhalb Jahre später Haweya.[374] Unterstützung erhielt Asha aber von ihrer Mutter Ibaado.

Obwohl Hirsi und Asha gläubige Moslems waren, hielten sie die in Somalia übliche Genitalverstümmelung der Mädchen für ein archaisches Relikt. Ibaado nutzte jedoch eine mehrtägige Abwesenheit ihrer Tochter, um einen Wanderbeschneider für ihre Enkel zu rufen. Der Fremde trennte zuerst bei dem siebenjährigen Mahad die Vorhaut ab. Dann musste sich Ayaan vor ihn auf den Boden setzen und die Beine spreizen. Mehrere Frauen hielten sie fest, während er ihr die Labia minora und die Klitoris mit einer Schere abschnitt. Die Sechsjährige brüllte vor Schmerzen, als ihr der Mann die blutigen äußeren Schamlippen zusammennähte. Weil sich die kleinere Haweya während der qualvollen Prozedur heftig wehrte, rutschte der Beschneider mehrere Male mit der Schere ab und verletzte sie auch an den Oberschenkeln. Die beschnittenen Mädchen mussten zwei Wochen lang mit zusammengebundenen Beinen liegen bleiben, damit die Wunden vernarbten. – Als Asha nach Hause kam, geriet sie über die Eigenmächtigkeit ihrer Mutter vor Zorn außer sich.

Hirsi Magan Isse brach 1975 aus der Haftanstalt aus und setzte sich nach Äthiopien ab. Der Gefängnisdirektor Abdi Aynab, der ihm persönlich zur Flucht verholfen hatte, wurde denunziert, zum Tod verurteilt und hingerichtet.

In Addis Abeba gehörte Hirsi Magan Isse bald zu den führenden Mitgliedern der Somali Salvation Front, einer Rebellenbewegung gegen den somalischen Diktator Siad Barre, der im Juli 1977 versuchte, die äthiopische Provinz Ogaden gewaltsam zu erobern.

Nachdem Siad Barre den Krieg verloren und sich im März 1978 aus dem Ogaden zurückgezogen hatte, verabredete Hirsi sich mit seiner Frau im saudi-arabischen Dschidda. Als sie dort im April mit ihren drei Kindern aus dem Flugzeug stieg, warteten sie jedoch vergeblich auf ihn, und auch kein anderer holte sie ab. Wie Asha später erfuhr, war ihr Mann kurz zuvor nach Äthiopien zurückbeordert worden und hatte sie nicht mehr verständigen können. Erst nach Stunden half ein Somali der verzweifelten Mutter.

Aus religiösen Gründen wollte Asha Mekka besuchen. In der Pilgerstadt gelang es ihr schließlich, eine Zweizimmerwohnung zu mieten. Die Kinder, die aus ihrer Heimat den Anblick unverschleierter Frauen gewohnt waren, wunderten sich darüber, dass sie in Saudi-Arabien keine Frau ohne Hidschab auf der Straße sahen. Die Koranschulen, die sie besuchten, waren hier – anders als in Somalia – nach Geschlechtern getrennt, und der Unterricht fand in arabischer Sprache statt; sie verstanden also zunächst kaum ein Wort.

Einige Wochen später tauchte ein Mann auf, den Ayaan und Haweya für einen Fremden hielten. Ihr neunjähriger Bruder erkannte ihn jedoch als ihren Vater. Sechs Jahre war er fort gewesen. Nach fünf Monaten in Mekka zog Hirsi mit seiner Familie nach Riad, wo er inzwischen Arbeit gefunden hatte. Dort besuchten die Kinder nicht nur die Koran-, sondern auch die Grundschule, und schließlich kam auch ihre Großmutter aus Somalia nach. Obwohl es Flüchtlingen untersagt war, sich politisch zu engagieren, hielt Hirsi sich nicht daran und vernachlässigte darüber seine Familie. Immer wieder beschwerte sich Asha, dass er nicht einmal die Einkäufe erledigte, wie es die anderen Männer in Saudi-Arabien taten. Es war für sie schwierig, die Familie zu versorgen, denn manche Händler bedienten grundsätzlich keine Frauen. Die Geschlechtertrennung ging in Saudi-Arabien so weit, dass die Familie nicht gemeinsam in einem Bus fahren konnte: Hirsi und Mahad mussten den Männerbus nehmen, während Ibaado, Asha, Ayaan und Haweya in den Frauenbus stiegen.

Vermutlich wegen seiner politischen Aktivitäten wurde Hirsi Magan Isse 1979 aus Saudi-Arabien ausgewiesen. Er flog mit seiner Familie nach Khartum, aber die sudanesischen Behörden ließen die drei Erwachsenen mit den drei Kindern nicht ins Land. Nach vier Tagen auf dem Flugplatz reisten sie weiter nach Addis Abeba. Vergeblich hatte Asha dagegen protestiert, unter Christen – aus ihrer Sicht Ungläubige – leben zu müssen. Hirsi wohnte mit seiner Frau, den Kindern und der Schwiegermutter zunächst in einer Villa mit Bediensteten, denn er war in Äthiopien ein angesehener Mann. Später zog die sechsköpfige Familie in das komfortable Hauptquartier der Somali Salvation Front, die mit Unterstützung der äthiopischen Regierung Guerillaeinheiten gegen das somalische Regime aufstellte. In der Schule mussten sich die Kinder wieder an eine neue Sprache gewöhnen – Amharisch –, und Kopftücher waren hier verboten.

Nach einem Jahr in Äthiopien gelang es Asha im Juli 1980 endlich, ihren Mann zu überreden, mit der ganzen Familie nach Nairobi auszureisen, wo sie als Flüchtlinge anerkannt wurden. Die zehnjährige Ayaan und ihre Geschwister, deren Muttersprache Somali war, verstanden inzwischen ein wenig Arabisch und etwas Amharisch, aber keine dieser Sprachen half ihnen in Kenia weiter: Hier fand der Unterricht in Englisch statt, und auf dem Schulhof unterhielten sich die Kinder in Suaheli. Sogar die Zeitrechnungen unterschieden sich: Während man in Kenia und Somalia das Jahr 1980 schrieb, stand in Saudi-Arabien 1399 und in Äthiopien 1972 auf dem Kalender.

Asha habe die Kenianer verachtet, erzählte Ayaan Hirsi Ali später: »An dem Tag, an dem ich nach Hause kam und ihr sagte, der Mensch stamme vom Affen ab, verkündete sie: ›Dann ist jetzt Schluss mit der Schule, dafür zahle ich keine Schulgebühren. Gut, die Kenianer stammen vielleicht vom Affen ab. Aber nicht die Muslime.‹«[375]

Immer wieder warf Asha ihrem Mann vor, der Kampf gegen Siad Barre sei ihm wichtiger als die Familie. Nach einem heftigen Streit kehrte Hirsi 1981 allein nach Äthiopien zurück. Immerhin bat er den Geschäftsmann Farah Gouré, einen Anhänger der Somali Salvation Front, seine Angehörigen finanziell zu unterstützen.

Mahad kam 1981 in ein renommiertes Internat in Nairobi, und als Ayaan vierzehn war, meldete ihre Mutter sie in der Muslim Girls Secondary School an. Als ältere Tochter musste Ayaan nach dem Unterricht bei der Hausarbeit helfen und auch ihren Bruder bedienen. Wenn sie ungehorsam war, verprügelte die Mutter sie. Ayaan erinnert sich an brutale Szenen: »Meine Mutter hielt mich fest, zog mich an den Haaren, fesselte mir mit einem Seil die Hände auf den Rücken und legte mich bäuchlings auf den Boden. Sie band meine Hände an den Fußgelenken fest und schlug mich dann mit einem Stock oder einem Kabel, bis ich um Gnade flehte.«[376]

Mit vierzehn erschrak Ayaan darüber, dass sie aus ihrer vernarbten Vulva blutete, aber mit ihrer Mutter traute sie sich nicht darüber zu sprechen. Es war ihr ein Jahr älterer Bruder, der sie schließlich über die Menstruation aufklärte. Asha ließ Ayaan nach der Menarche nicht mehr zur Koranschule gehen, in der Jungen und Mädchen gemeinsam unterrichtet wurden, denn das Risiko erschien ihr zu groß: »Wenn einer jungen Frau ihre Jungfräulichkeit geraubt wird, verliert sie nicht nur ihre eigene Ehre. Sie beschmutzt auch die Ehre ihres Vaters, ihrer Onkel, Brüder und Cousins [...] Vergewaltigt zu werden war schlimmer als zu sterben, denn es befleckte die Ehre der ganzen Familie.«[377]

Wenn Mahad am Wochenende vom Internat nach Hause kam, brachte er häufig Kennedy Okioga mit, einen seiner besten Freunde. Weil die Mutter nicht wissen durfte, dass es sich um einen Kenianer handelte, erfand Mahad eine Lügengeschichte und behauptete, sein Freund heiße Yusuf. Kennedy interessierte sich für Ayaan, und in einem unbeobachteten Augenblick küsste er sie. Er war ihre erste Liebe. Bald darauf zog Ayaan sich jedoch von ihm zurück, denn sie wollte eine vorbildliche Muslima werden und verhüllte deshalb ihren Körper mit einem Hidschab. Indem sie sich durch ihre Kleidung von anderen Frauen und Mädchen unterschied, fand sie sich interessant: »Seltsamerweise gab mir der Umhang das Gefühl, ein Individuum zu sein.«[378]

Ein Onkel aus Mogadischu, der sie im Dezember 1985 besuchte, berichtete, dass sein Schwager Hirsi Magan Isse einige Monate nach der Trennung von Asha ein weiteres Mal geheiratet habe und mit seiner dritten Ehefrau und einem kleinen Kind in Äthiopien lebe. Für Mahad, der mit sechzehn die Schule abgebrochen hatte, kam der Onkel wie gerufen: Er begleitete ihn, als er nach Somalia zurückfuhr.

Haweya folgte später dem Beispiel ihres Bruders: Statt weiter zur Schule zu gehen, reiste sie 1987 für einige Monate nach Mogadischu. Zuerst wohnte sie bei Maryan Farah, der ersten Ehefrau ihres Vaters, und deren Töchtern Arro und Ijaabo. Dann verbrachte Haweya noch einige Zeit bei einer zwar verheirateten, aber kinderlosen Tante, die im Digfeer Hospital in Mogadischu eine leitende Funktion ausübte.

Einige Monate nach der Rückkehr Haweyas beendete Ayaan die Schule. Sie erhielt zwar ein Abschlusszeugnis, aber ihre Noten waren so schlecht, dass sie die Hoffnung auf das Abitur aufgab. Stattdessen besuchte sie mit ihrer jüngeren Schwester das Valley Secretarial College, wo sie im September 1989 ihre Ausbildung erfolgreich abschlossen. Nun wollten sie Geld verdienen. »In Hochstimmung kamen wir nach Hause und sagten unserer Mutter, sie müsse sich jetzt keine Sorgen mehr wegen der Miete machen [...] Mama erhob sich von dem Schemel, auf dem sie immer neben dem Kohleherd saß, dunkle Gewitterwolken im Gesicht. Wir würden nicht arbeiten, da war sie unnachgiebig. Wenn ein junges, unverheiratetes Mädchen in einem Büro arbeitete, kam das für unsere Mutter gleich nach der Prostitution.«[379]

Im März 1990 kehrte Asha mit ihrer Mutter und ihren Töchtern nach Mogadischu zurück. Mahad, der ebenfalls in der somalischen Hauptstadt lebte, besuchte sie regelmäßig, des Öfteren in Begleitung seines Freundes Abshir Abdi Aynab, des jüngsten Sohnes des Gefängnisdirektors, der Hirsi zur Flucht verholfen hatte. Auch in diesen Freund ihres Bruders verliebte sich Ayaan und ließ sich von ihm küssen.

Aus Romanen westlicher Autorinnen und Autoren glaubte Ayaan zu wissen, was Liebe ist. Die Erfahrungen zwangsverheirateter Frauen widersprachen allerdings diesen romantischen Darstellungen. Freundinnen schilderten Ayaan, wie ihre zugenähte Vulva in der Hochzeitsnacht aufgerissen oder aufgeschnitten worden war, und klagten darüber, dass der Geschlechtsverkehr aufgrund der Narben schmerzte. Dass die Genitalverstümmelung den Sexualtrieb jedoch nicht beseitigt, erlebte Ayaan, als sie ihren Cousin Mahmud Muhammad Artan kennenlernte: Während es sich bei ihren Gefühlen für Kennedy Okioga und Abshir Abdi Aynab um Schwärmereien eines unreifen Mädchens gehandelt hatte, begehrte sie Mahmud körperlich. Mahmud wollte Ayaan heiraten, bevor er zum Studium nach Russland ging. Weil die Zeit drängte, aber weder Ayaans Vater noch ihr Bruder einer überhasteten Eheschließung zugestimmt hätten, übernahm ein Verwandter namens Ali Wersengeli vorübergehend die Vormundschaft für Ayaan. Mitte 1990 fand die vor den Angehörigen der Braut verheimlichte Hochzeit statt. Im Bett erging es ihr nicht anders als ihren Leidensgenossinnen: »Es war keine Vergewaltigung. Ich wollte Sex mit Mahmud – aber eben nicht so. Er keuchte und schob und schwitzte bei dem Versuch, meine Narbe aufzureißen. Es war furchtbar schmerzhaft und dauerte so lange. Ich biss die Zähne zusammen, um den Schmerz zu ertragen.«[380] Am nächsten Morgen flog Mahmud nach Russland. Ayaan sah ihn nie wieder.

Als es ein paar Monate später zum Bürgerkrieg zwischen Rebellen und Anhängern des Präsidenten Siad Barre kam, flohen Ibaado, Asha, Ayaan und Haweya im November 1990 wieder nach Kenia.

Im Januar 1992 – ein Jahr nach dem Sturz Siad Barres – besuchte Hirsi Magan Isse seine Familie in Nairobi, um seiner inzwischen zweiundzwanzigjährigen Tochter Ayaan mitzuteilen, dass er beschlossen habe, sie dem fünf Jahre älteren, in Kanada lebenden Somali Osman Moussa zur Frau zu geben. Ali Wersengeli klärte seine Verwandten darüber auf, dass Ayaan bereits verheiratet sei, aber sowohl der Vater als auch der Bruder erklärten die Heirat mit Mahmud Muhammad Artan für ungültig, weil sie ohne ihre Einwilligung erfolgt sei und Ali Wersengeli kein Recht gehabt habe, als Vormund für Ayaan aufzutreten.

Nachdem Osman Moussa und Ayaan Hirsi Magan ihre Eheschließung in Nairobi standesamtlich hatten beurkunden lassen, brach der frisch vermählte Ehemann nach Toronto auf, um für seine Frau eine Einreisegenehmigung zu beantragen.

Kurz darauf flog Ayaan über Frankfurt am Main nach Düsseldorf, wo sie von einem entfernten Verwandten abgeholt wurde, der mit einer Deutschen verheiratet war. Er brachte sie jedoch nicht bei sich, sondern bei anderen Verwandten in Bonn unter. Dort sollte sie auf das Visum warten.

Um der Zwangsehe zu entkommen, beabsichtigte Ayaan, nicht nach Kanada, sondern heimlich nach England weiterzureisen. »Ich wollte eine richtige Ausbildung, einen richtigen Job, eine richtige Ehe. Ich wollte meine eigenen Entscheidungen treffen. Ich wollte ein Mensch sein, ein Individuum mit einem eigenen Leben.«[381] Als sie herausfand, dass es einfacher war, über die nahe Grenze nach Holland zu reisen als den Kanal zu überqueren, fuhr sie am 24. Juli 1992 mit dem Zug nach Amsterdam, wo sie spät abends eintraf. Vom Bahnhof aus rief sie eine Bekannte namens Fadumo an, die mit ihren fünf Kindern im Flüchtlingszentrum in Almelo lebte, das jedoch so spät am Abend nicht mehr zu erreichen war. Daher gab Fadumo ihr die Telefonnummer ihrer Cousine Mudoh, die in Volendam wohnte. Dorthin gelangte Ayaan mit einem Bus, in dem sie allerdings bald mit dem Fahrer allein saß und deshalb eine Vergewaltigung befürchtete. Mudohs holländischer Ehemann holte sie von der Haltestelle ab. Übers Wochenende blieb Ayaan in Volendam; dann fuhr sie quer durch die Niederlande nach Almelo. Nachdem Fadumo ihr erläutert hatte, wie man Asyl beantragt, versuchte Ayaan ihr Glück im Aufnahmezentrum für Flüchtlinge in Zwolle. Wegen Überfüllung schickte man sie weiter nach Zeewolde. Sie gab sich als Bürgerkriegsflüchtling aus Somalia aus und verschwieg sowohl ihr Exil in Kenia als auch ihren Zwischenaufenthalt in Deutschland. Außerdem ließ sie sich unter dem Namen Ayaan Hirsi *Ali* aufnehmen, nach dem Geburtsnamen ihres Großvaters, und machte sich zwei Jahre älter als sie in Wirklichkeit war, damit ihr Ehemann und ihre Familie sie nicht so leicht finden konnten.

Zum ersten Mal seit ihrem sechzehnten Lebensjahr ging Ayaan auf die Straße, ohne ihr Haar zu verbergen, und sie ließ sich sogar von anderen Frauen überreden, mit ins Schwimmbad des Flüchtlingslagers zu gehen. Als sie in einem geliehenen Badeanzug verschämt aus der Umkleidekabine trat, stellte sie überrascht fest, dass keiner der anwesenden Männer sie anstarrte. Dabei war sie nach ihren Begriffen so gut wie nackt. Vor allem in Saudi-Arabien hatte man ihr beigebracht, dass Frauen sich verhüllen müssen, um nicht die Begierde fremder Männer hervorzurufen. Hier war offenbar alles ganz anders.

Ende August 1992 wurde Ayaan Hirsi Ali ins Dauerlager von Lunteren verlegt, wo sie sich mit drei anderen Flüchtlingsfrauen einen Wohnwagen teilen musste. Nachdem die Einwanderungsbehörde sie am 1. September als Asylantin anerkannt hatte, erhielt sie einen Busfahrschein, damit sie in der nahen Stadt Ede eine Sozialwohnung beantragen konnte.

Es dauerte ein halbes Jahr, bis ihr Clan sie aufgespürt hatte: Anfang Dezember 1992 erhielt Ayaan einen Brief ihres Vaters. Kurz darauf stand Osman Moussa mit drei Begleitern vor dem Wohnwagen. Mutig erklärte Ayaan ihrem Ehemann, sie werde nicht mit ihm gehen. Daraufhin reisten acht ältere Vertreter der beiden betroffenen Clans nach Lunteren und hielten mit dem Ehepaar am 26. Januar 1993 eine Ratsversammlung ab. Am Ende einigte man sich auf eine Scheidung.

Im Januar 1994 – Ayaan wohnte inzwischen in Ede – rief überraschend Haweya aus Frankfurt am Main an und kündigte ihren Besuch an. Nach ihrer Ankunft befolgte die Zweiundzwanzigjährige, die gerade eine Abtreibung in Nairobi hatte vornehmen lassen, den Rat ihrer Schwester, in Lunteren Asyl zu beantragen. Unter der Auflage, sich regelmäßig zu melden, durfte sie bei Ayaan wohnen.

Aber die Schwestern kamen nicht miteinander zurecht: Ayaan konnte es nicht mit ansehen, dass Haweya den ganzen Tag ziellos und gelangweilt auf der Couch lag. Sie selbst hatte sich vorgenommen, Politikwissenschaft zu studieren, wofür sie Tests in Niederländisch und Staatskunde bestehen und sich durch einen Kurs an einer Berufsfachschule qualifizieren musste. Nachdem Ayaan Ende Juni 1995 die Prüfung an der Akademie für Sozialstudien »De Horst« in Driebergen bestanden hatte, immatrikulierte sie sich an der Universität Leiden und mietete bei einer Hausbesitzerin in einem Vorort ein Zimmer. Haweya zog zum Studium nach Nijmwegen. Da Ayaan Somali, Arabisch, Amharisch, Suaheli, Englisch und Niederländisch sprach, konnte sie nach Bedarf als Dolmetscherin für verschiedene Justiz- und Polizei-, Sozial- und Einwanderungsbehörden arbeiten. Bei dieser Tätigkeit wurde sie mit sehr viel Leid und Elend konfrontiert.

In der Wohngemeinschaft, in der Ayaan im März 1996 aufgenommen wurde, befreundete sie sich mit ihrem ein Jahr älteren Mitbewohner Marco und begann ein Liebesverhältnis mit ihm. An Neujahr 1997 bezogen sie eine eigene Wohnung.

Noch während des Auspackens erfuhr sie, dass Haweya, die unter psychischen Problemen litt, in Nijmwegen in ein Krankenhaus gebracht worden war, weil sie randaliert hatte. Ein halbes Jahr behielt man sie in einer psychiatrischen Klinik. Im Juli kehrte sie zu ihrer Mutter nach Nairobi zurück. Ihre Psychose verschlimmerte sich wieder, und Anfang Januar 1998 starb sie eine Woche nach einer Fehlgeburt an einer Infektion.

Fünf Jahre nach ihrer Anerkennung als Asylantin erhielt Ayaan Hirsi Ali am 21. August 1997 die niederländische Staatsangehörigkeit. Im September 2000 schloss sie ihr Studium ab, und am 3. September des darauf folgenden Jahres fing sie bei der Wiardi-Beckman-Stiftung an, dem wissenschaftlichen Institut der niederländischen Arbeiterpartei, der sie mittlerweile angehörte. Ihre Beziehung mit Marco war inzwischen zerbrochen, und im April 2001 hatte sie mit ihrer Freundin Ellen zusammen ein Haus gekauft.

Ayaan staunte über die Egozentrik der Europäer: »Alles drehte sich um sie selbst; es war wichtig, was sie machten, dass sie einen eigenen Stil hatten, sich etwas gönnten [...] – es gab eine ganze Kultur des Selbst, die ich von Afrika nicht kannte. In meiner Kindheit wurde das Selbst ignoriert. Um anerkannt zu werden, gab man sich stets gehorsam, brav und fromm; man versuchte nie, sich selbst zu verwirklichen.«[382] Mit wachsender Ablehnung verfolgte Ayaan, dass viele Holländer, die eine multikulturelle Gesellschaft befürworteten, Immigranten nicht kritisieren wollten. »Die Toleranz der Holländer gegenüber Einwanderern war gut gemeint, hatte aber schlimme Folgen [...] Das multikulturelle Nebeneinander in Holland funktionierte nicht, und der Respekt gegenüber den Muslimen hatte nicht die erhoffte Wirkung [...] Die Kultur der Einwanderer wurde auf Kosten ihrer Frauen und Kinder bewahrt, und gleichzeitig wurde so die Integration der Einwanderer in Holland verhindert.«[383] Ayaan Hirsi Ali stimmte dem Publizisten Paul Scheffer zu, der am 29. Januar 2000 in einem Essay mit dem Titel »Das multikulturelle Drama« Toleranz gegenüber fremden Eigenheiten mit Wegschauen gleichgesetzt hatte.

Als Ayaan im November 2001 bei einer Podiumsdiskussion über den Westen und den Islam in einem Amsterdamer Kulturzentrum im Publikum saß, fiel sie durch kritische Wortmeldungen auf. Chris Rutenfrans, einer der Veranstalter, schlug ihr daraufhin vor, für die von ihm und Jaffe Vink herausgegebene Beilage der Tageszeitung »Trouw« einen Artikel zu schreiben. Ebenso vehement wie undifferenziert prangerte Ayaan Hirsi Ali den Islam als rückständig und frauenfeindlich an. Dadurch geriet sie in die Schlagzeilen. Der Schriftsteller Leon de Winter lud sie zum Essen ein und unterstützte sie fortan, aber es gab auch Drohungen, und als Ayaan Hirsi Ali am Jahrestag des Terroranschlags auf das World Trade Center zu einer Talkshow im Fernsehen eingeladen wurde, hielt man es bereits für erforderlich, sie von zwei Bodyguards beschützen zu lassen.

Um wenigstens ein paar Wochen lang keine Angst vor einem Anschlag haben zu müssen, flog Ayaan im Oktober 2002 erstmals in die USA, wo man noch nichts von ihr gehört hatte. In San Francisco traf sich die niederländische Politikerin Neelie Kroes mit ihr, um sie von der Arbeiterpartei abzuwerben und zu überreden, sich von der rechtsliberalen Volkspartij voor Vrijheid en Democratie als Kandidatin für die Parlamentswahlen am 22. Januar 2003 aufstellen zu lassen. – Ayaan stimmte zu und erkämpfte sich eines der achtundzwanzig Mandate der Partei.

Drei Tage später hieß es, die neue Abgeordnete Ayaan Hirsi Ali habe den Religionsstifter Mohammed als pervers bezeichnet. In einem Interview mit »Trouw« hatte sie darauf hingewiesen, dass Aischa neun Jahre alt gewesen sein soll, als der Prophet die Ehe mit ihr vollzog. Nach westlicher Auffassung falle so ein Verhalten unter den Begriff der Pädophilie. Viele Muslime empörten sich über diese Wertung.

Obwohl Ayaan wegen ihrer schonungslos formulierten Kritik am Islam befürchten musste, von einem Fundamentalisten umgebracht zu werden, ließ sie sich nicht davon abhalten, das Drehbuch für einen Kurzfilm mit dem Titel »Submission« (Unterwerfung) zu verfassen. Zusammen mit dem Regisseur Theo van Gogh realisierte sie den Film, der am 29. August im holländischen Fernsehen ausgestrahlt wurde. In dem optisch und inhaltlich provozierenden Film – eine Darstellerin trägt einen durchsichtigen Hidschab auf dem nackten Körper – prangerten Theo van Gogh und Ayaan Hirsi Ali die Unterdrückung der Frau im Islam an. Dafür erhielten sie Drohbriefe.

Es blieb nicht nur bei Drohungen: Theo van Gogh wurde am 2. November 2004 in Amsterdam ermordet. Der in den Niederlanden geborene und aufgewachsene Marokkaner Mohammed Bouyeri schoss auf van Gogh, der auf dem Fahrrad unterwegs war. Anschließend schnitt er dem am Boden liegenden und um Gnade flehenden Regisseur die Kehle durch. Mit dem blutigen Messer spießte Bouyeri einen fünfseitigen Bekennerbrief mit einer an Ayaan Hirsi Ali gerichteten Morddrohung in die Brust des Toten. Leon de Winter ist überzeugt, dass Theo van Gogh »als symbolischer Vertreter von Ayaan Hirsi Ali«[384] ermordet wurde, die der Attentäter als »Soldatin des Bösen«[385] beschimpfte. »Ich trauere um Theo«, schrieb Ayaan. »Dass er sterben musste, um die Aufmerksamkeit auf einige Leute zu lenken, denen der Glaube mehr bedeutet als ein Menschenleben [...] Ich bin wütend, weil ich weiß, dass der Täter nicht allein ist.«[386]

Sicherheitskräfte versteckten die Fünfunddreißigjährige zweieinhalb Monate lang an verschiedenen Orten in den Niederlanden und in den USA. Damit sie nicht geortet werden konnte, musste sie ihr Handy abgeben.

Ayaan blieb auch weiterhin auf Personenschutz angewiesen, aber ihre Nachbarn fühlten sich dadurch belästigt und reichten im Frühjahr 2006 eine Räumungsklage gegen sie ein. Mitte Mai kündigte die Integrationsministerin Rita Verdonk an, der umstrittenen Islam-Kritikerin die niederländische Staatsbürgerschaft abzuerkennen, weil sie bei der Einbürgerung falsche Angaben gemacht hatte. Der Beschluss löste am 17. Mai – einen Tag, nachdem Ayaan Hirsi Ali ihr Mandat niedergelegt hatte – eine vierzehnstündige Parlamentsdebatte aus. Rita Verdonk, der vorgeworfen wurde, sie wolle sich profilieren, geriet unter Druck. Am 27. Juni nahm sie ihre Entscheidung zurück. Der politische Streit endete damit übrigens nicht: Am übernächsten Tag zerbrach die Regierungskoalition von Ministerpräsident Jan Peter Balkenende.

Zu diesem Zeitpunkt hielt Ayaan sich in den USA auf. Zwei Monate später begann sie ihre Arbeit beim American Enterprise Institute for Public Policy Research in Washington, D.C. Da die US-Behörden für den Personenschutz einer Ausländerin nicht zuständig sind, musste Holland dafür aufkommen. Unter dem Vorwand, es sei auf Dauer zu kostspielig, Ayaan außerhalb der Niederlande zu bewachen, zwang der Justizminister Ernst Hirsch Ballin die Islamkritikerin nach einem Jahr zur Rückkehr. Sie gab jedoch eindeutig zu verstehen, dass sie nicht mehr in den Niederlanden leben wolle, und flog wieder nach Amerika, obwohl Holland daraufhin keine Leibwächter mehr für sie stellte. Die dänische Regierung bot ihr an, sie aufzunehmen und die Kosten für ihren Schutz zu tragen. Ayaan zog es allerdings vor, in den USA weiterzuarbeiten. Heute lebt sie an einem geheimen Ort und wird von einem durch Spenden finanzierten privaten Wachunternehmen beschützt.

NACHWORT

Einige der in diesem Buch porträtierten achtzehn außer*Ordentlichen* Frauen waren auch unordentlich. Bei der Auswahl ging es mir jedoch um etwas anderes: Ich suchte nach außergewöhnlichen Persönlichkeiten, die gegen Rollenerwartungen in der jeweils gültigen Ordnung verstießen, sich also nicht »ordentlich« verhielten. Die eindrucksvollen Beispiele sollen Leserinnen – und Leser – ermutigen, eigene Wege zu gehen, statt sich unkritisch treiben zu lassen, denn eine demokratische Gesellschaft ist auf selbstbewusste Individuen mit eigenen Meinungen angewiesen.

Bedanken möchte ich mich bei meiner Frau Irene und der Lektorin Marlene Mügschl, die mit mir am sprachlichen Schliff des Textes arbeiteten.

Kelkheim am Taunus, Mai 2009
Dieter Wunderlich

QUELLENANGABEN UND
ANMERKUNGEN

In den Zitaten wurde die Orthografie den aktuellen Regeln angepasst.

Die Zitate in den Kapitelüberschriften stehen auch im Text. Dort sind die Quellenangaben zu finden.

Lola Montez, S. 11–30

[1] »Eine Scheidung durch das bischöfliche Konsistorialgericht gab nicht das Recht zur Wiederverheiratung [...] Um eine absolute Scheidung mit dem Recht auf Wiederverheiratung zu erreichen, hätte Leutnant James einen besonderen Parlamentsbeschluss beantragen müssen, der ihn über 1000 Pfund gekostet und auch politischen Einfluss erfordert hätte. Solche Beschlüsse wurden nur ein- oder zweimal jährlich erlassen.« (Bruce Seymour: Lola Montez. Eine Biographie [Übersetzung: Renate Sandner], München 2003[2], S. 47 f.)

[2] zitiert nach Seymour, S. 57

[3] zitiert nach Seymour, S. 80

[4] Brief vom 17. November 1846; zitiert nach Egon Cäsar Conte: Ludwig I. von Bayern, München 1937, S. 465; hier: Seymour, S. 137 – Lola Montez hatte sich offenbar drei Jahre jünger gemacht.

[5] zitiert nach Conte, S. 467; hier: Seymour, S. 146 f.

[6] zitiert nach Seymour, S. 163

[7] Brief vom 29. Januar 1847; Autograf, Bayerische Staatsbibliothek, München; zitiert nach Seymour, S. 172

[8] »Times«, London 9. April 1847; zitiert nach Seymour, S. 190

[9] Nicht zu verwechseln mit der 1855 in Weihenstephan gestifteten Studentenverbindung.

[10] Ralf Sartori (Hg.): Nymphenspiegel. Lyrik, Prosa und Geschichte. Das Jahrbuch zum Nymphenburger Schlosspark, Bd. 3, München 2008, S. 166

[11] Brief vom 19. Februar 1848; Bayerische Staatsbibliothek, München; zitiert nach Seymour, S. 264

[12] Bekanntmachung vom 17. Februar 1848; zitiert nach Seymour, S. 277

[13] zitiert nach Werner Uhde: Hermann Frhr. von Rotenhan. Eine politische Biographie, München 1933, S. 136; hier: Alois Schmid und Katharina Weigand (Hg.): Die Herrscher Bayerns. 25 historische Portraits von Tassilo III. bis Ludwig III., München 2001, S. 313

[14] Brief vom 29. August 1848, Bayerische Staatsbibliothek, München; zitiert nach Seymour, S. 297

[15] Bayerische Staatsbibliothek, München; zitiert nach Seymour, S. 337

Franziska zu Reventlow, S. 31–42

[16] Franziska Gräfin zu Reventlow: Briefe 1890–1917, (Hg.: Else Reventlow), München 1975, S. 33; zitiert nach Ulla Egbringhoff: Franziska zu Reventlow, Reinbek 2000, S. 32

[17] ebd. S. 154; zitiert nach Egbringhoff, S. 9

[18] Franziska Gräfin zu Reventlow: Tagebücher 1895–1910 (Hg.: Else Reventlow), München 1971, S. 41 f.; zitiert nach Egbringhoff, S. 56

[19] Brigitta Kubitschek: Franziska Gräfin zu Reventlow. Leben und Werk. Eine Biographie und Auswahl zentraler Texte von und über Franziska Gräfin zu Reventlow, München/Wien 1998, S. 312

[20] Tagebucheintrag 1903; Tagebücher, S. 267; zitiert nach Egbringhoff, S. 7

[21] Tagebücher, S. 64; zitiert nach Egbringhoff, S. 57

[22] Viragines oder Hetären? in: »Zürcher Diskussionen« 1899 (Nr. 22); Projekt Gutenberg

[23] ebd.

[24] Briefe, S. 343; zitiert nach Egbringhoff, S. 10

[25] Viragines oder Hetären?, a. a. O.

[26] Stephanie Catani: Das fiktive Geschlecht. Weiblichkeit in anthropologischen Entwürfen und literarischen Texten zwischen 1885 und 1925, Würzburg 2005, S. 312

[27] Marianne Werefkin: Briefe an einen Unbekannten 1901–1905 (Hg.: Clemens Weiler), Köln 1960, S. 37 f.; zitiert nach Egbringhoff, S. 93 und http://www.koinae.de/Reventlow.htm

[28] zitiert nach Johannes Székely: Franziska Gräfin zu Reventlow. Leben und Werk, Bonn 1979, S. 149

[29] Tagebücher, S. 267; zitiert nach Egbringhoff, S. 88

[30] Erich Mühsam: Unpolitische Erinnerungen, 1927; Projekt Gutenberg

[31] Erstausgabe: 1912; zitiert nach: Franziska zu Reventlow: Sämtliche Werke in 5 Bänden, Band 1 (Hg.: Karin Tebben), Oldenburg 2004, S. 214

Rosa Luxemburg, S. 43–57

[32] Leo Jogiches: Der Mord an Rosa Luxemburg und Karl Liebknecht, »Die Rote Fahne«, 12. Februar 1919; zitiert nach Elisabeth Hannover-Drück und Heinrich Hannover (Hg.): Der Mord an Rosa Luxemburg und Karl Liebknecht. Dokumentation eines politischen Verbrechens, Frankfurt am Main 1967, S. 53 f. – Der Bericht entsprach weitgehend den Tatsachen. Allerdings wurde Rosa Luxemburg vermutlich nicht von Kurt Vogel erschossen. Mehr dazu am Ende des Kapitels.

[33] seit 1893 Stadtteil von Zürich

[34] zitiert nach http://www.rosalux.de/cms/fileadmin/rls_uploads/ pdfs/Themen/ Rosa_Luxemburg/rosa1-10.pdf

[35] Die Scheinehe wurde am 4. April 1903 geschieden.

[36] alle Zitate aus einem Brief von Rosa Luxemburg an Mathilde und Robert Seidel vom 30. Mai 1898; Nachlass Seidel 47a, Zentralbibliothek Zürich; zitiert nach http://www.rosalux.de/cms/ fileadmin/rls_uploads/pdfs/Themen/ Rosa_Luxemburg/rosa1-10.pdf und Helmut Hirsch: Rosa Luxemburg, Reinbek 1969, S. 28

[37] zitiert nach Peter Nettl: Rosa Luxemburg, Köln 1965, S. 148 f.; Hirsch, S. 30

[38] Protokoll über die Verhandlungen des Parteitages der Sozialdemokratischen Partei Deutschlands, gehalten zu Stuttgart, Berlin 1898, S. 117; zitiert nach Hirsch, S. 37

[39] zitiert nach Gerhard Daner: Rosa Luxemburg. Zur Psychologie des homme révolté, in: Katharina Kaminski (Hg.): Die Frau als Kulturschöpferin: Zehn biographische Essays, Würzburg 2000, S. 150

[40] Luise Kautsky (Hg.): Briefe an Karl und Luise Kautsky, Berlin 1923, S. 15 (Vorwort); zitiert nach Hirsch, S. 34

[41] zitiert nach http://www.rosalux.de/cms/fileadmin/rls_uploads/ pdfs/Themen/ Rosa_Luxemburg/rosa24-35.pdf

[42] Brief vom 30. Dezember 1899 an Robert und Mathilde Seidel; Nachlass Seidel 47a, Zentralbibliothek Zürich; zitiert nach Hirsch, S. 35

[43] undatierter Brief, eingegangen am 13. März 1906; Internationales Institut für Sozialgeschichte, Amsterdam, KDXVI 205; zitiert nach Hirsch, S. 55

[44] Brief vom 18. Juli 1906 an Emanuel und Mathilde Wurm; zitiert nach Benedikt Kautsky (Hg.): Rosa Luxemburg. Briefe an Freunde (nach dem von Luise Kautsky fertiggestellten Manuskript), Hamburg 1950, S. 43; hier: Hirsch, S. 60 f.

[45] zitiert nach Barbara Bromberger und Katja Mausbach: Frauen und Frankfurt. Spuren vergessener Geschichte, Frankfurt am Main 1987, S. 53

[46] Zürich 1916; Rosa Luxemburg: Gesammelte Werke (Hg.: Georg Adler, Übersetzung: Hildegard Bamberger), Berlin 1970, S. 52 f., S. 152, S. 163

[47] Brief vom 2. Mai 1917; Briefe aus dem Gefängnis, Berlin 1946; Projekt Gutenberg – Rosa Luxemburg durfte sich innerhalb der Festungsmauern im Freien aufhalten.

[48] Gesammelte Werke, Band 4, Berlin 1979², S. 359; zitiert nach: Philipp Hermeier: Die politische Relevanz der Erziehung bei Janusz Korczak, Göttingen 2006, S. 200 (Fußnote 682)

[49] Briefe aus dem Gefängnis, a. a. O.

[50] Brief vom 18. November 1918; zitiert nach Heinz Wohlgemuth: Die Entstehung der kommunistischen Partei Deutschlands 1914 bis 1918, Berlin 1968, S. 285

[51] zitiert nach Luise Dornemann: Clara Zetkin. Ein Lebensbild, Berlin 1957, S. 344

[52] Clara Zetkin: Rosa Luxemburg und Karl Liebknecht, 1919; zitiert nach Jan Demas: Historisches für Führungskräfte. Ein ungewöhnliches Geschichtsbuch, Freiburg im Breisgau/Berlin/München/ Zürich 2005, S. 214

[53] »Spiegel-Gespräch« von Hans Schmelz und Martin Virchow mit Waldemar Pabst, »Der Spiegel«, 18. April 1962

[54] ebd.

[55] zitiert nach Elisabeth Hannover-Drück und Heinrich Hannover, S. 38 f. – Der Zeitungsbericht entsprach nicht den Tatsachen.

[56] Klaus Gietinger: Eine Leiche im Landwehrkanal, Hamburg 2009, S. 7

[57] Wolfram Wette: Gustav Noske. Eine politische Biographie, Düsseldorf 1987², S. 309

[58] Gietinger, S. 111

Elsa von Freytag-Loringhoven, S. 58–67

[59] Baroness Elsa. The Autobiography of Elsa von Freytag-Loringhoven (Hg.: Paul I. Hjartarson und Douglas O. Spettigue), Ottawa 1992, S. 45; zitiert nach Irene Gammel: Das wilde Leben der Elsa von Freytag-Loringhoven, Berlin 2003, S. 40

[60] Irene Gammel (2003), S. 46

[61] zitiert nach Irene Gammel (2003), S. 65

[62] Elsa von Freytag-Loringhoven in einem Brief an Djuna Barnes; zitiert nach Irene Gammel: Ich bin Kunst, in: »Du«, Nr. 789, September 2008, S. 88

[63] zitiert nach Irene Gammel (2003), S. 76

[64] Irene Gammel (2008), S. 94

[65] zitiert nach Louis Bouché: Autobiography, Archives of American Art, Smithsonian Institute, Washington D.C., Microfilm 688, Rahmen 700; hier: Irene Gammel (2003), S. 11

[66] Refugee Baroness Poses as a Model, »The New York Times«, 5. Dezember 1915; hier: Irene Gammel (2003), S. 12

[67] Jane Heap 1922; zitiert nach: Judith Luig, Völlig Dada, www.taz.de, 22. November 2003

[68] zitiert nach Irene Gammel (2003), S. 136

[69] Margaret Anderson: My Thirty Years' War, New York 1969, S. 193 ff.; zitiert nach Irene Gammel (2003), S. 143

[70] Paul Braune in einem Schreiben vom 19. März 1925; zitiert nach Irene Gammel (2003), S. 196

[71] heute: Martin Gropius Krankenhaus

[72] Sam Waagenaar: Sie nannte sich Mata Hari. Bildnis eines Lebens – Dokument einer Zeit (Übersetzung: Heddy Weissfels), Frankfurt am Main/Berlin 1968, S. 186

[73] zitiert nach Alan Bisbort: Famous Last Words. Apt Observations, Pleas, Curses, Benedictions, Sour Notes, Bon Mots, and Insights from People on the Brink of Departure, Petaluma (CA), 2001, S. 41 (Übersetzung: der Autor)

[74] »Le Courrier français«, 16. Februar 1905; zitiert nach Fred Kupferman: Mata Hari. Songes et mensonges, Paris 2005, S. 23f. (Übersetzung: der Autor)

[75] zitiert nach Kupferman, S. 23 (Übersetzung: der Autor)

[76] Waagenaar, S. 39

[77] Interview mit Paul Hervier; zitiert nach Waagenaar, S. 39

[78] »New York Herald«, Pariser Ausgabe vom 2. Mai 1905; zitiert nach Waagenaar, S. 40

[79] zitiert nach http://de.wikipedia.org/wiki/Mata_Hari; vgl. Karin Feuerstein-Praßer: »Ich gehe immer aufs Ganze«. 10 Frauenporträts, Regensburg 2002, S. 91

[80] »Deutsches Volksblatt«, Dezember 1906; zitiert nach Waagenaar, S. 50

[81] zitiert nach Waagenaar, S. 53

[82] Brief vom 2. April 1912; zitiert nach Waagenaar, S. 62

[83] zitiert nach Kupferman, S. 42 (Übersetzung: der Autor)

[84] Weil die Deutschen Belgien und Nordfrankreich besetzt hatten, konnte sie nur auf dem Umweg über Spanien nach Frankreich reisen.

[85] Feuerstein-Praßer, S. 96

[86] zitiert nach Waagenaar, S. 133

[87] zitiert nach Friedrich Wencker-Wildberg: Mata Hari. Roman ihres Lebens, Leipzig 1994, S. 107; vgl.: Waagenaar, S. 95

Alma Mahler-Werfel, S. 79–94

[88] Oliver Hilmes: Witwe im Wahn. Das Leben der Alma Mahler-Werfel, München 2005⁵, S. 45

[89] Alma Mahler-Werfel: Tagebuch-Suiten 1898–1902 (Hg.: Antony Beaumont und Susanne Rode-Breymann), Frankfurt am Main 1997, S. 11; zitiert nach Hilmes S. 46

[90] Alma Mahler-Werfel: Mein Leben, Frankfurt am Main 1963, S. 24

[91] Tagebuch-Eintrag vom 15. Mai 1899; Tagebuch-Suiten, S. 260f.; hier: Hilmes S. 42

[92] Eintrag vom 10. September 1899; Tagebuch-Suiten; hier: Christiane Ebeling: Alma Mahler-Werfel. Einige Aspekte zu Leben und Werk. Wissenschaftliche Hausarbeit an der Universität der Künste, Berlin 2000, S. 37

[93] Eintrag vom 7. August 1900; Tagebuch-Suiten; hier: Ebeling, S. 52

[94] Mein Leben, S. 24

[95] Françoise Giroud: Alma Mahler oder die Kunst, geliebt zu werden (Übersetzung: Ursel Schäfer), Wien/Darmstadt 1989, S. 30; zitiert nach Ebeling, S. 28

[96] Tagebuch-Suiten, S. 660; zitiert nach Hilmes, S. 50

[97] Tagebuch-Eintrag vom 24. Juli 1901; ebd., S. 693; zitiert nach Hilmes, S. 50

[98] Tagebuch-Eintrag vom 19. Dezember 1901; ebd., S. 744f.; zitiert nach Hilmes, S. 67

[99] Tagebuch-Eintrag vom 1. Januar 1902; ebd., S. 751; zitiert nach Hilmes S. 71

[100] Tagebuch-Einträge vom 3. und 4. Januar 1902; ebd., S. 751; zitiert nach Hilmes, S. 71

[101] Wolfgang Schreiber: Gustav Mahler, Reinbek 1971, S. 97

[102] Alma Mahler: Erinnerungen an Gustav Mahler, Berlin 1971, S. 175; zitiert nach Schreiber, S. 98

[103] Mein Leben, S. 29

[104] Henry-Louis de La Grange und Günther Weiß (Hg.): Ein Glück ohne Ruh'. Die Briefe Gustav Mahlers an Alma, Berlin 1997, S. 432; zitiert nach Hilmes, S. 103

[105] subakute Endocarditis lenta

[106] Mein Leben, S. 46

[107] Alma Mahler-Werfel: Der schimmernde Weg, S. 45 f.; University of Pennsylvania, Philadelphia, Mahler-Werfel-Collection; hier: Hilmes, S. 126

[108] undatierter Brief im Nachlass von Walter Gropius, Bauhaus-Archiv Berlin, Museum für Gestaltung; zitiert nach Hilmes, S. 167

[109] Hilmes, S. 167

[110] Tagebuch, S. 98 f., University of Pennsylvania, Philadelphia, Mahler-Werfel-Collection; zitiert nach Hilmes, S. 176

[111] zitiert nach Mein Leben, S. 80

[112] Hydrops cerebri

[113] Ernst Krenek: Im Atem der Zeit. Erinnerungen an die Moderne, München 1999, S. 423; hier: Hilmes, S. 199

[114] Eintrag vom 29. Juli 1918; zitiert nach Mein Leben, S. 83

[115] Tagebuch, S. 188; zitiert nach Hilmes, S. 208

[116] damalige Bezeichnung für Psychosen, die mit einer Bewusstseinsspaltung einhergingen

[117] Hilmes, S. 244 f.

[118] Tagebuch-Eintrag vom 6. August 1932, Tagebuch, S. 267; zitiert nach Hilmes, S. 243

[119] Claire Goll: Ich verzeihe keinem. Eine literarische Chronique scandaleuse unserer Zeit, Berlin 1987, S. 228; hier: Hilmes, S. 274 f.

[120] Tagebuch, S. 299; zitiert nach Hilmes, S. 285

[121] Kurt von Schuschnigg: Ein Requiem in Rot-Weiß-Rot. Aufzeichnungen des Häftlings Dr. Auster, Zürich 1946, S. 42

[122] Hilmes, S. 218

[123] Mein Leben, S. 312 f.

[124] Giroud, S. 11; zitiert nach Ebeling, S. 25

Karen (»Tania«) Blixen, S. 95–105

[125] Brief vom März 1926; zitiert nach Otto Teischel: Das Maß der Sehnsucht. Versuch über das Wesen des Menschen, Berlin 2002, S. 350

[126] undatierter Brief; Tania Blixen: Briefe aus Afrika 1914–1931 (Hg.: Frans Lasson, Übersetzung: Sigrid Daub), Stuttgart 1988, S. 52 f.; hier: Detlef Brennecke: Tania Blixen, Reinbek 1996, S. 36

[127] Die Scheidung erfolgte am 13. Januar 1925.

[128] Tania Blixen: Jenseits von Afrika (Übersetzung: Rudolf von Scholtz), Reinbek 2007[10], S. 313

[129] ebd., S. 315

[130] Brief vom 8. März 1923; zitiert nach Brennecke, S. 56

[131] Remi Martin, ein Geschäftsmann aus Nairobi, erwarb M'bogani 1932 und verkaufte das Land parzelliert an Wohlhabende, die dort Villen bauten.

[132] Jenseits von Afrika, S. 362

[133] bantusprachige ethnische Gruppe in Kenia

[134] Jenseits von Afrika, S. 322

[135] Tania Blixen: Schatten wandern übers Gras (Übersetzung: W. E. Süskind), Stuttgart 1989[4], S. 87; zitiert nach Brennecke, S. 61

[136] zitiert nach Brennecke, S. 62

[137] Tania Blixen: Die Sintflut von Norderney und andere seltsame Geschichten (Übersetzung: Martin Lang und W. E. Süskind), Stuttgart 1937

[138] zitiert nach Else Brundbjerg (Hg.): Samtaler med Karen Blixen, Gyldendal 2000, S. 73

[139] Tania Blixen: Eine Festrede am Lagerfeuer, mit vierzehn Jahren Verspätung gehalten, Essay, 1953, S. 241; hier Brennecke, S. 121

[140] Dabei werden Nerven des Sympathikus beziehungsweise die zentrale Schmerzbahn im Rückenmark durchtrennt.

[141] zitiert nach Brennecke, S. 146

Anita Berber, S. 106–115

[142] zitiert nach Birgit Haustedt: Die wilden Jahre in Berlin. Eine Klatsch- und Kulturgeschichte der Frauen, Dortmund 1999, S. 18

[143] Philipp Scheidemann (1865–1939), sozialdemokratischer Reichskanzler im Jahr 1919

[144] zitiert nach Lothar Fischer: Anita Berber. Göttin der Nacht. Collage eines kurzen Lebens, Berlin 2007[2], S. 73

[145] August Dummbier, überliefert durch Carl Sommerfeldt (unveröffentlicht); zitiert nach Fischer, S. 47

[146] zitiert nach Fischer, S. 31

[147] Fred Hildebrandt: … ich soll dich grüßen von Berlin, 1922–1932, Berliner Erinnerungen ganz und gar unpolitisch, post mortem herausgegeben von zwei Freunden, München 1979; S. 199 ff.; zitiert nach Fischer, S. 132

[148] ebd.; Fischer, S. 131

[149] »Die Bühne«, 1928; zitiert nach Fischer, S. 122

[150] ebd.; zitiert nach Fischer, S. 52

[151] psychiatrisches Krankenhaus der Stadt Wien

[152] »Die Fackel«, November 1922, S. 29 f.; zitiert nach Fischer, S. 115

[153] Klaus Mann in »Die Bühne«, 1930; zitiert nach Fischer, S. 128 ff.

[154] Johanna Adorján: Tänzerin Anita Berber. Das nackte Leben, in: »Spiegel online«, 6. August 2006

[155] Ludwig Levy-Lenz: Erinnerungen eines Sexual-Arztes, Baden-Baden 1954, S. 319; zitiert nach Fischer, S. 164

[156] Heute hängt es im Kunstmuseum Stuttgart.

[157] Nico Dostal: Ans Ende deiner Träume kommst du nie. Berichte, Bekenntnisse, Betrachtungen, Innsbruck / Frankfurt am Main 1982, S. 96

[158] zitiert nach Johanna Adorján, a. a. O.

[159] Akten des Berliner Polizeipräsidiums, Staatsarchiv Potsdam; zitiert nach Fischer, S. 157 f.

[160] Brief vom 12. August 1926; ebd.; zitiert nach Fischer, S. 187

[161] Leo Lania: Der Tanz ins Dunkel. Anita Berber. Ein biographischer Roman, Berlin 1929, S. 188 f.

Marieluise Fleißer, S. 116–130

[162] Marieluise Fleißer bei einer Umfrage der »Magdeburgischen Zeitung«, 18. Dezember 1927; zitiert nach Hiltrud Häntzschel: Marieluise Fleißer. Eine Biographie, Frankfurt am Main / Leipzig 2007, S. 51 / S. 145

[163] Häntzschel, S. 36

[164] zitiert nach Walter Rüdel: Das bemerkenswerte Leben der Marieluise Fleißer aus Ingolstadt (Film 1971); hier Häntzschel, S. 41

[165] ebd.

[166] Marieluise Fleißer in einem Interview, veröffentlicht unter der Schlagzeile »Die Welt wird nie gut« in: »Abendzeitung«, München, 23. November 1971

[167] Später änderte sie den Titel in »Die Dreizehnjährigen«.

[168] Häntzschel, S. 61

[169] zitiert nach Carl-Ludwig Reichert: Marieluise Fleißer, München 2001, S. 25

[170] Marieluise Fleißer im Programmheft der Münchner Kammerspiele zu »Der starke Stamm«, 1950; zitiert nach Häntzschel, S. 21

[171] »Berliner Börsen-Courier«, 11. September 1925; zitiert nach Günther Rühle (Hg.): Materialien zum Leben und Schreiben der Marieluise Fleißer, Frankfurt am Main 1973, S. 25 f.

[172] Brief vom 24. Januar 1926; Faksimile in Häntzschel, S. 85

[173] Häntzschel, S. 82

[174] ebd., S. 277

[175] ebd., S. 75

[176] »Montag Morgen«, 16. April 1926; zitiert nach Häntzschel, S. 93

[177] Häntzschel, S. 109

[178] Marieluise Fleißer: Pioniere in Ingolstadt (Hg.: David Horton), Manchester 1992, S. 90 f.

[179] Eric Krünes in »Berliner Illustrierte Nachtausgabe«, 4. April 1929; zitiert nach Rühle (1973), S. 94 f.; hier: Häntzschel, S. 182 f.

[180] Offener Brief vom 6. April 1929; zitiert nach Rühle (1973), S. 113

[181] Offener Brief im »Berliner Tageblatt«, 17. April 1929; zitiert nach Rühle (1973), S. 123

[182] Richard Biedrzynski in »Deutsche Zeitung«, zitiert nach »Theater heute«, 8/2001

[183] ebd.

[184] Reichert, S. 103

[185] Das Interview erschien unter der Schlagzeile »Die Welt wird nie gut«; »Abendzeitung«, München, 23. November 1971

[186] Reichert, S. 102

[187] Brief vom 27. Juni 1929; Günther Rühle (Hg.): Marieluise Fleißer. Briefwechsel 1925–1974, Frankfurt am Main 2001, S. 87

[188] Häntzschel, S. 203

[189] ebd., S. 216

[190] ebd., S. 219

[191] Hiltrud Häntzschel in »Süddeutsche Zeitung«, 24. November 2001

[192] Häntzschel, S. 262 f.

[193] Brief vom 24. April 1933; zitiert nach Rühle (2001), S. 171

[194] Ihre Komödie »Pioniere in Ingolstadt« und ihr Roman »Mehlreisende Frieda Geier« kamen 1935 auf die »Liste des schädlichen und unerwünschten Schrifttums«.

[195] Brief vom 26. Juli 1934; zitiert nach Rühle (2001), S. 211 f.

[196] Häntzschel, S. 279

[197] Brief vom 16. Januar 1951; zitiert nach Rühle (2001), S. 321

[198] Nachlass Stefl, Handschriftensammlung der Münchner Stadtbibliothek Monacensia; zitiert nach Häntzschel, S. 319

[199] »Süddeutsche Zeitung«, 3. März 1970; zitiert nach Rühle (1973), S. 242 f.

Erika Mann, S. 131–149

[200] Klaus Mann: Der Wendepunkt. Ein Lebensbericht, Bibliothek des 20. Jahrhunderts (Hg.: Walter Jens und Marcel Reich-Ranicki), Stuttgart/München 1989, S. 17

[201] Thomas Mann und Heinrich Mann. Briefwechsel 1900–1949 (Hg.: Hans Wysling), Frankfurt am Main 1975, S. 39 f.; zitiert nach Anja Maria Dohrmann: Erika Mann. Einblicke in ihr Leben, Dissertation, Freiburg im Breisgau 2003, S. 33

[202] Erika Mann, zitiert nach Peter de Mendelssohn: Der Zauberer. Das Leben des deutschen Schriftstellers Thomas Mann, Bd. 1, Frankfurt am Main 1975, S. 898

[203] Klaus Mann: Kind dieser Zeit, Reinbek 1989, S. 15; zitiert nach Dohrmann, S. 39

[204] Klaus Hubert Pringsheim jr., zitiert nach Dohrmann, S. 206

[205] Thomas Mann: Eine Liebhaberaufführung im Hause Mann; in: Thomas Mann: Autobiographisches, Frankfurt am Main 1968, S. 45

[206] Wendepunkt, S. 127

[207] ebd., S. 126f.

[208] Brief an Lotte Walter vom 23. Mai 1924; Literaturarchiv Monacensia; zitiert nach Dohrmann, S. 53

[209] Elisabeth Mann-Borgese im Gespräch mit Anja Maria Dohrmann; Dohrmann, S. 202

[210] Wendepunkt, S. 214f.

[211] ebd., S. 180

[212] ebd., S. 225

[213] ebd., S. 252

[214] ebd., S. 319ff.

[215] zitiert nach Irmela von der Lühe: Erika Mann. Eine Biographie, Frankfurt am Main 1997, S. 77

[216] zitiert nach von der Lühe, S. 88

[217] Die neuen Besitzer rissen es 1935 ab, um Platz für »Führerbauten« zu schaffen.

[218] Thomas Mann: Briefe 1889–1936 (Hg.: Erika Mann), Frankfurt am Main 1961, S. 348

[219] Erika Mann: Briefe und Antworten 1922–1950 (Hg.: Anna Zanco Prestel), München 1984, S. 66

[220] Sybille Bedford: Treibsand. Erinnerungen einer Europäerin, München 2008, S. 329

[221] Wendepunkt, S. 472

[222] Erika Mann (Typoskript); zitiert nach von der Lühe, S. 176f.

[223] Stellvertreter des »Führers«

[224] Briefe und Antworten, S. 143

[225] Erika Mann: Blitze überm Ozean. Aufsätze, Reden, Reportagen (Hg.: Irmela von der Lühe und Uwe Naumann), Reinbek 2000, S. 233

[226] Briefe und Antworten, S. 260

[227] Elisabeth Mann-Borgese im Gespräch mit Anja Maria Dohrmann; Dohrmann, S. 204

[228] Elisabeth Mann Borgese am 3. August 1993 in einem Brief an »The New York Times«; zitiert nach Dohrmann, S. 192 f.

[229] Dohrmann, S. 6

[230] Elisabeth Mann-Borgese im Gespräch mit Anja Maria Dohrmann; Dohrmann, S. 202

[231] Abbau der Muskulatur, der Knochen und des subkutanen Fettgewebes

[232] Marcel Reich-Ranicki: Mein Leben, München 1999, S. 509

[233] zitiert nach Dohrmann, S. 208 f.

[234] unveröffentlichter Brief; Erika Mann-Archiv, Monacensia München; zitiert nach von der Lühe, S. 287

[235] Elisabeth Mann-Borgese im Gespräch mit Anja Maria Dohrmann; Dohrmann, S. 202

Elly Beinhorn, S. 150 – 163

[236] Elly Beinhorn: Alleinflug. Mein Leben, München 2008, S. 140

[237] Evelyn Zegenhagen: »Schneidige deutsche Mädel«. Fliegerinnen zwischen 1918 und 1945, Göttingen 2007, S. 128

[238] Alleinflug, S. 12 f.

[239] ebd., S. 13

[240] ebd., S. 18 f.

[241] ebd., S. 39 f.

[242] ebd., S. 40

[243] Zegenhagen, S. 215

[244] ebd.

[245] C. Z. Klötzel: Bekanntschaft mit einer Fliegerin, »Die Dame«, 1. Juliheft 1931, S. 8 f.; hier: Zegenhagen, S. 215

[246] Alleinflug, S. 106

[247] ebd., S. 148

[248] ebd., S. 154

[249] ebd., S. 282

[250] ebd., S. 343

Rosa Parks, S. 164–175.

[251] Rosa Parks und Jim Haskins: My Story, New York 1999, S. 23 (Übersetzung: der Autor)

[252] Eine High School für Afroamerikaner gab es in Montgomery erst ab 1938.

[253] My Story, S. 2, dazu auch S. 116 (Übersetzung: der Autor)

[254] zitiert nach Manning Marable und Leith Mullings (Hg.): Let Nobody Turn Us Around. Voices of Resistance, Reform, and Renewal, Lanham, Maryland, 2003, S. 380 (Übersetzung: der Autor)

[255] zitiert nach Donnie Williams und Wayne Greenhaw: The Thunder of Angels. The Montgomery Bus Boycott and the People who Broke the Back of Jim Crow, Chicago 2006, S. 67

[256] Der Bürgerrechtler brauchte am Ende weder die Geldstrafe in Höhe von 500 Dollar zu bezahlen noch 386 Tage im Arbeitslager zu verbüßen, weil er erfolgreich Berufung gegen das Urteil eingelegt hatte.

[257] Anna Eleanor Roosevelt (1884–1962), die Ehefrau von Franklin D. Roosevelt, des US-Präsidenten von 1933 bis 1945, gilt als eine der einflussreichsten Amerikanerinnen des 20. Jahrhunderts.

[258] My Story, S. 153 (Übersetzung: der Autor)

[259] Joseph Skipper wurde gefasst und am 8. August 1995 wegen mehrerer Straftaten zu einer langjährigen Haftstrafe verurteilt.

[260] Jacob Chestnut (1940–1998)

Edith Piaf, S. 176–184

[261] Edith Piaf: Mein Leben (Übersetzung: Hella Schröter, Erika Wolber), Reinbek 1966, S. 9f.

[262] ebd., S. 76

[263] ebd., S. 66

[264] ebd., S. 22

[265] ebd., S. 31

[266] zitiert nach Monique Lange: Edith Piaf (Übersetzung: Hugo Beyer), Frankfurt am Main 1985, S. 54

[267] Mein Leben, S. 22

[268] ebd., S. 41

[269] ebd., S. 51

[270] ebd., S. 9

[271] ebd., S. 53

[272] ebd., S. 72

[273] ebd., S. 54

[274] »Paris Presse«, 24. Dezember 1960; zitiert nach Karin Feuerstein-Praßer: »Ich gehe immer aufs Ganze«. 10 Frauenporträts, Regensburg 2002, S. 178

[275] Mein Leben, S. 86

[276] ebd., S. 65

[277] ebd., S. 111

[278] ebd., S. 7

Sophie Scholl, S. 185–196

[279] Christa Meyer-Heidkamp: Ich sah die Scholls an ihrem Schicksalstage …, »Neue Zeit«, Berlin 22. Februar 1951; zitiert nach Klaus Drobisch: Wir schweigen nicht. Eine Dokumentation über den antifaschistischen Kampf Münchner Studenten 1942/43, Berlin 1983[4], S. 132

[280] Inge Scholl: Die weiße Rose, Frankfurt am Main 1952, S. 11

[281] Fritz Hartnagel in einem Gespräch, zitiert nach Hermann Vinke: Das kurze Leben der Sophie Scholl, Ravensburg 1997, S. 78

[282] zitiert nach Sophie Scholl und Fritz Hartnagel: Damit wir uns nicht verlieren. Briefwechsel 1937–1943 (Hg.: Thomas Hartnagel), Frankfurt am Main 2005, S. 199

[283] Susanne Hirzel in einem Brief vom 27. August 1979 an Inge Aicher-Scholl; zitiert nach Vinke, S. 84

[284] zitiert nach Willi A. Boelcke (Hg.): Wollt Ihr den totalen Krieg? Die geheimen Goebbels-Konferenzen 1939–43, Stuttgart 1967, S. 195

[285] zitiert nach Walter Kempowski: Das Echolot. Barbarossa '41, München 2002, S. 536

[286] zitiert nach Michael Verhoeven und Mario Krebs: Die weiße Rose. Der Widerstand Münchner Studenten gegen Hitler. Informationen zum Film, Frankfurt am Main 1982, S. 114

[287] Briefwechsel Scholl–Hartnagel, S. 368

[288] ebd., S. 383

[289] Faksimile: Bundeszentrale für politische Bildung, Bonn, http://www.bpb.de/files/IMH3WQ.pdf

[290] Die Famulatur ist ein in der Approbationsordnung für Ärzte vorgeschriebenes Praktikum.

[291] zitiert nach Christian Petry: Studenten aufs Schafott. Die weiße Rose und ihr Scheitern, München 1968, S. 164f.

[292] zitiert nach Susanne Hirzel, Brief vom 27. August 1979 an Inge Aicher-Scholl; hier: Vinke S. 140f.

[293] zitiert nach Verhoeven und Krebs, S. 154

[294] Briefwechsel Scholl–Hartnagel, S. 445

[295] zitiert nach Walter Kempowski: Das Echolot. Januar und Februar 1943, Bd. 3, 1. bis 15. Februar 1943, Berlin 1993, S. 176

[296] Faksimile: Bundeszentrale für politische Bildung, Bonn, http://www.bpb.de/files/B2QRDK.pdf

[297] zitiert nach Fred Breinersdorfer (Hg.): Sophie Scholl. Die letzten Tage, Frankfurt am Main 2005, S. 67

[298] Else Gebel: Dem Andenken an Sophie Scholl (Typoskript); zitiert nach Vinke, S. 179

[299] zitiert nach Breinersdorfer, S. 145

[300] ebd., S. 346

[301] Inge Scholl, S. 79

[302] Armin Ziegler: Es ging um Freiheit! Die Geschichte der Widerstandsgruppe »Weiße Rose«. Fakten, Fragen, Streitpunkte, Menschen. Ein Beitrag zur »Weiße-Rose«-Forschung, Schönaich 2005, S. 137

Marilyn Monroe, S. 197–214

[303] In der Geburtsurkunde ließ Gladys Pearl Mortensen den Namen Edward Mortenson eintragen. Mehr dazu bei Donald Spoto: Marilyn Monroe. Die Biographie (Übersetzung: Michael Kubiak, Dirk Muelder, Marcus Würmli, Ursula Wulfekamp), München 1994, S. 21f.

[304] Milton Greene Papers, Behälter IV/Akte 8, S. 12; hier: Spoto, S. 25

[305] Milton Greene Papers II/6, S. 5; hier: Ruth-Esther Geiger: Marilyn Monroe, Reinbek 1995, S. 10

[306] Marilyn Monroe in einem Interview mit Georges Belmont, »Marie Claire« 1960; zitiert nach Spoto, S. 28

[307] Interview mit Richard Meryman, »Life«, 3. August 1962; zitiert nach Spoto, S. 68

[308] Milton Greene Papers XII/4, S. 12; zitiert nach Spoto, S. 82

[309] Emmeline Snively, »Los Angeles Daily News«, 4. Februar 1954; hier: Spoto, S. 97

[310] zitiert nach Norman Mailer: Marilyn Monroe. Eine Biographie, München/Zürich 1976, S. 81

[311] Wendy Leigh: The Secret Letters of Marilyn Monroe and Jacqueline Kennedy, New York 2004, S. 110

[312] Natasha Lytess in einem Interview mit Jane Wilkie (unredigierte Mitschrift), The Newberry Library, Chicago; zitiert nach Spoto, S. 146

[313] zitiert nach Pamela Prescott: Cary Grant. His Movies and His Life, Washington 1987, S. 144; hier: Geiger, S. 51

[314] zitiert nach http://de.wikipedia.org/wiki/Versuchung_auf_809

[315] Mailer, S. 150

[316] Spoto, S. 206

[317] Marcel Haedrich: Coco Chanel. Eine Nahaufnahme, Frankfurt am Main/Berlin 1989, S. 24

[318] »Los Angeles Daily News«, 27. August 1952; zitiert nach Spoto, S. 21

[319] Spoto, S. 24

[320] zitiert nach John Kobal: People Will Talk, New York 1985, S. 615; hier: Geiger, S. 59

[321] Rechtskräftig wurde die Scheidung am 31. Oktober 1955.

[322] gutartige Wucherung der Gebärmutterschleimhaut

[323] zitiert nach »New York Times« und »New York Daily News« vom 8. Januar 1955; hier: Geiger, S. 75

[324] zitiert nach http://de.wikipedia.org/wiki/Bus_Stop_(Film)

[325] Sie wollte mit einer Gruppe amerikanischer Künstler nach Moskau. Die geplante Reise fand jedoch nicht statt.

[326] Arthur Miller wurde später zu zwei Jahren Haft verurteilt, im Berufungsverfahren jedoch freigesprochen.

[327] Milton Greene Papers XII/4, S. 13; zitiert nach Geiger, S. 129

[328] zitiert nach William J. Weatherby: Conversations with Marilyn, New York 1976, S. 125; hier: Geiger, S. 132

[329] Spoto, S. 535

[330] Milton Rudin am 31. Oktober 1992 zu Donald Spoto, zitiert nach Spoto, S. 555

Janis Joplin, S. 215–227

[331] zitiert nach Myra Friedman: Die Story von Janis Joplin (Übersetzung: Michael Kubiak), Höfen 2002³, S. 32

[332] Alice Echols: Janis Joplin. Piece of My Heart. Die Biographie (Übersetzung: Ekkehard Rolle), Frankfurt am Main 2000, S. 27

[333] »Daily Texan«, zitiert nach Echols, S. 81

[334] Echols, S. 259

[335] Ingeborg Schober: Janis Joplin, München 2005², S. 7

[336] Schober, S. 75 f.

[337] zitiert nach Schober, S. 103

[338] zitiert nach Friedman, S. 141

[339] »Time«, Juni 1968; zitiert nach Friedman, S. 130

[340] »Die Welt«, 16. April 1969; zitiert nach Schober, S. 122

[341] Schober, S. 8

[342] zitiert nach Ellen Willis: Musical Events, »New Yorker«, 14. August 1971, S. 81; hier: Echols, S. 389

[343] Echols, S. 406

[344] zitiert nach Michael Lydon: »Every Moment She Is What She Feels«, »New York Times Magazine«, 23. Februar 1969, S. 39; hier: Echols, S. 23

[345] Friedman, S. 135

[346] ebd., S. 306

[347] zitiert nach Schober, S. 150

[348] Seth Morgan bestritt später die Heiratspläne.

[349] zitiert nach Echols, S. 436

[350] zitiert nach Schober, S. 164

[351] Country-Song von Faron Young, 1955

Uschi Obermaier, S. 228–233

[352] Uschi Obermaier und Olaf Kraemer: High Times. Mein wildes Leben, München 2007⁴, S. 22

[353] ebd., S. 32

[354] ebd., S. 48

[355] ebd., S. 47 f.

[356] Interview mit Beatrice Schlag, »Der Tagesspiegel«, 15. Januar 2007

[357] Alois Prinz: Lieber wütend als traurig. Die Lebensgeschichte der Ulrike Marie Meinhof, Weinheim/Basel/Berlin 2003, S. 145

[358] Luise F. Pusch: Das Deutsche als Männersprache. Aufsätze und Glossen zur feministischen Linguistik, Frankfurt am Main 1984, S. 90

[359] High Times, S. 54

[360] Interview mit Michael Ruhland, »Süddeutsche Zeitung«, 22. Januar 2007

[361] Rainer Langhans im Interview mit Antje Hildebrandt, »Die Welt«, 20. Juni 2006

[362] Rock-'n'-Roll-Hymne von Ian Dury, 1977

[363] High Times, S. 52

[364] Regisseur Achim Bornhak, zitiert von Uschi Obermaier im Interview mit Beatrice Schlag, »Der Tagesspiegel«, 15. Januar 2007

[365] Rainer Langhans im Interview mit Michael Ruhland, a. a. O.

[366] High Times, S. 73

[367] ebd., S. 73

[368] ebd., S. 22

[369] ebd., S. 104

[370] ebd., S. 148

[371] ebd., S. 208

[372] ebd., S. 213

[373] Arabisches Kleidungsstück, das Kopf und Körper einer Frau verhüllt; entspricht dem Tschador im Iran.

[374] Ihren ältesten Sohn hatte sie bei ihrem ersten Ehemann zurücklassen müssen.

[375] Ayaan Hirsi Ali: Mein Leben, meine Freiheit. Die Autobiographie (Übersetzung: Anne Emmert, Heike Schlatterer), München 2008⁵, S. 95

[376] ebd., S. 104

[377] ebd., S. 19 / S. 23

[378] ebd., S. 126

[379] ebd., S. 175

[380] ebd., S. 206

[381] ebd., S. 265

[382] ebd., S. 351

[383] ebd., S. 344

[384] Leon de Winter: Vor den Trümmern des großen Traums, »Die Zeit«, 18. November 2004

[385] zitiert nach Leon de Winter, ebd.

[386] zitiert nach »Sächsische Zeitung«, 23. Januar 2006

BILDNACHWEIS

Dieter Wunderlich

EigenSinnige Frauen

Zehn Porträts. 256 Seiten
mit 10 Abbildungen.
Piper Taschenbuch

Johanna von Orléans und Madame Pompadour, Coco Chanel, Frida Kahlo und Simone de Beauvoir – einen großen Bogen spannt Dieter Wunderlich in seinen zehn Porträts. Er erzählt von Frauen aus verschiedenen Epochen und Lebensbereichen, die nicht bereit waren, sich den gesellschaftlichen Erwartungen widerstandslos zu unterwerfen, sondern ihre ganz persönlichen Ziele verfolgten und dabei gegen heftige Widerstände kämpften.

»Was diese Frauen gemeinsam hatten, waren ihr Eigensinn und ihr Streben, Ideen und Lebensentwürfe auch gegen Konventionen zu verwirklichen. Daß der Autor nebenbei und auf leichte, aber nicht leichtfertige Art Geschichtsunterricht erteilt, ist ein weiterer Vorzug des Buchs.«
Berliner Morgenpost

Friedrich Weissensteiner

Die Frauen der Genies

272 Seiten mit 29 Abbildungen.
Piper Taschenbuch

Cosima fügte sich widerspruchslos Richard Wagners Ansprüchen, Mileva verzichtete Albert Einstein zuliebe auf eine eigene Karriere, und Katia hielt Thomas Mann den Alltag fern: In sechs anschaulichen Porträts beleuchtet Friedrich Weissensteiner das Leben von Constanze Mozart, Christiane Vulpius-Goethe, Cosima Wagner, Mileva Einstein, Alma Mahler-Werfel und Katia Mann und schildert die Persönlichkeiten dieser außergewöhnlichen Frauen, die erheblichen Anteil am Ruhm ihrer Ehemänner hatten.

»Ich habe in meinem Leben nie tun können, was ich hätte tun wollen!«
Katia Mann

05/1928/02/L   05/1929/02/R